5 pieces of music for piano and string quartet
Volume 3

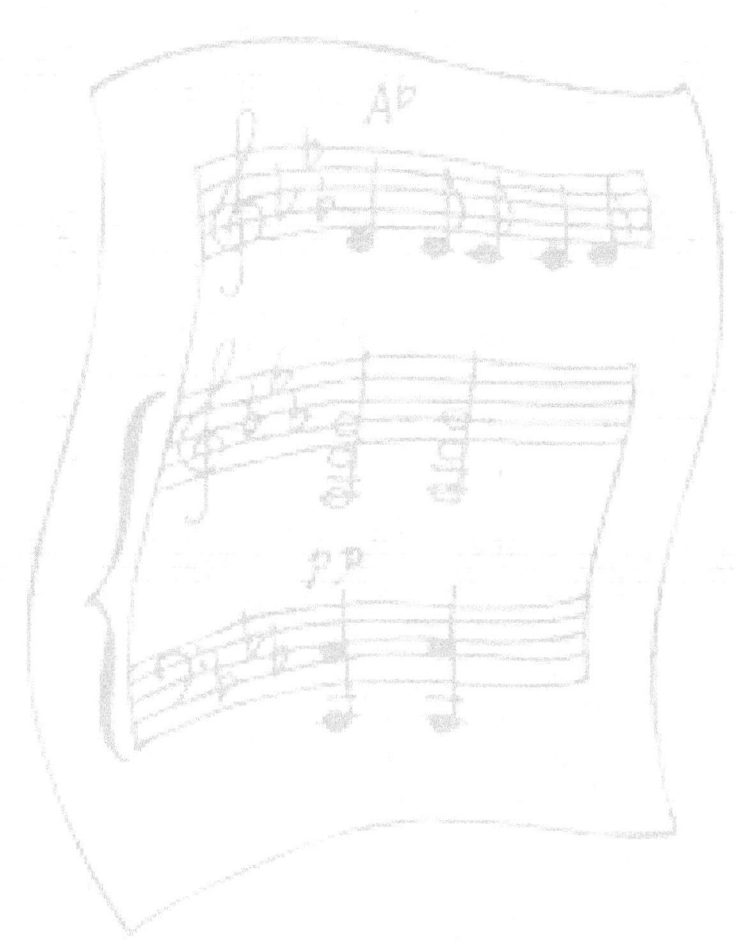

ISBN 978-90-78808-23-7
© 2017 Uitgeverij Muz
www.uitgeverijmuz.com

0110

Joost de Groot

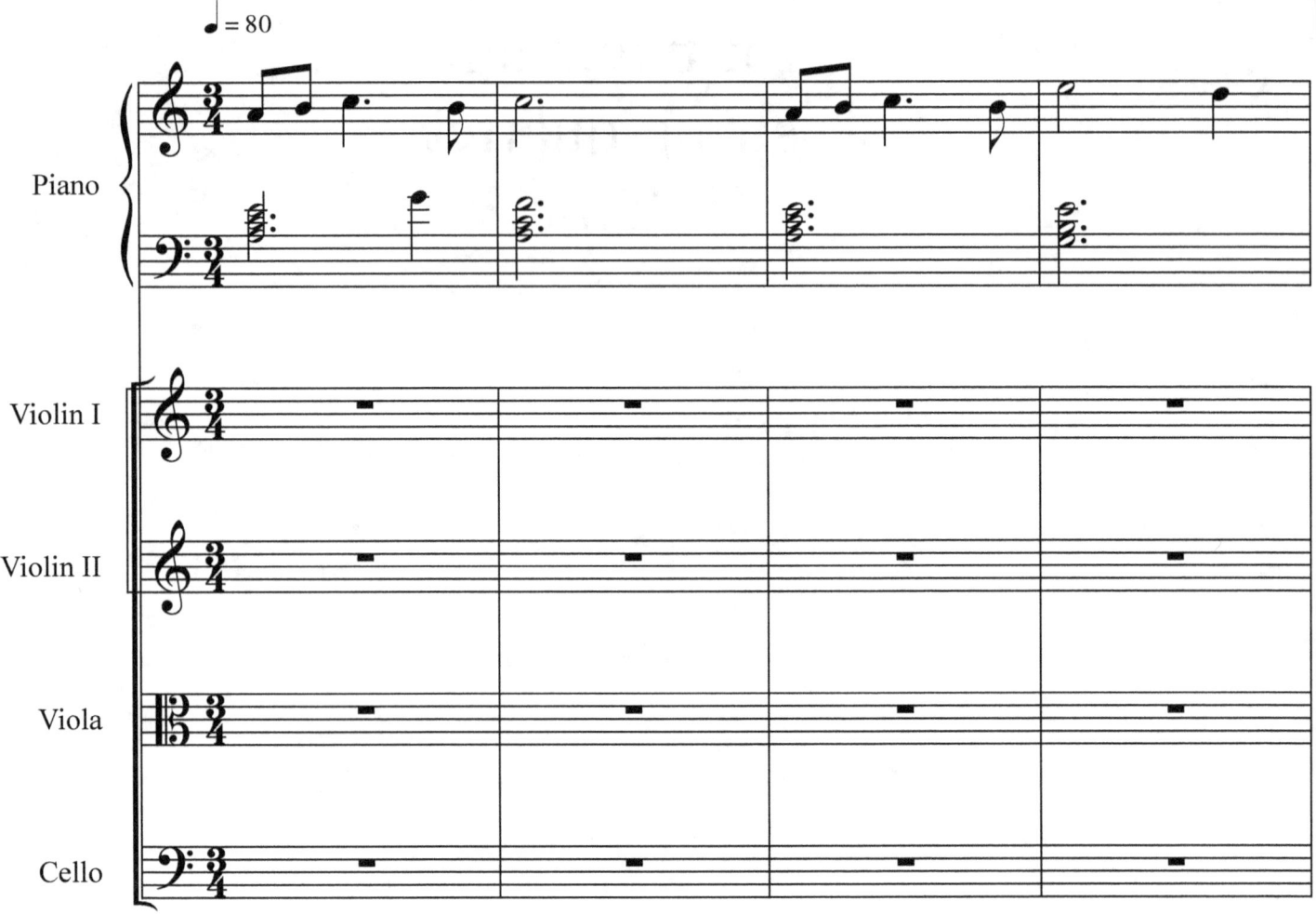

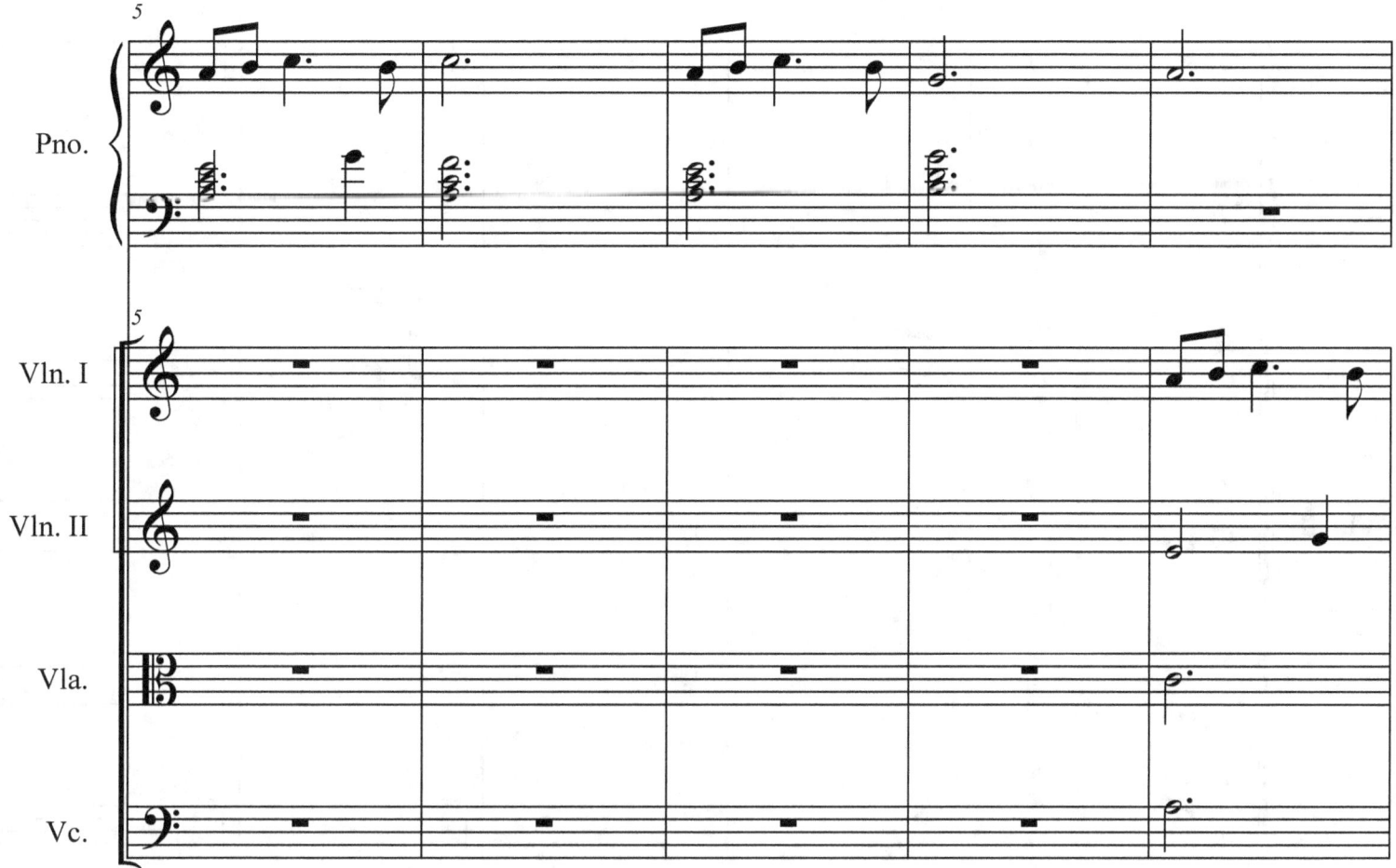

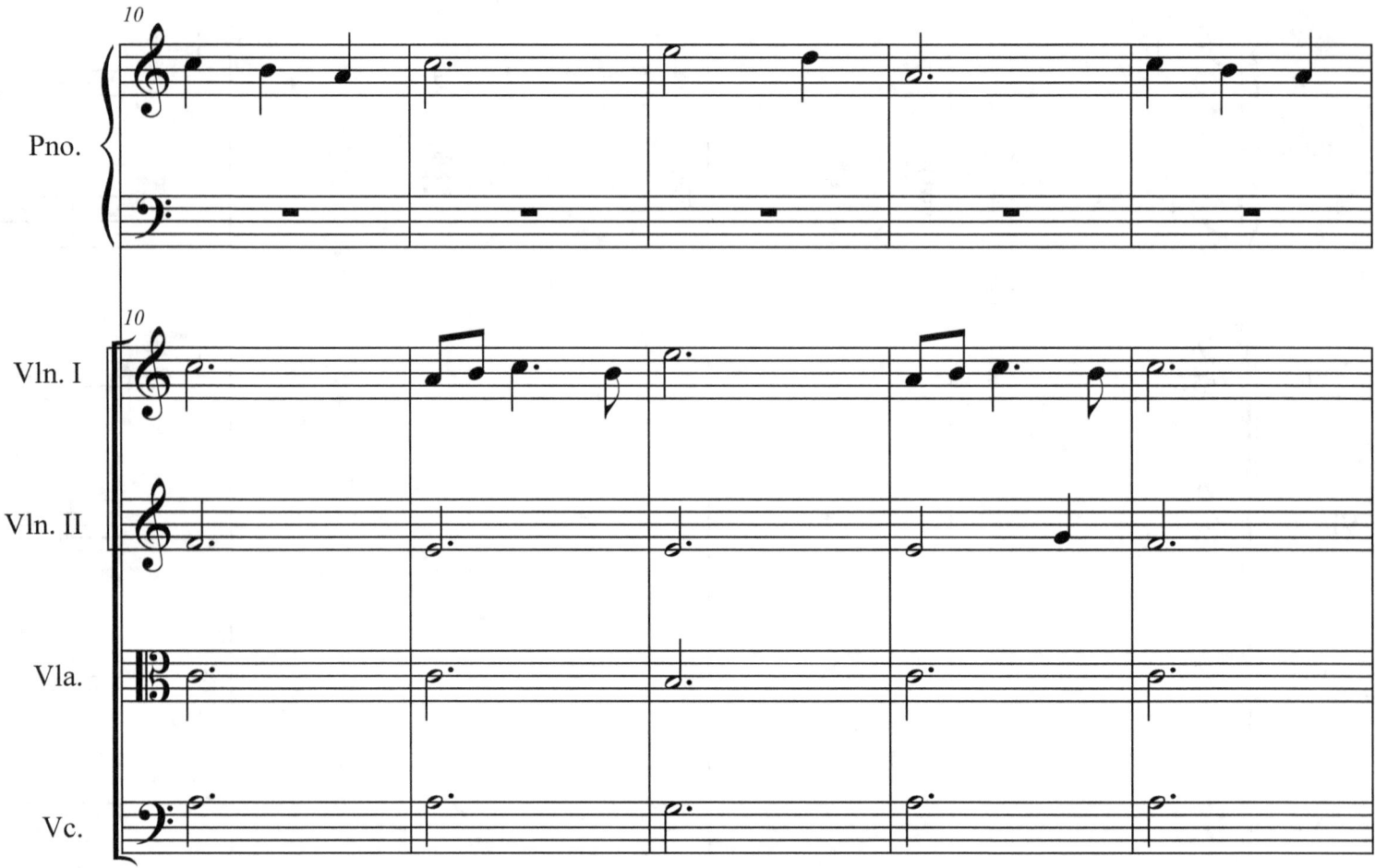

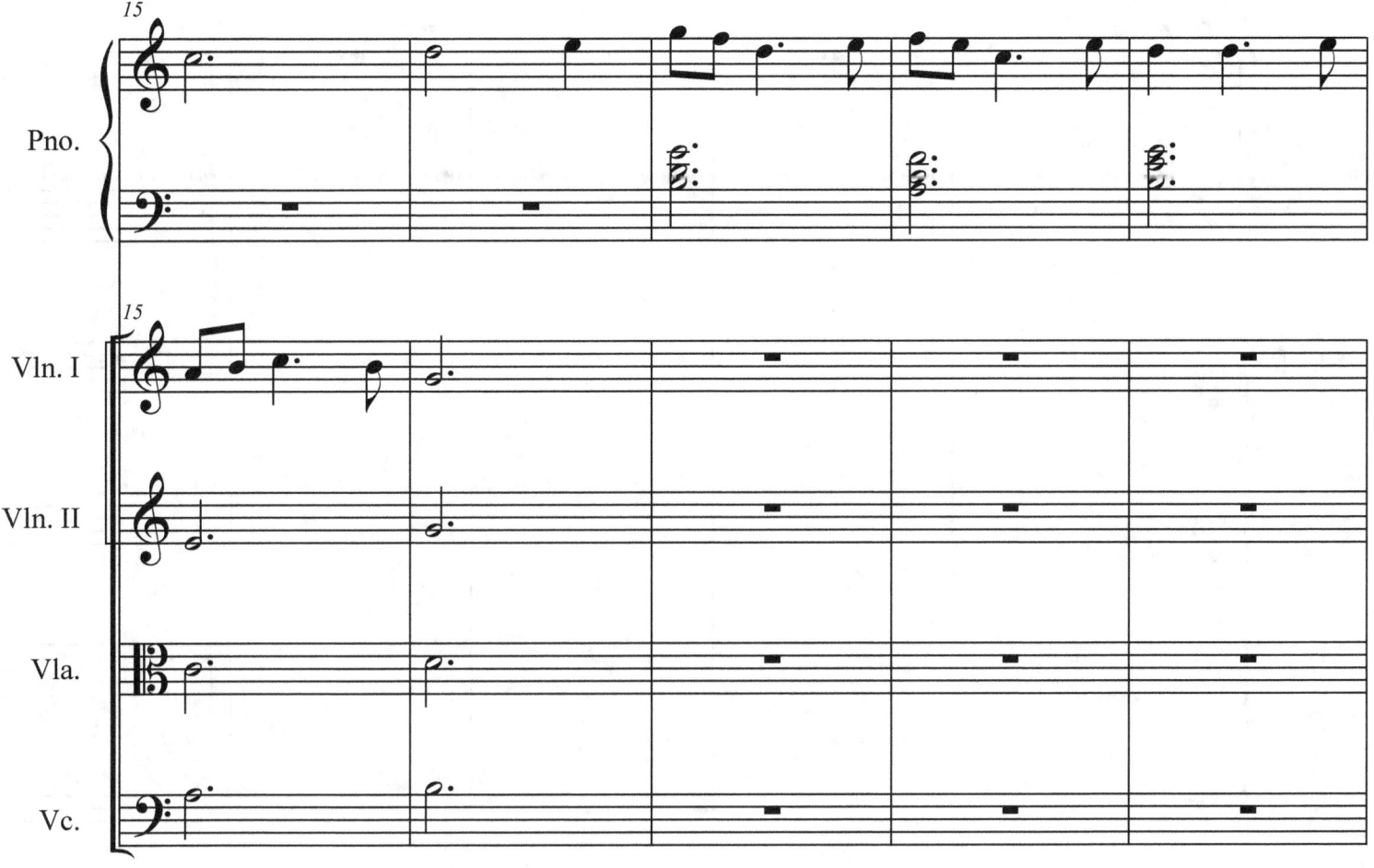

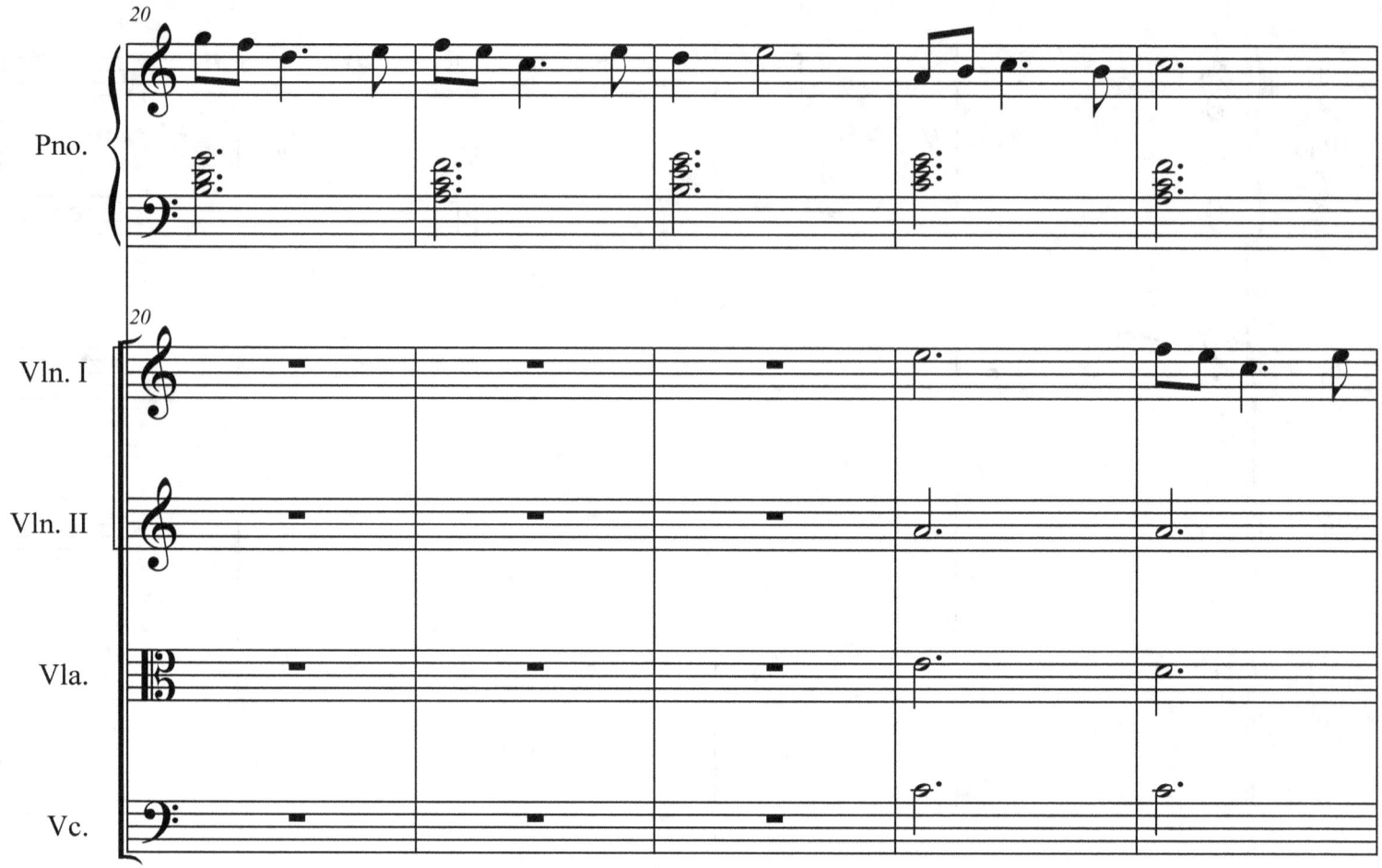

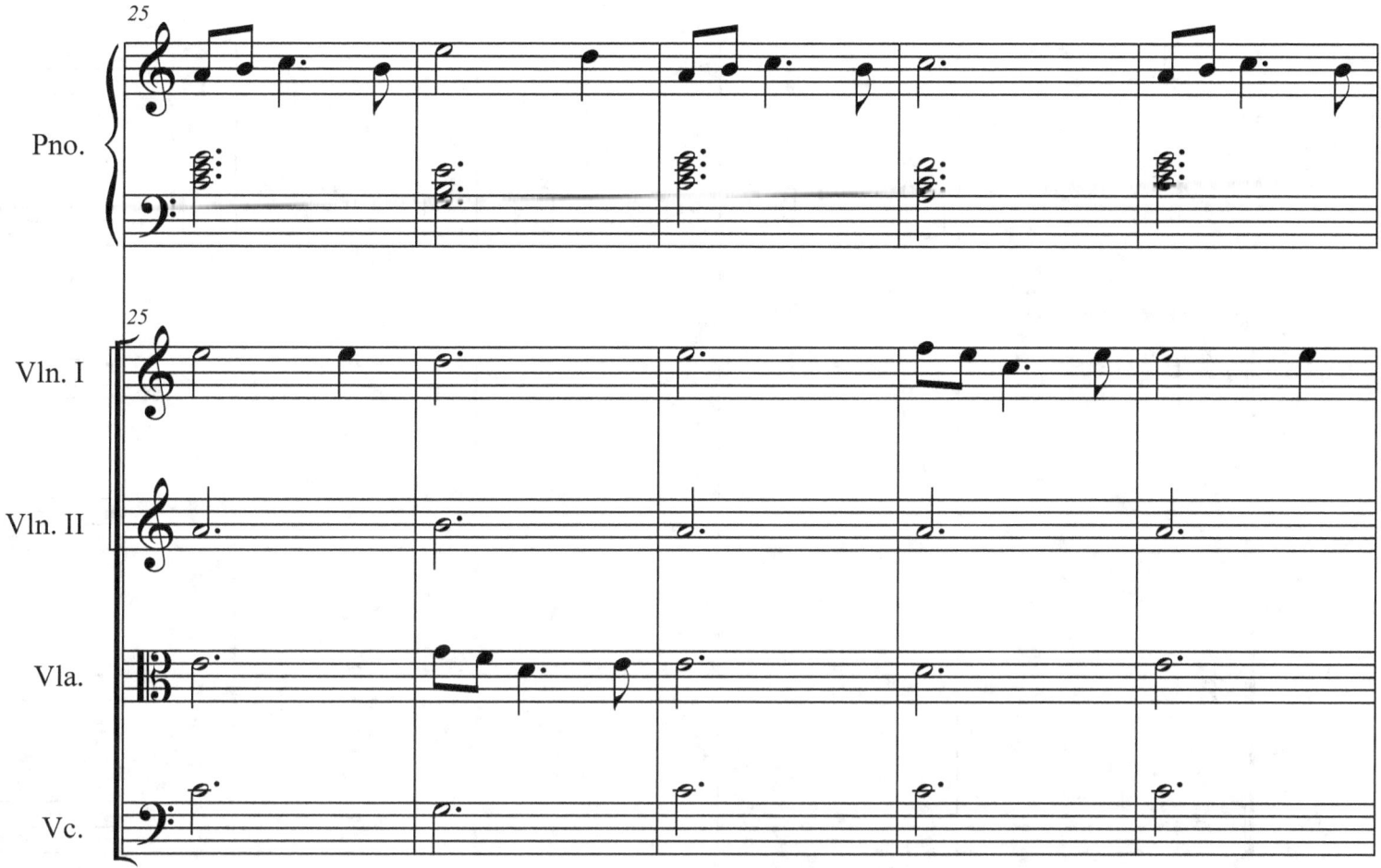

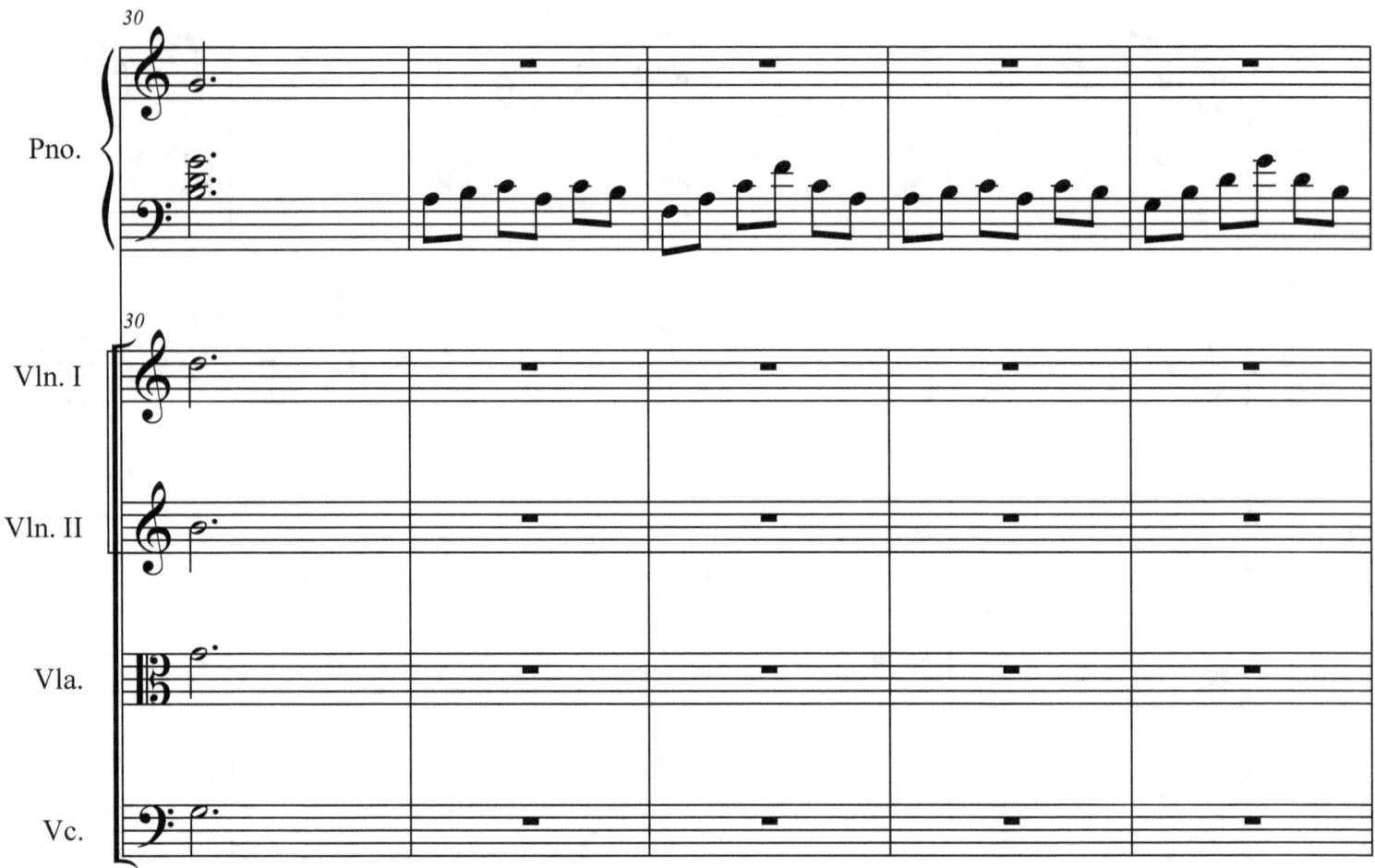

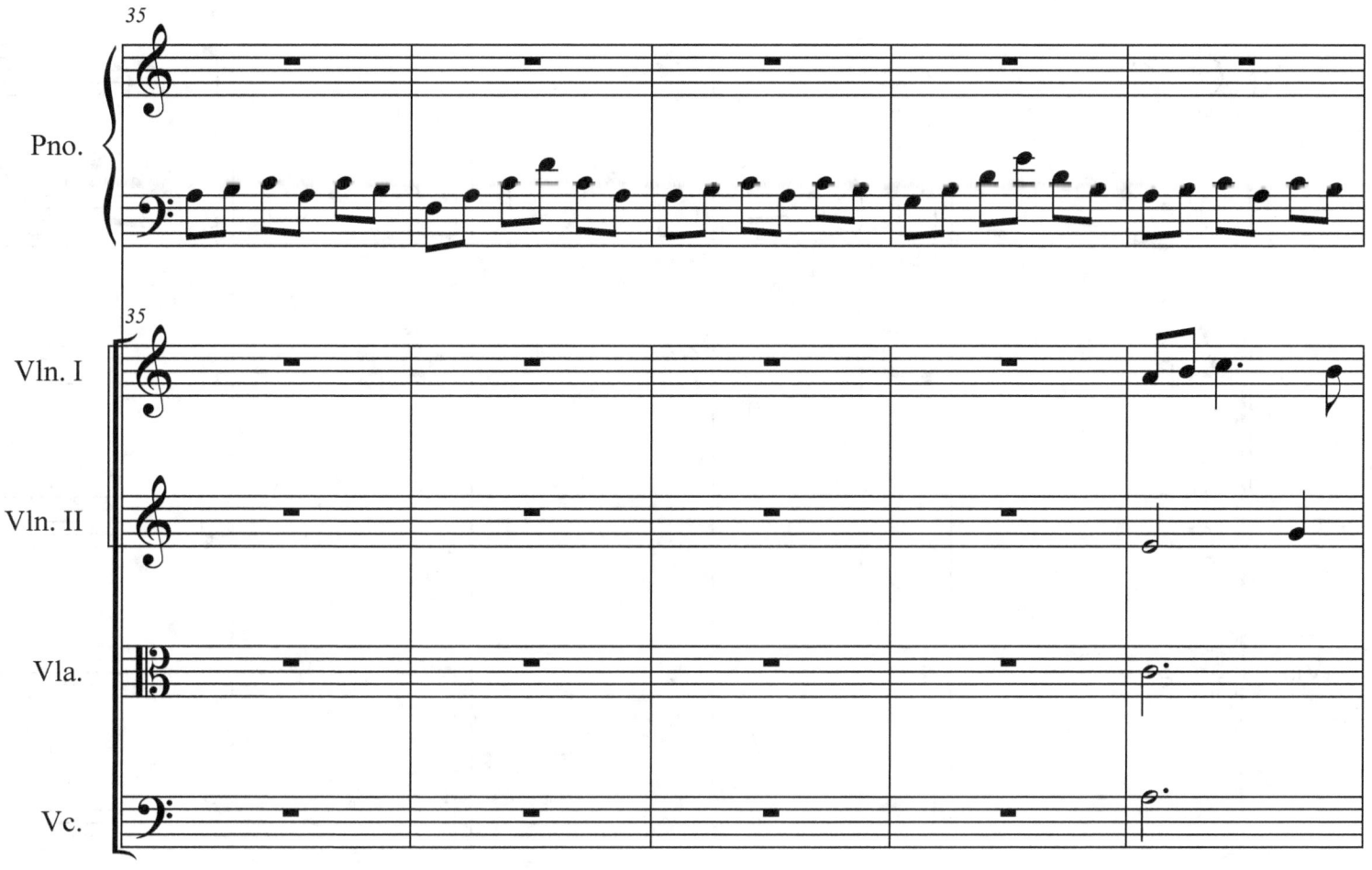

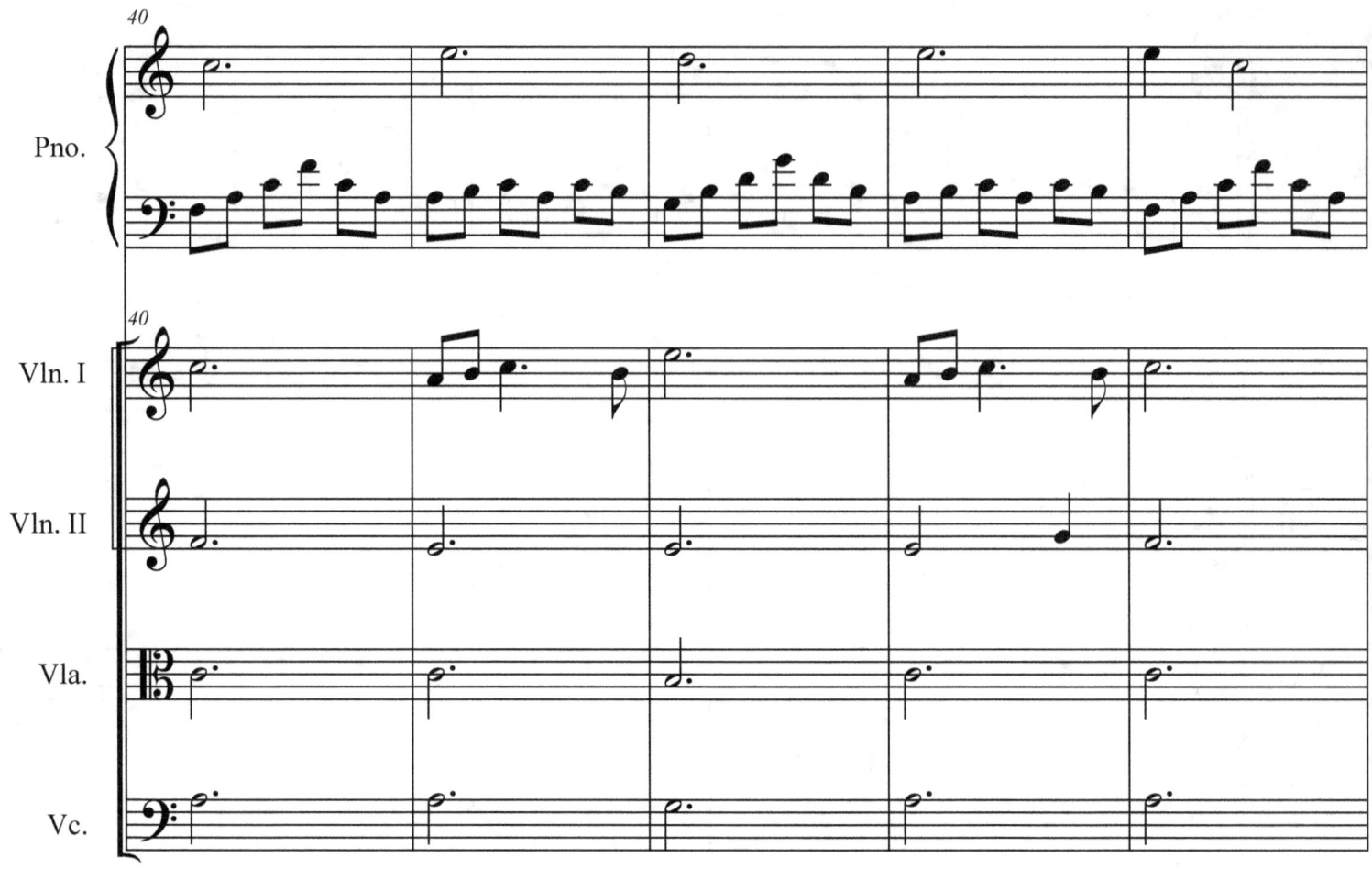

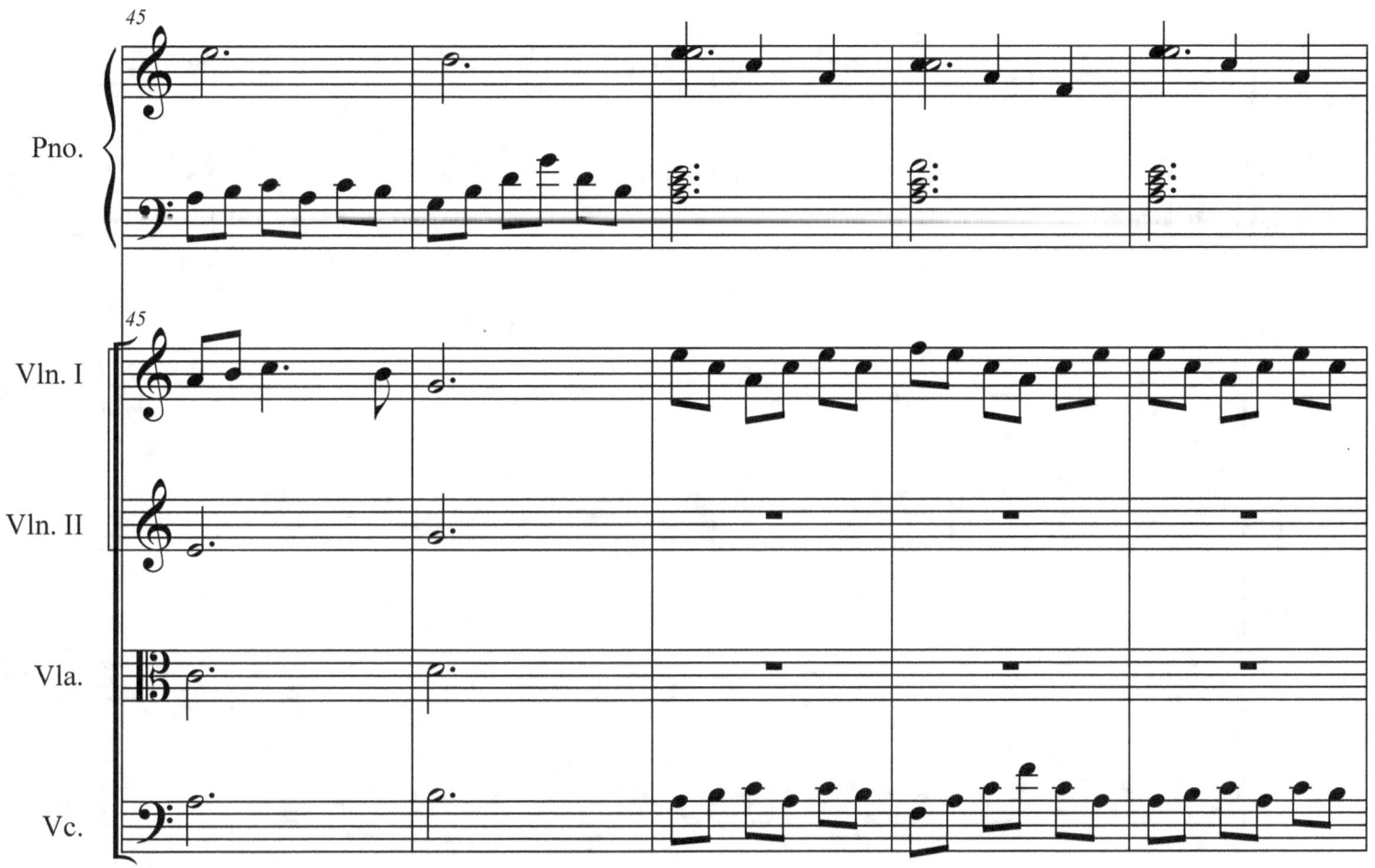

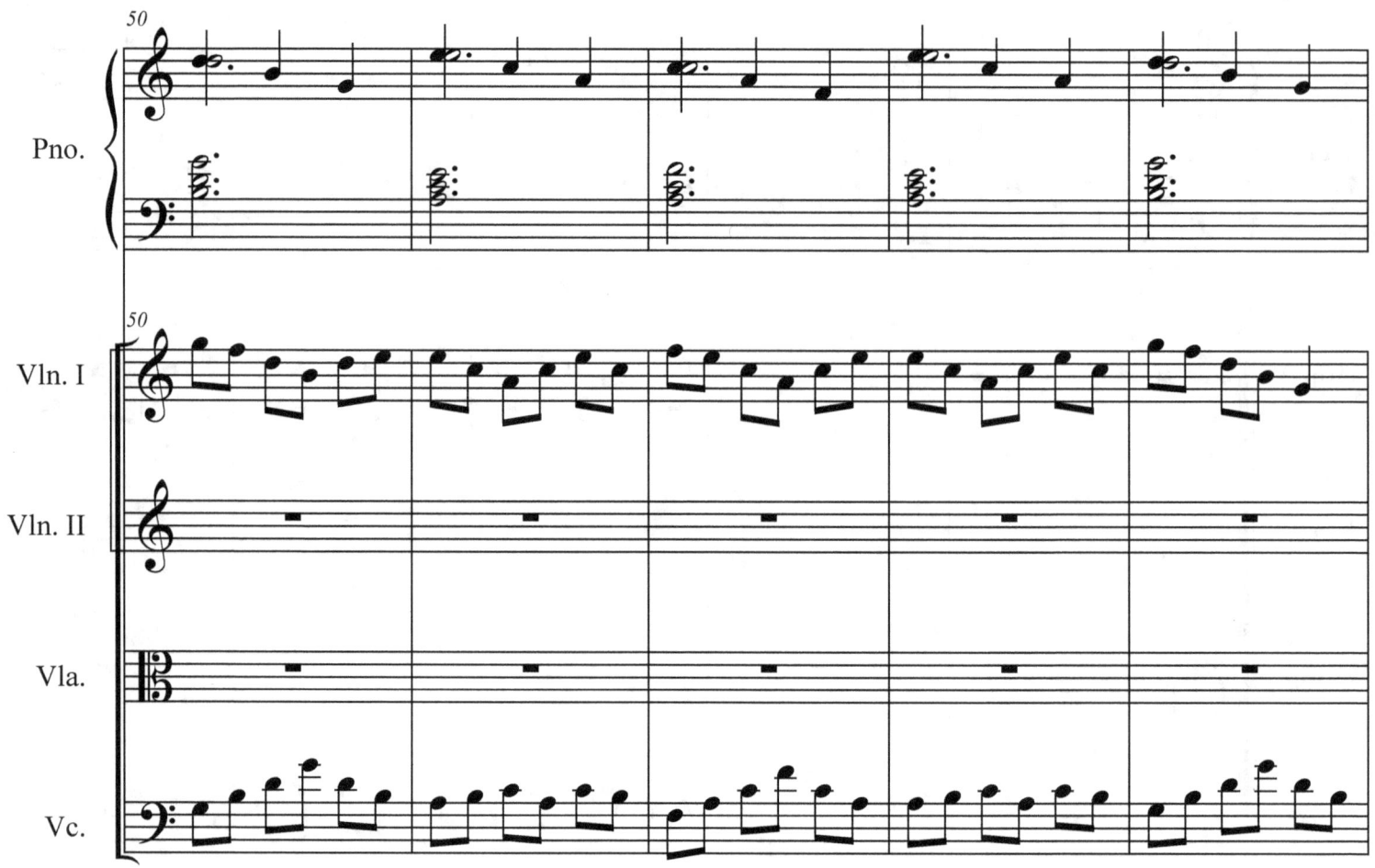

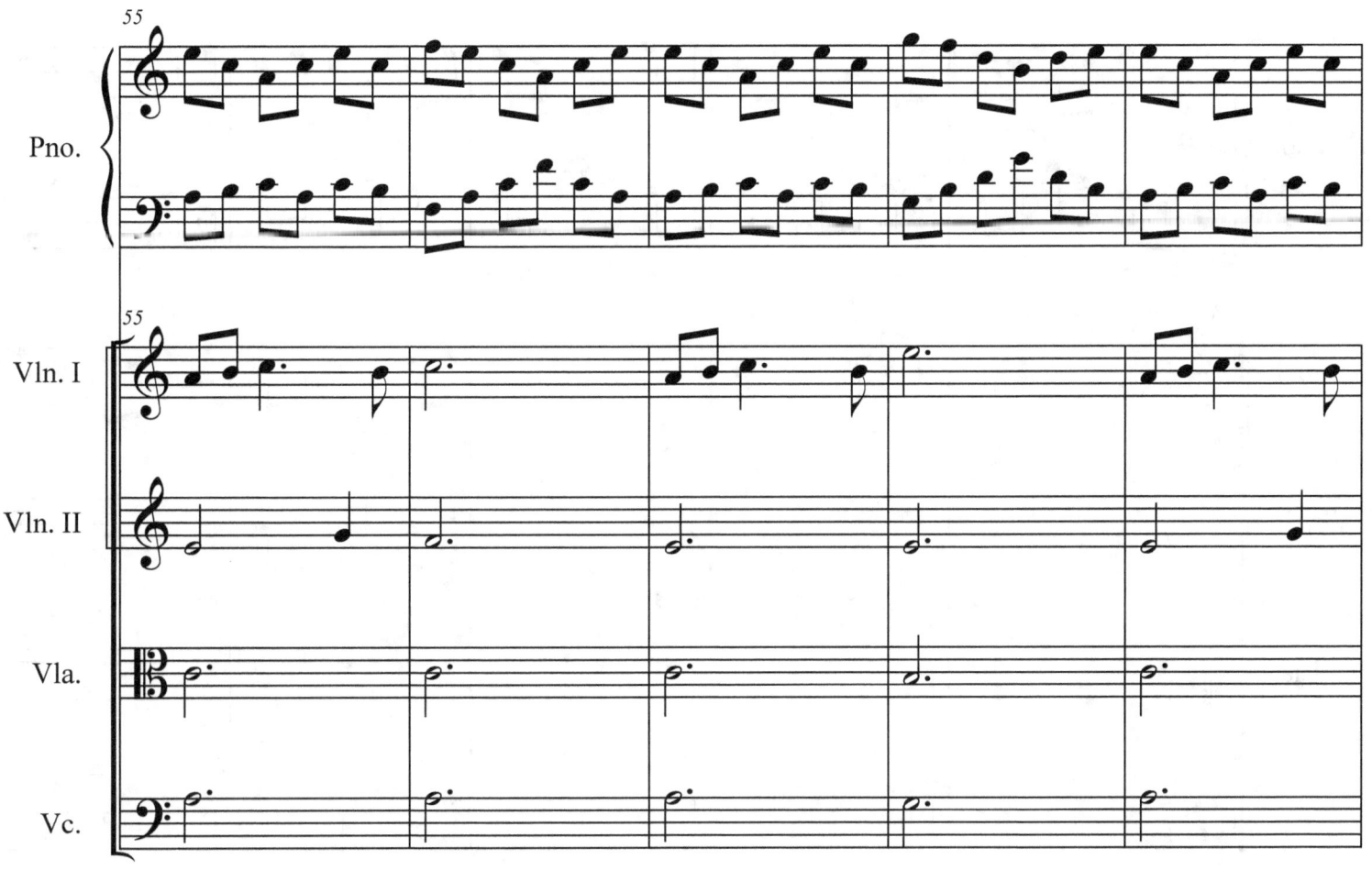

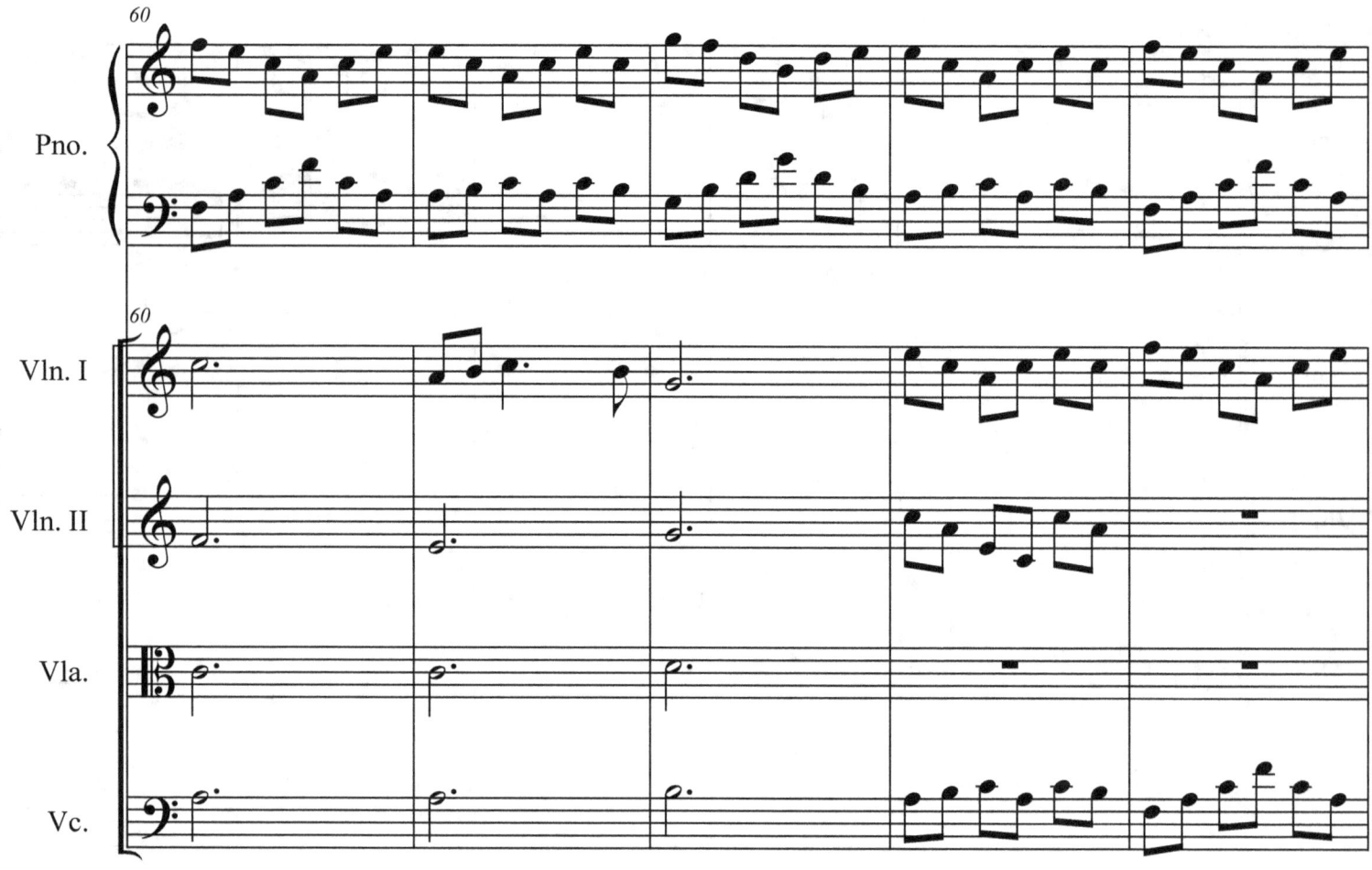

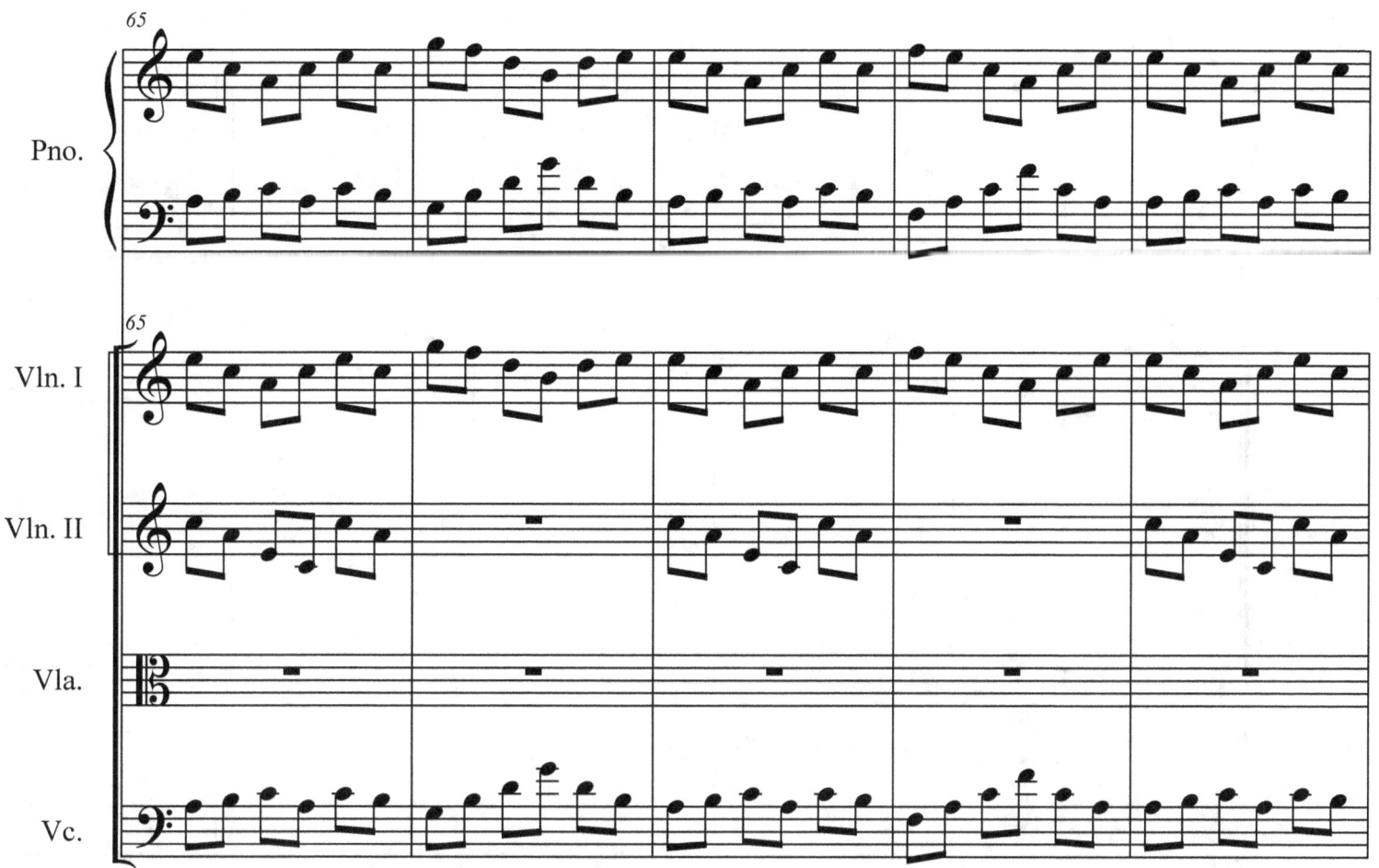

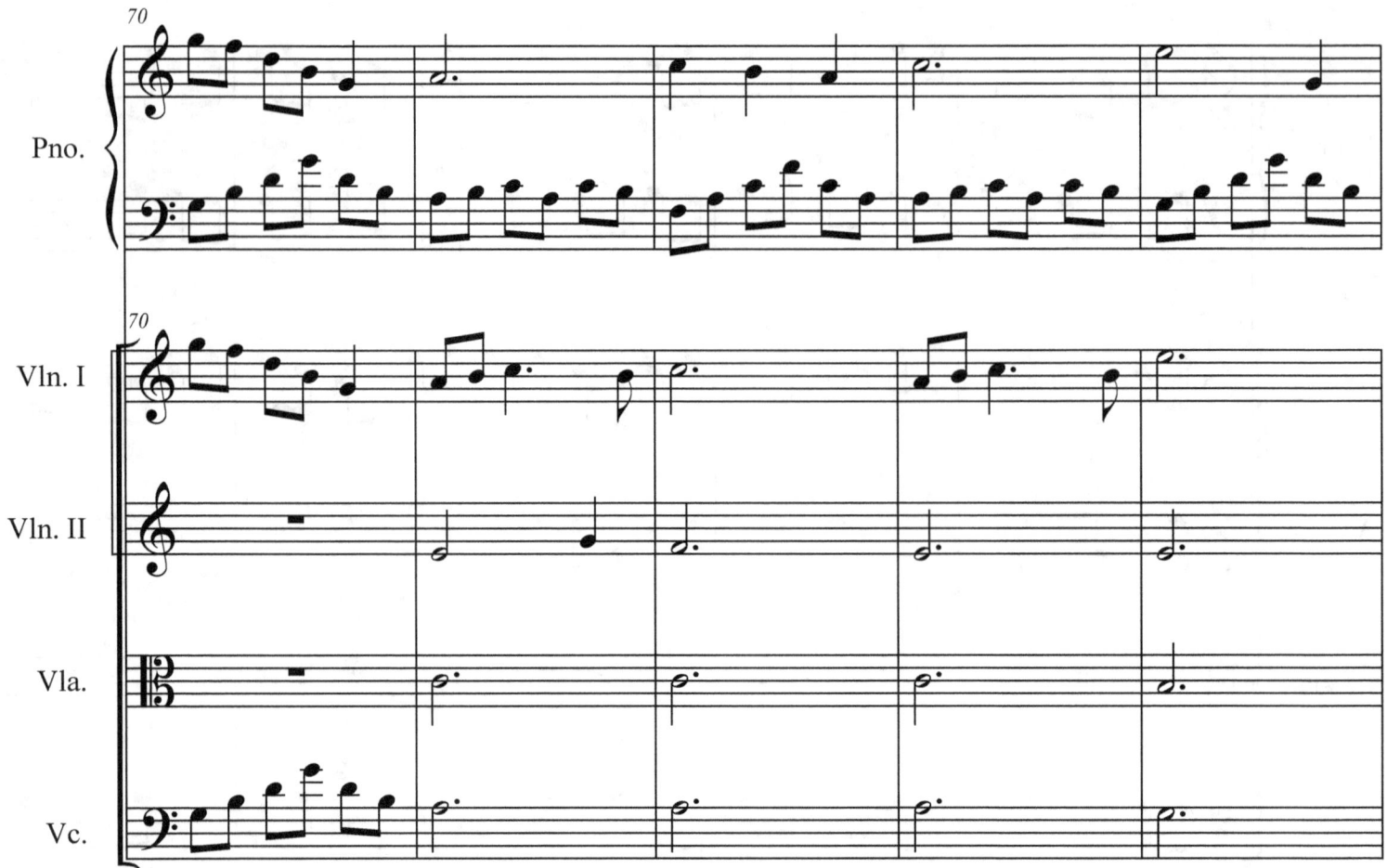

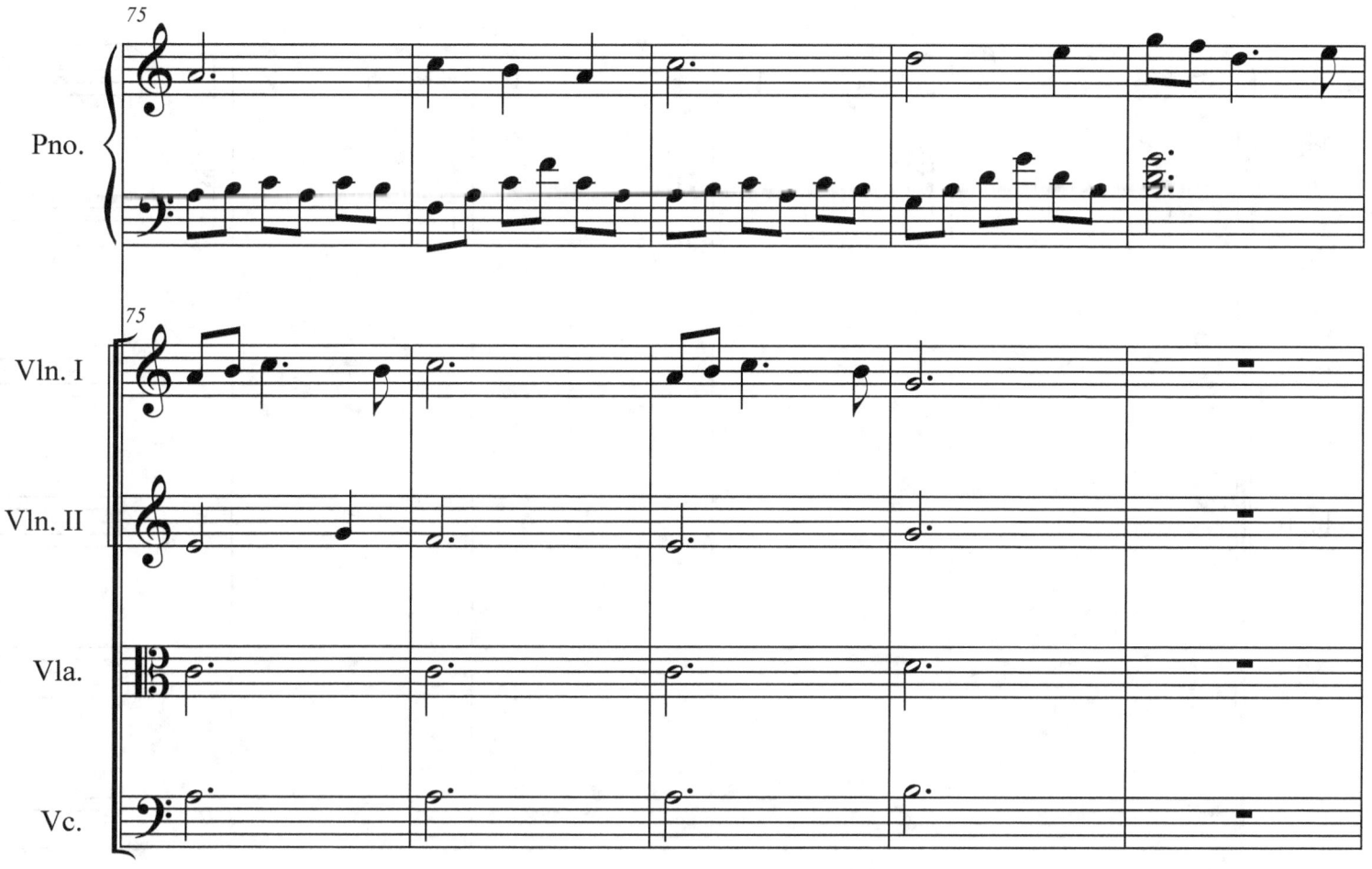

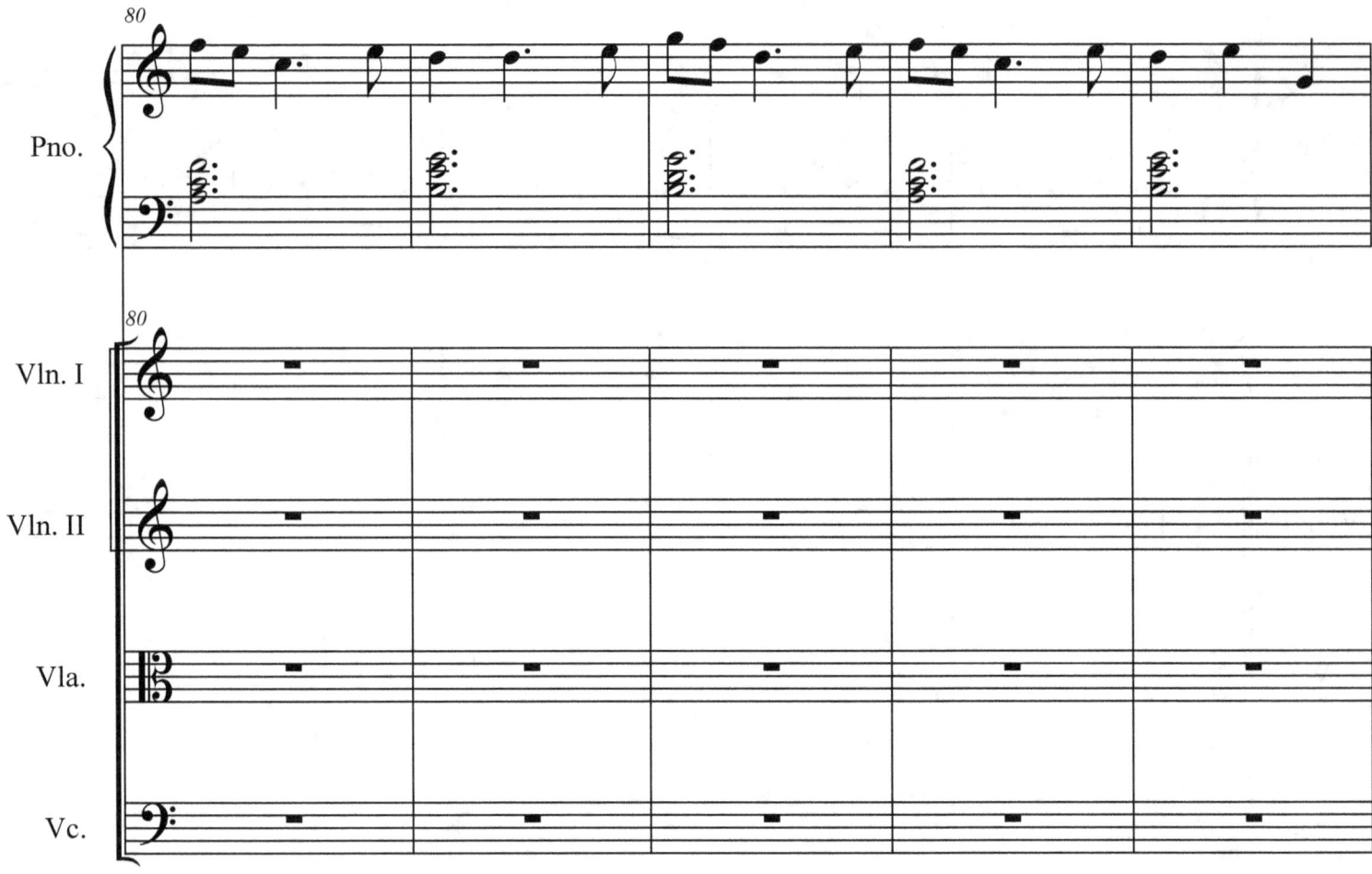

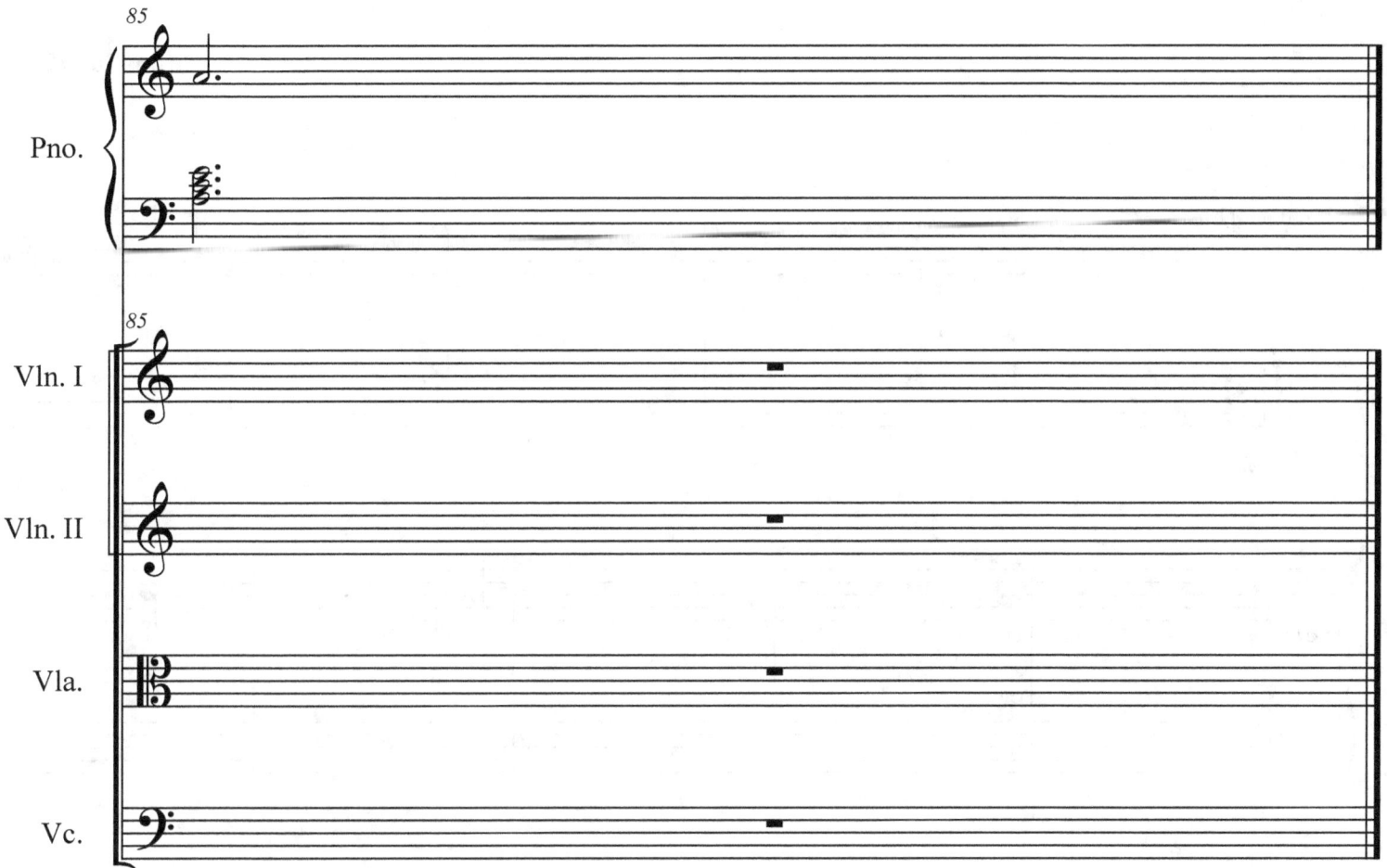

0110

Piano

Joost de Groot

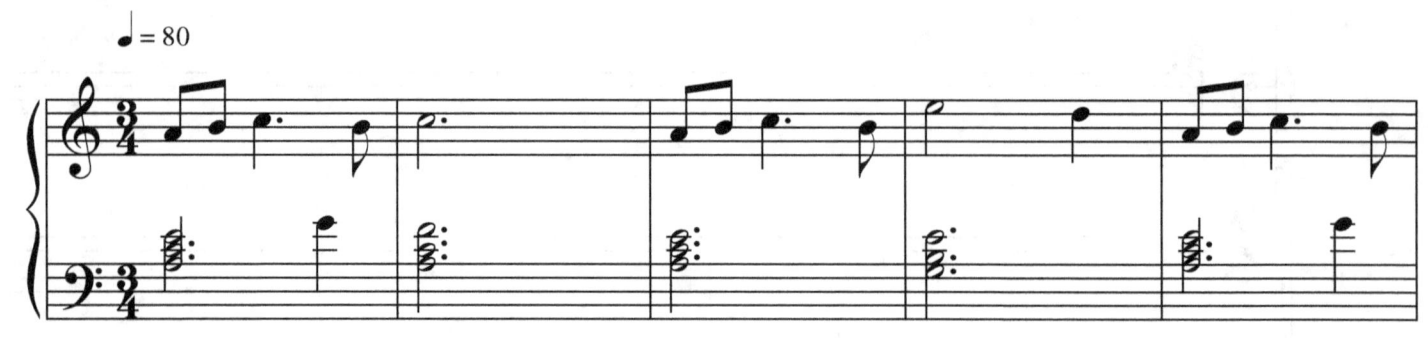
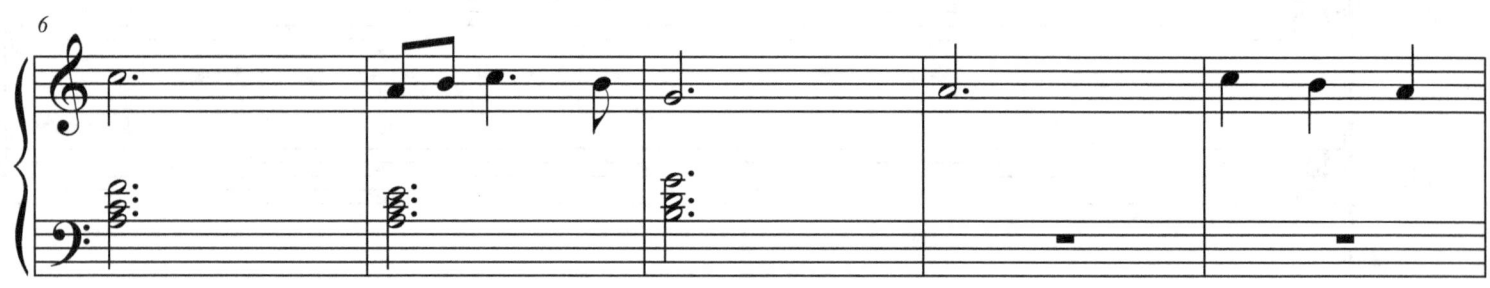
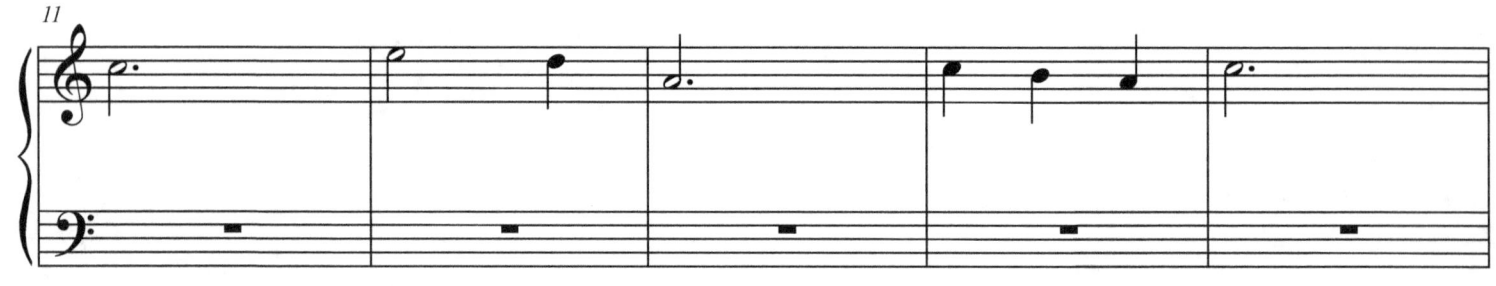
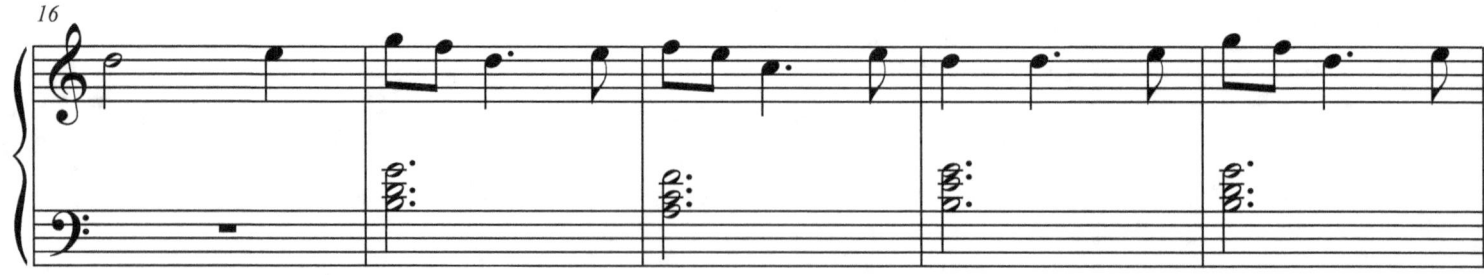

© 2017

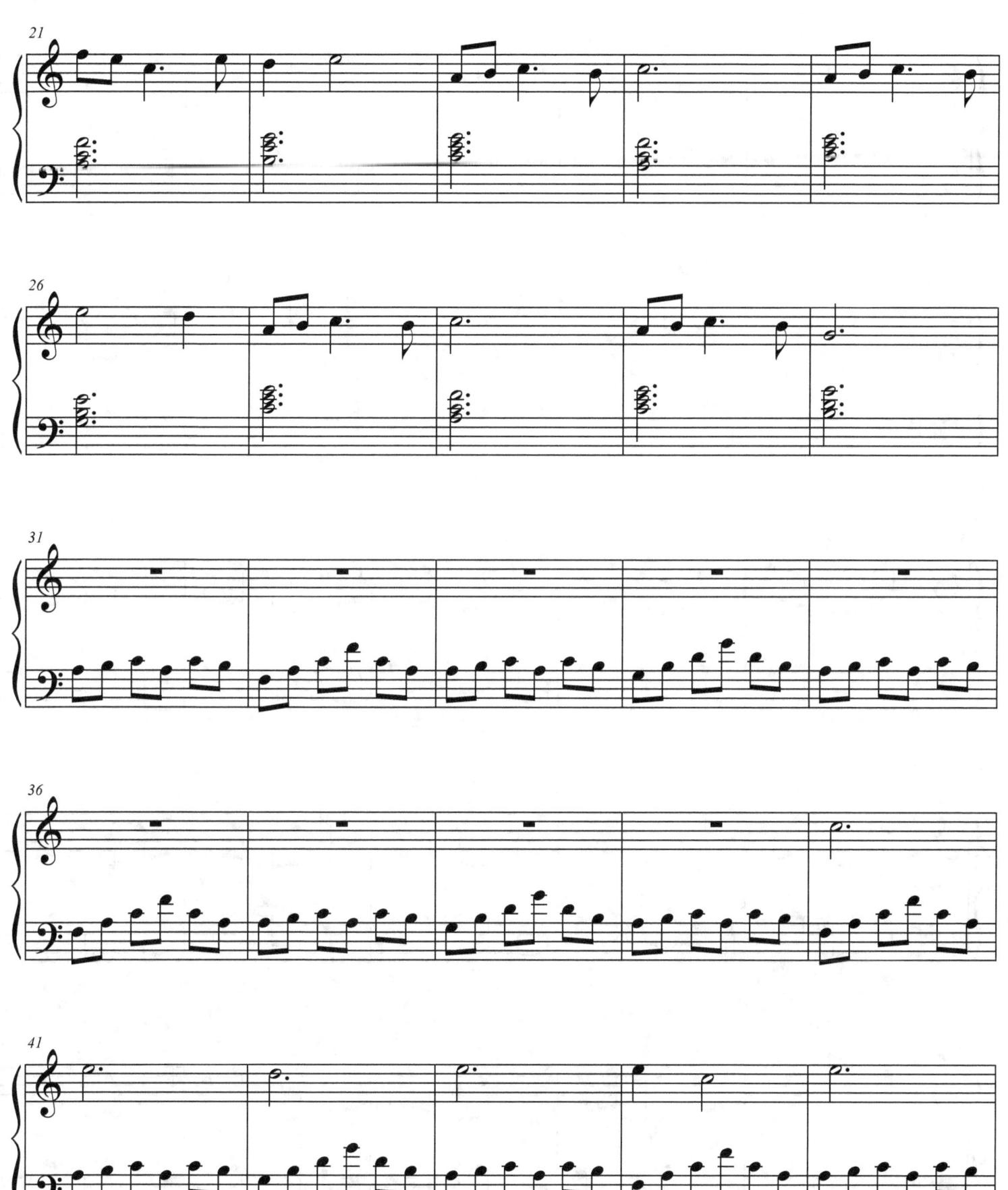

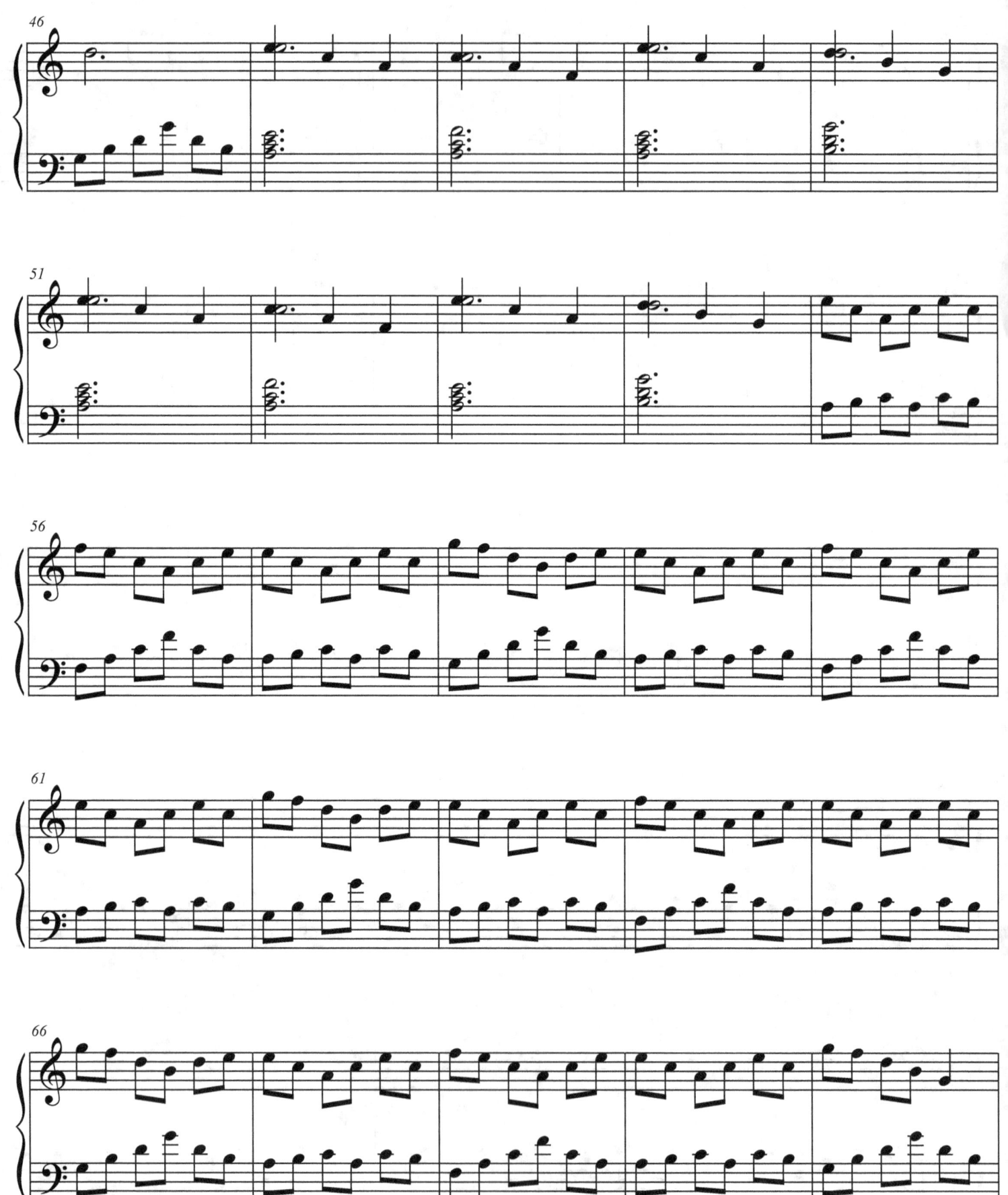

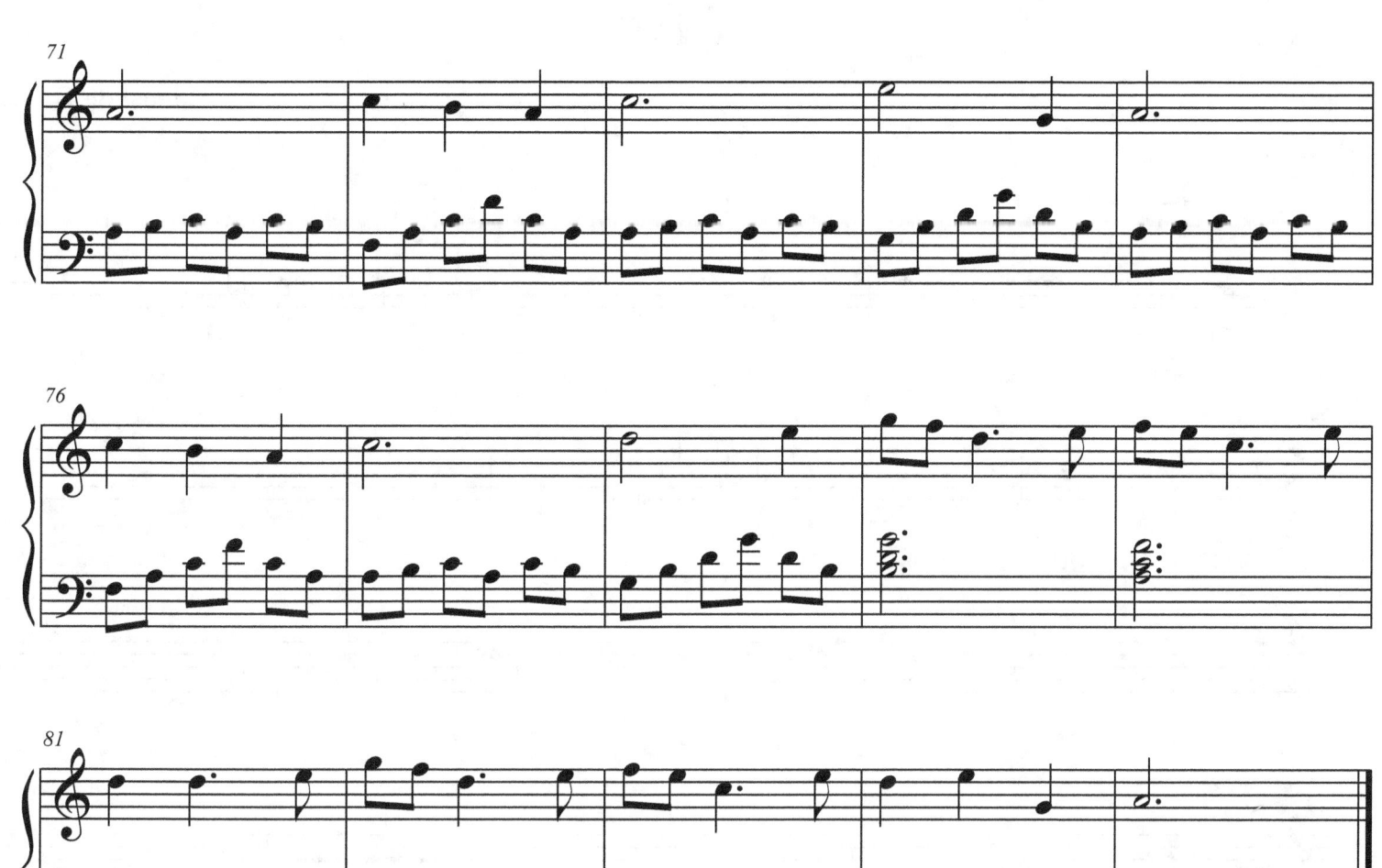

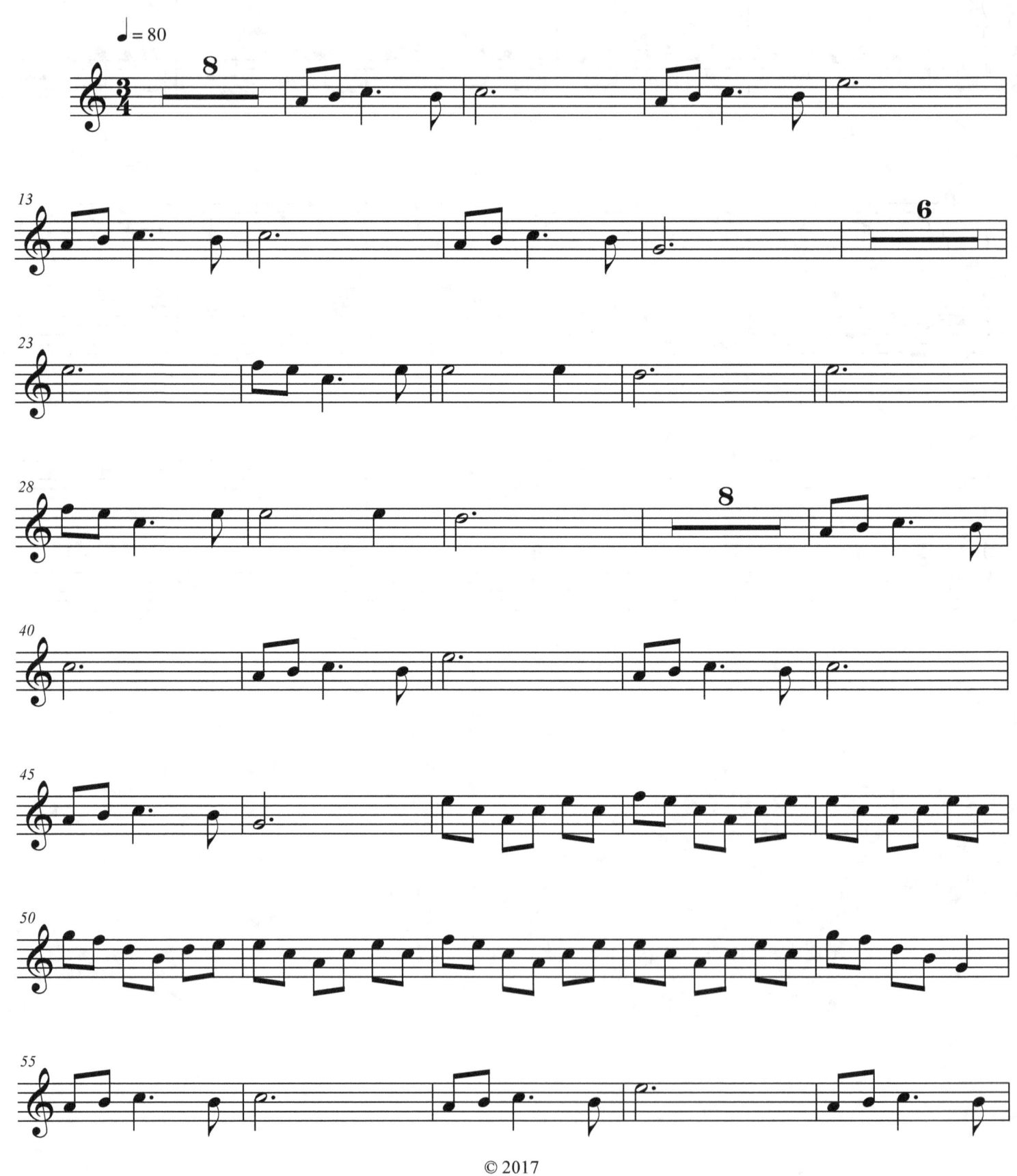

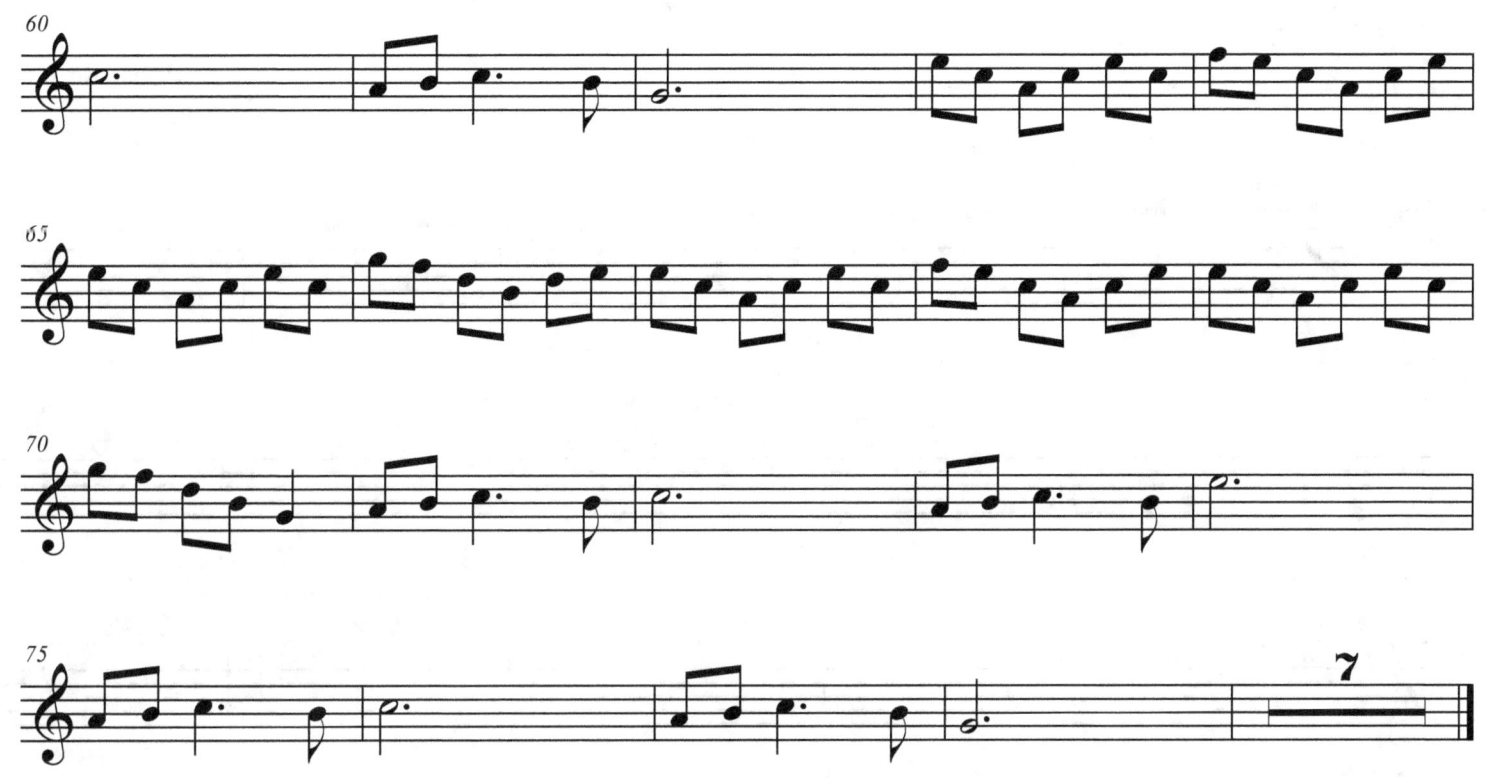

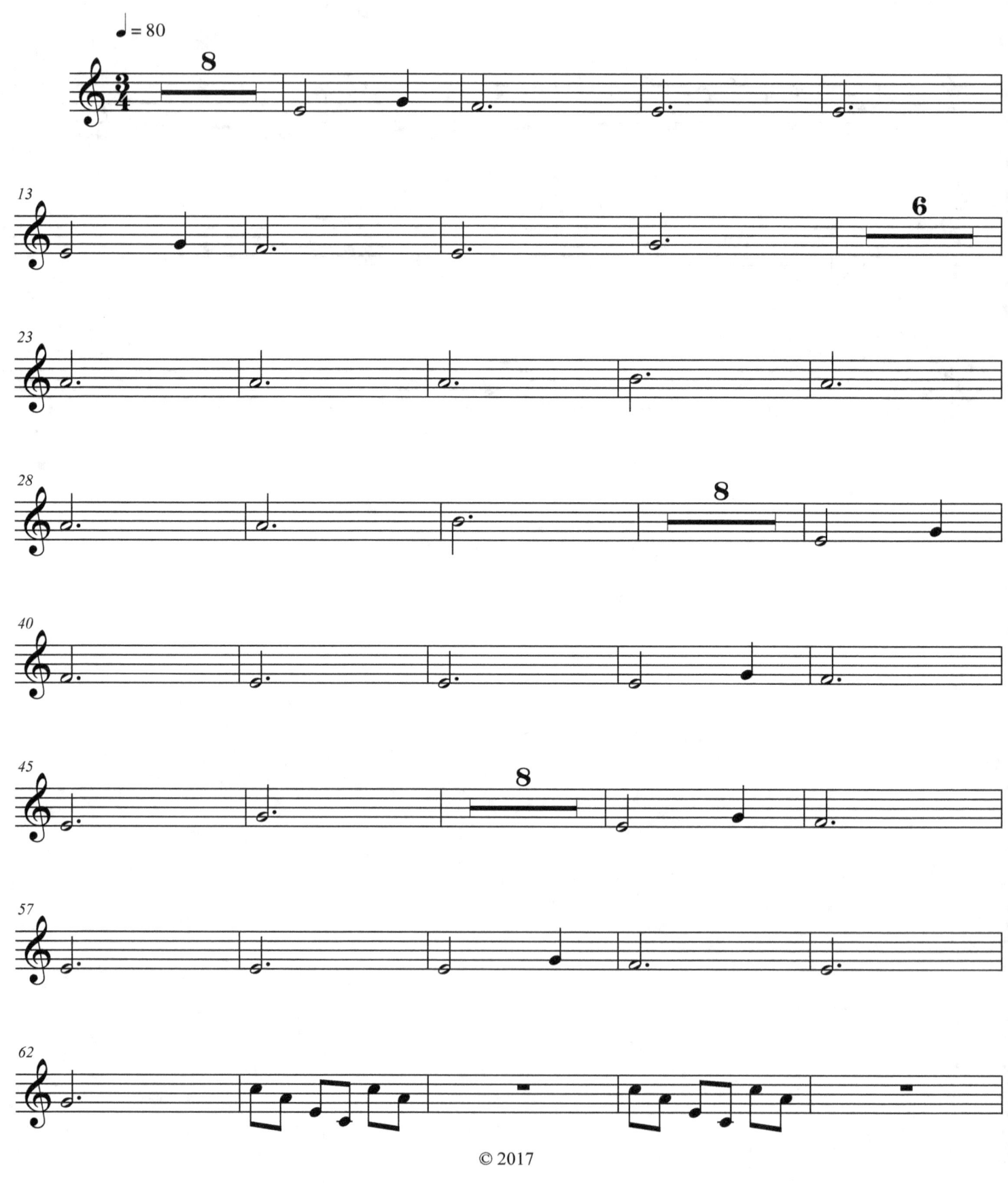

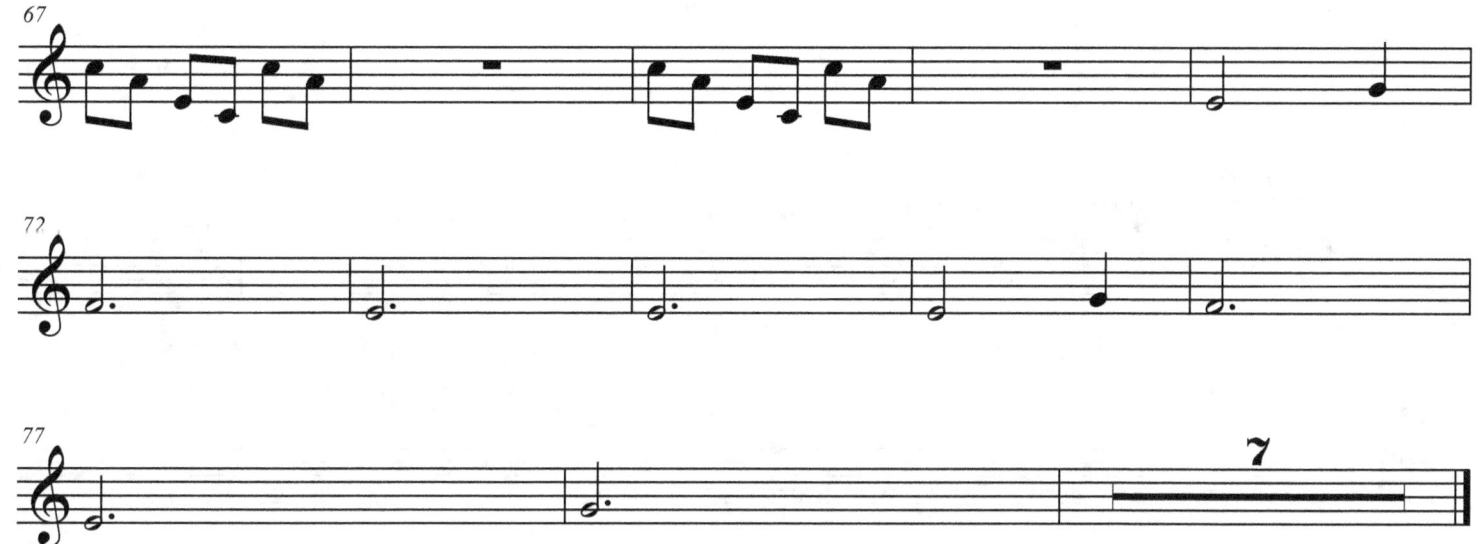

0110

Viola

Joost de Groot

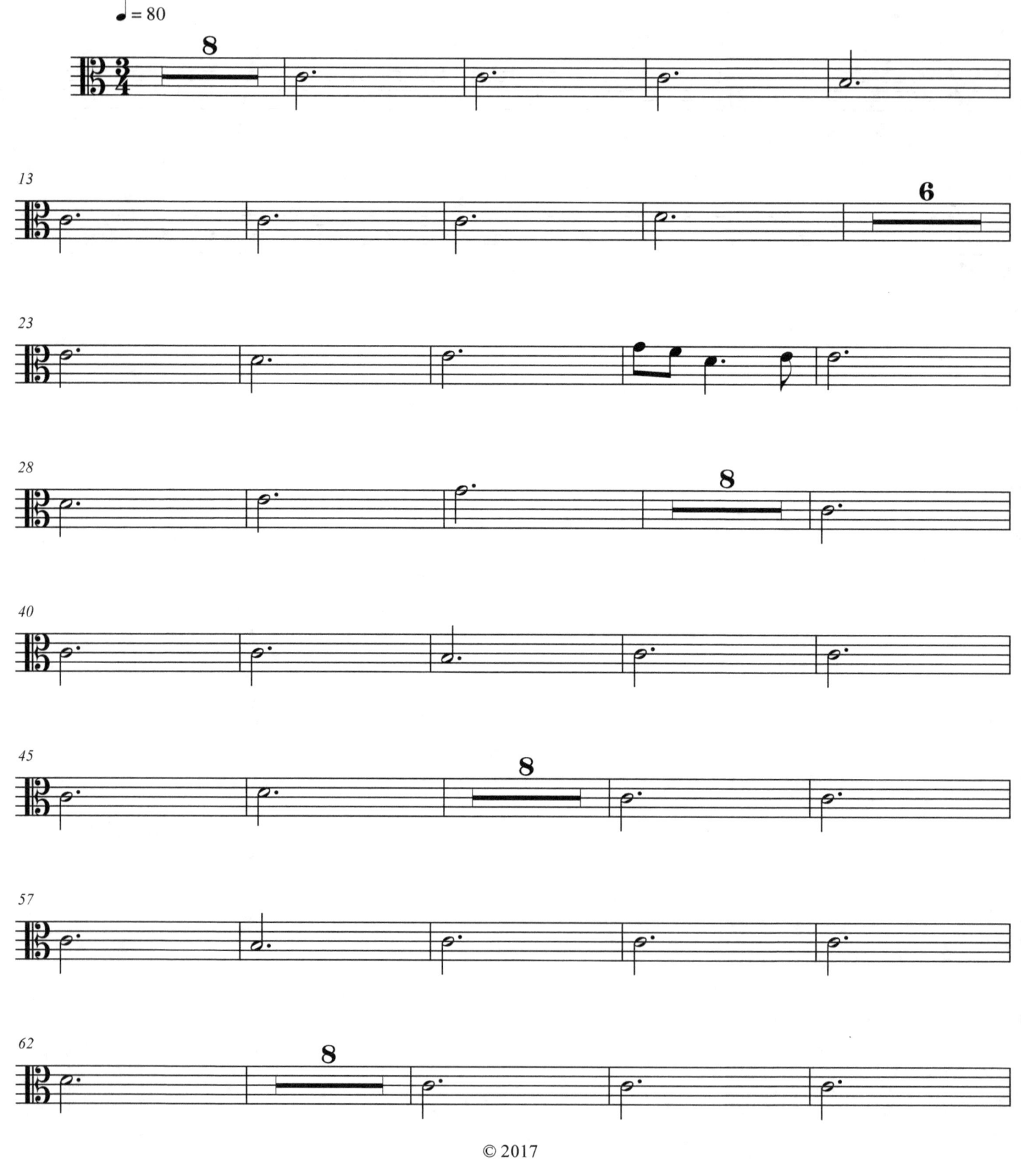

© 2017

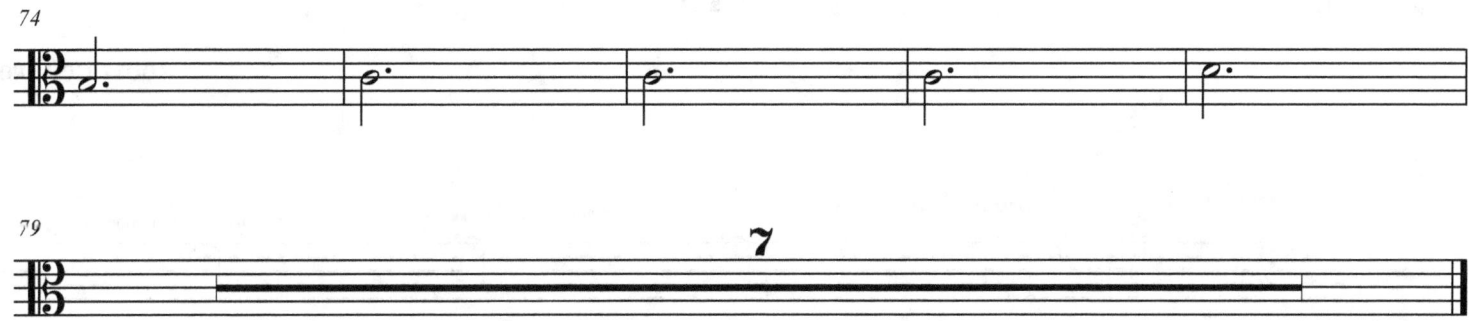

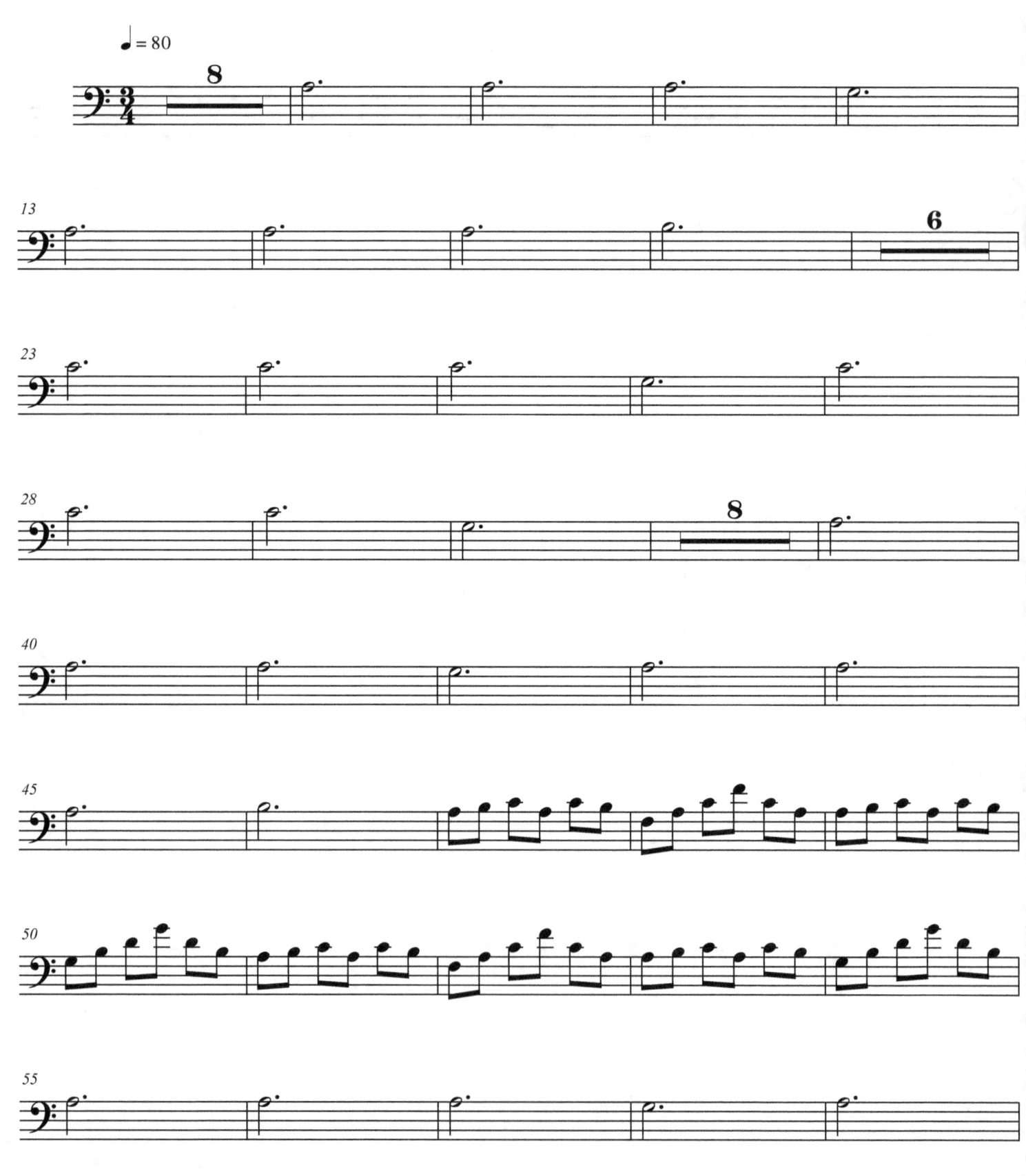

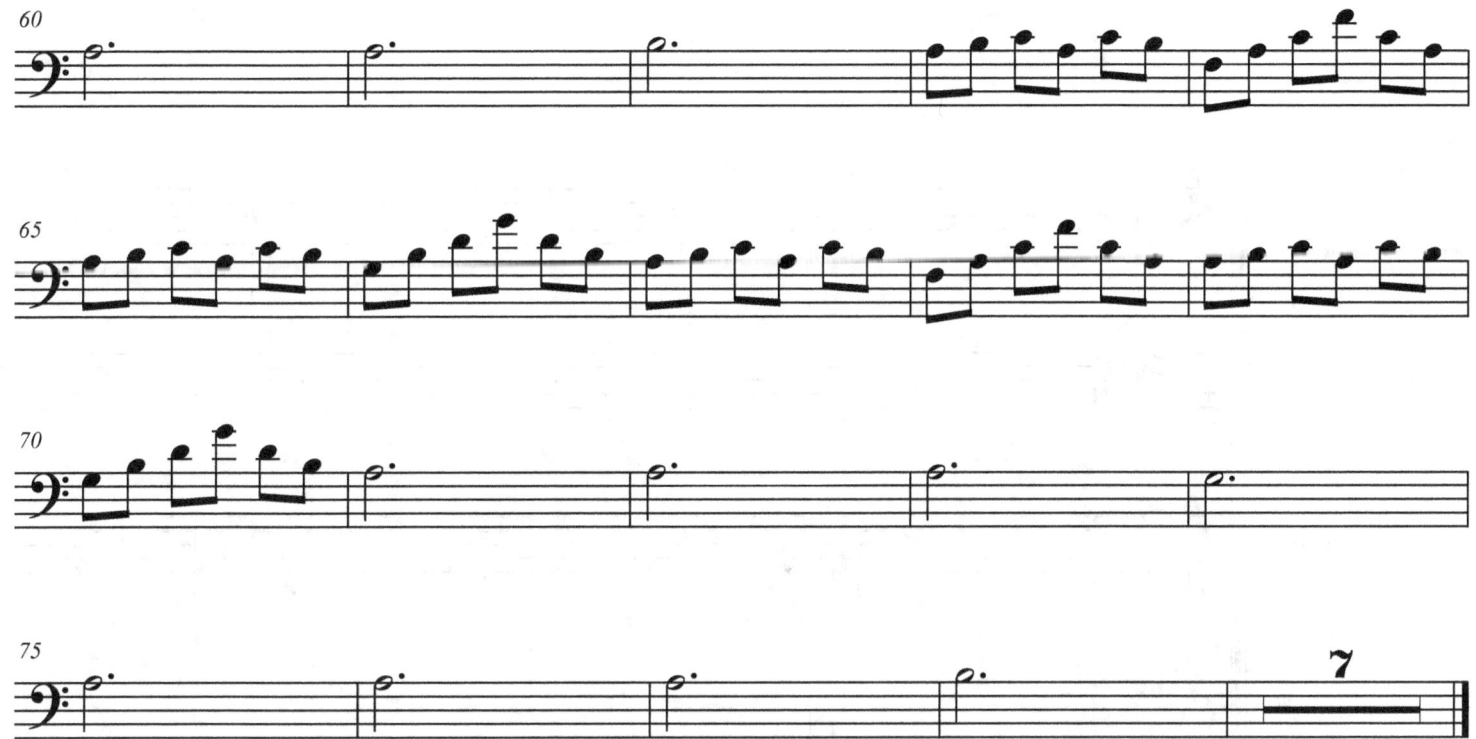

1110

Joost de Groot

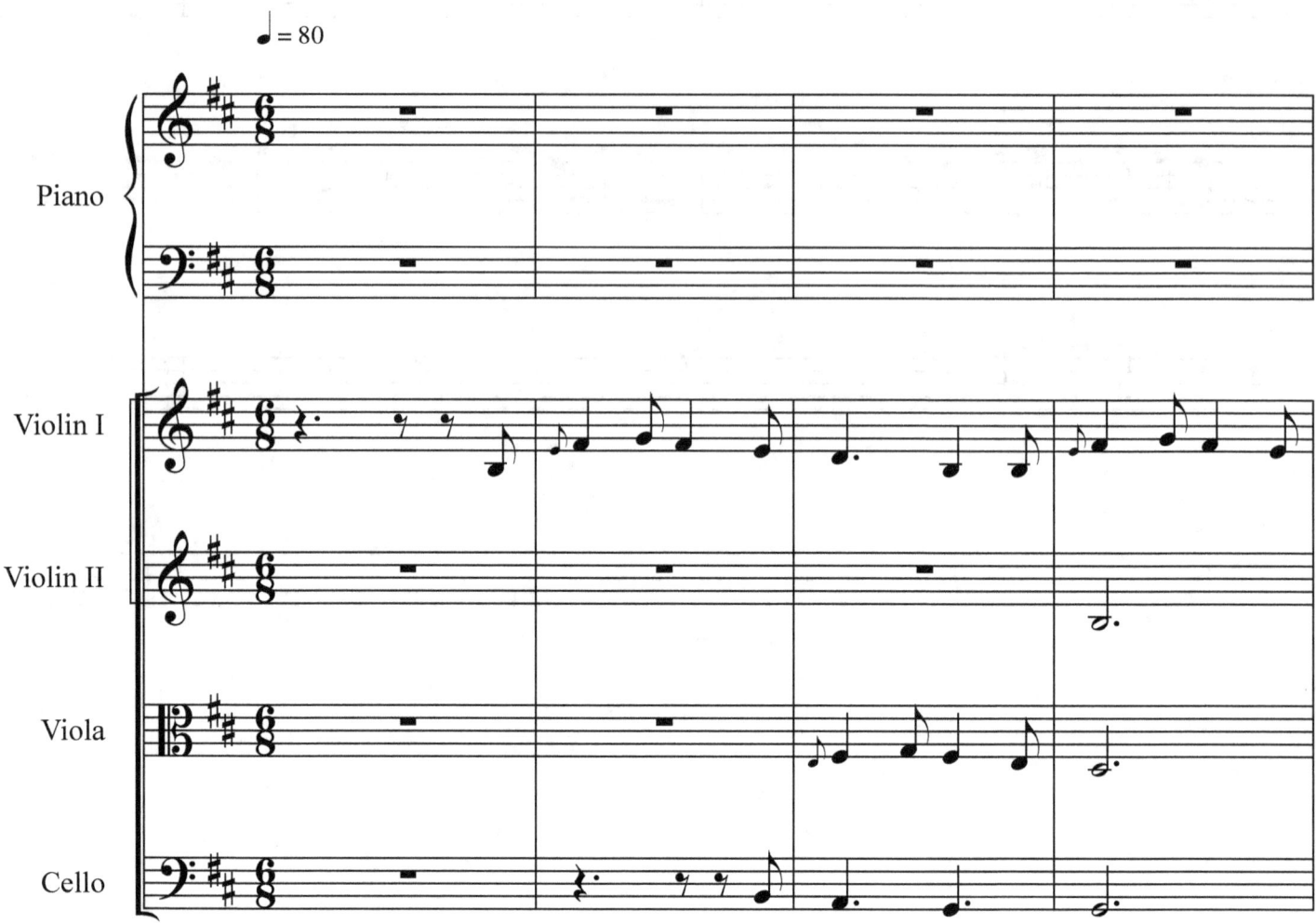

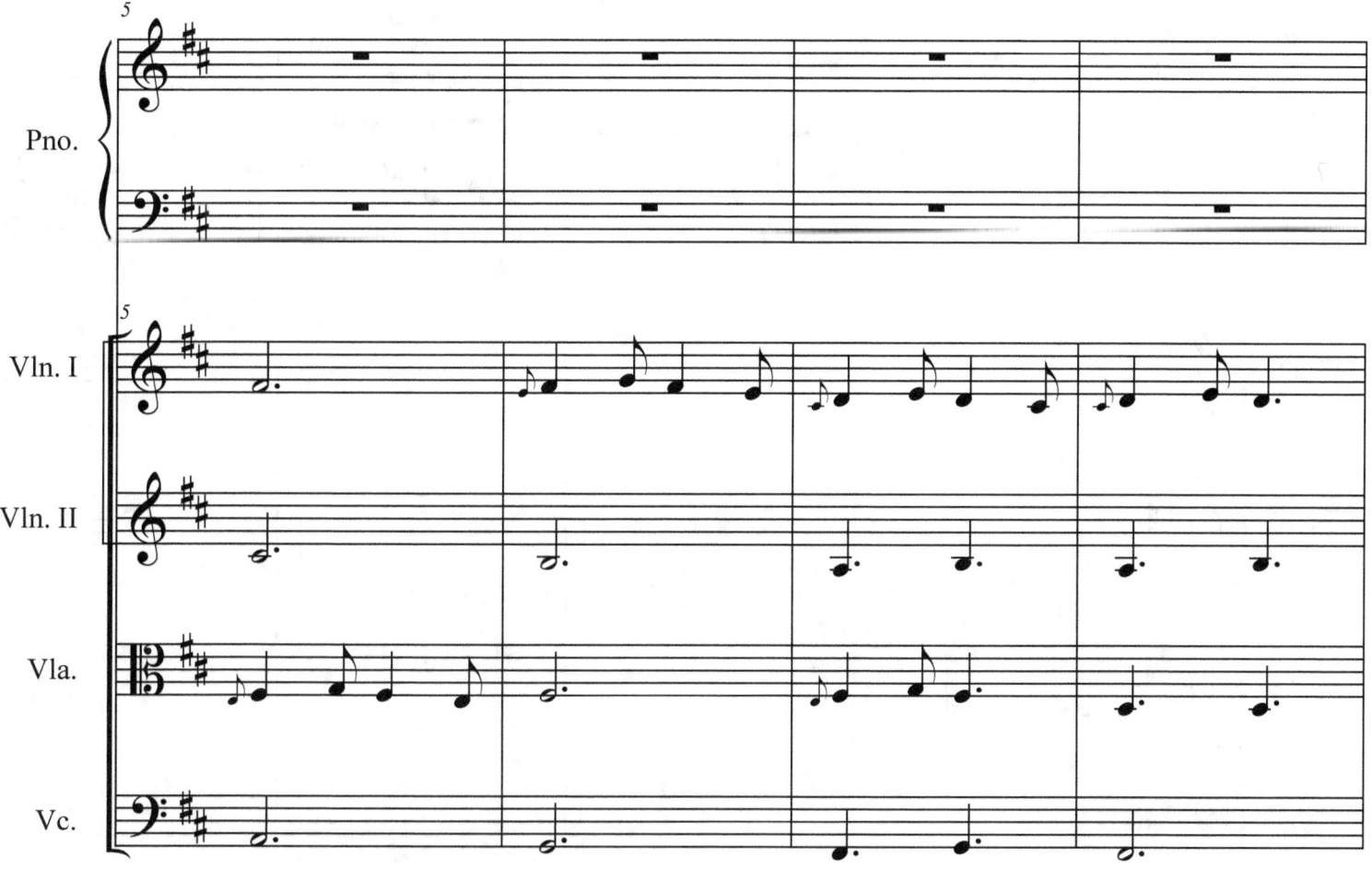

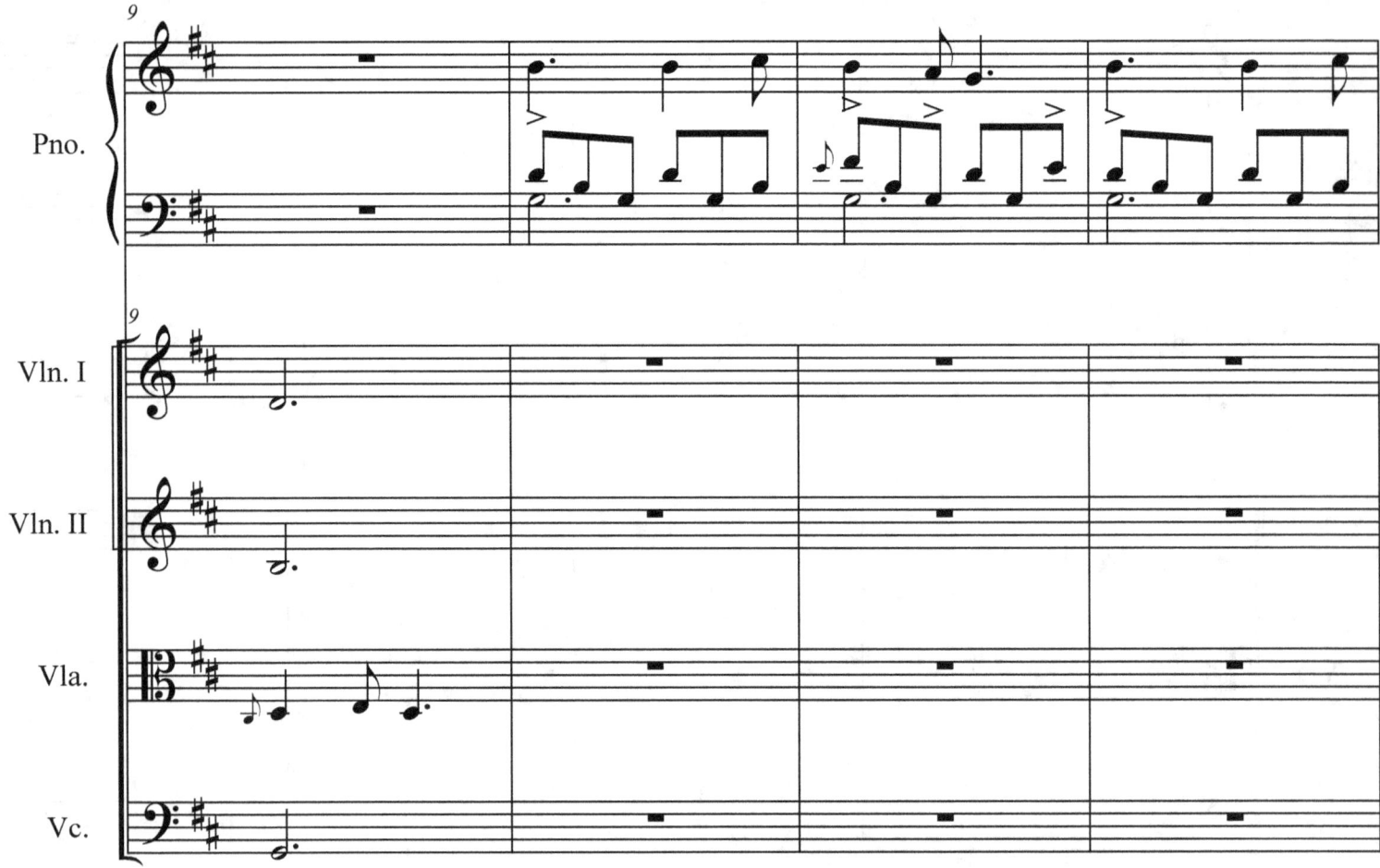

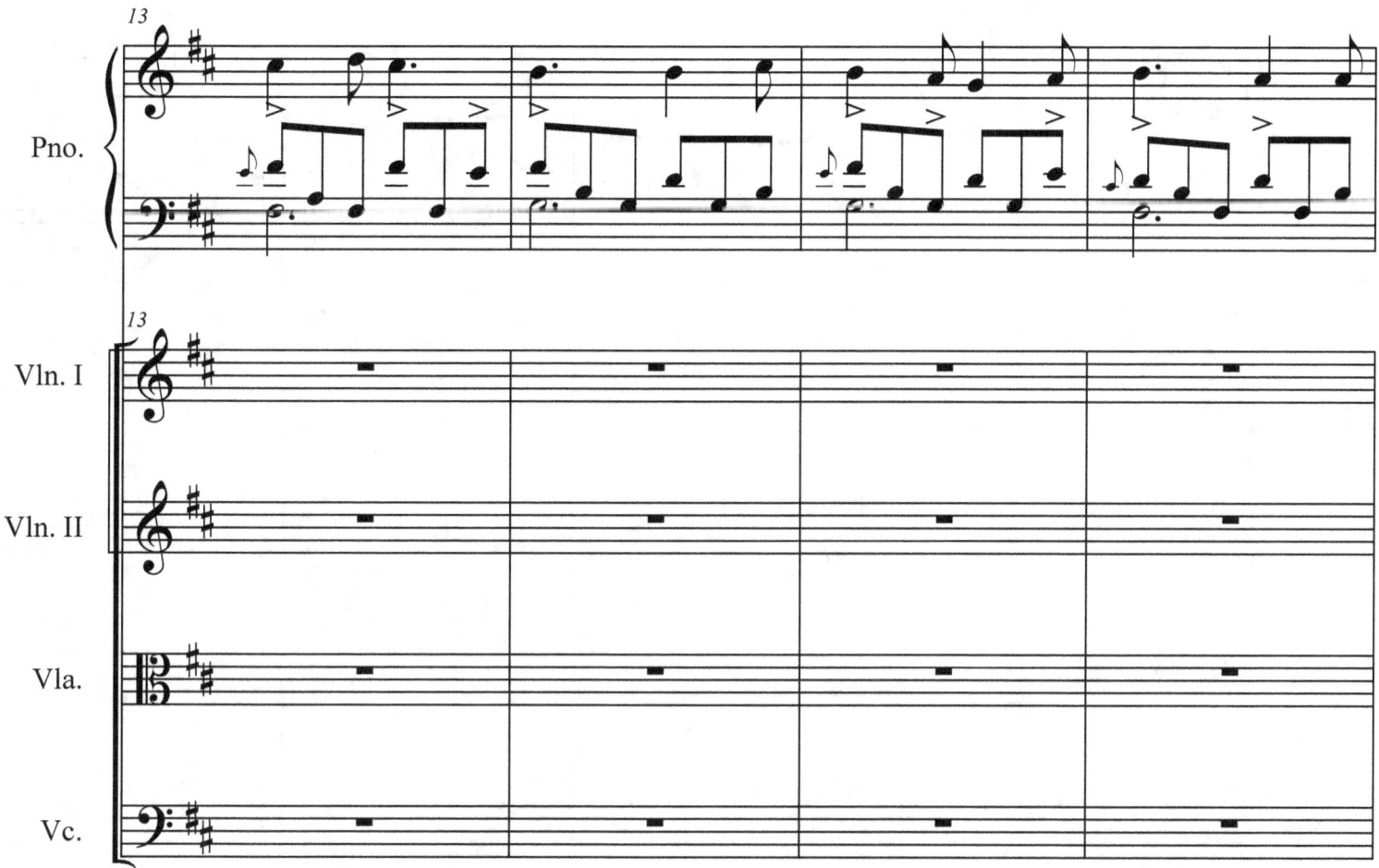

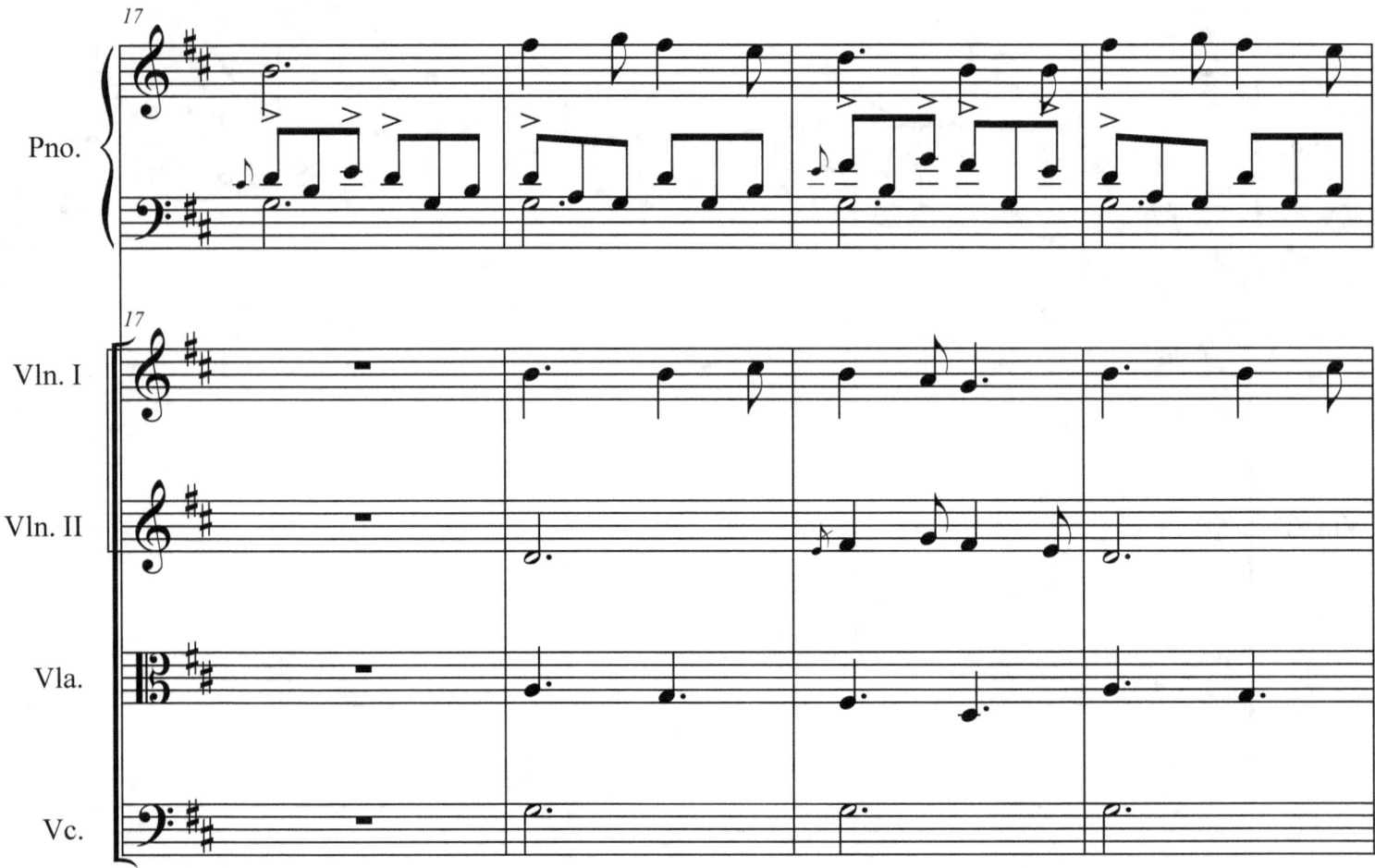

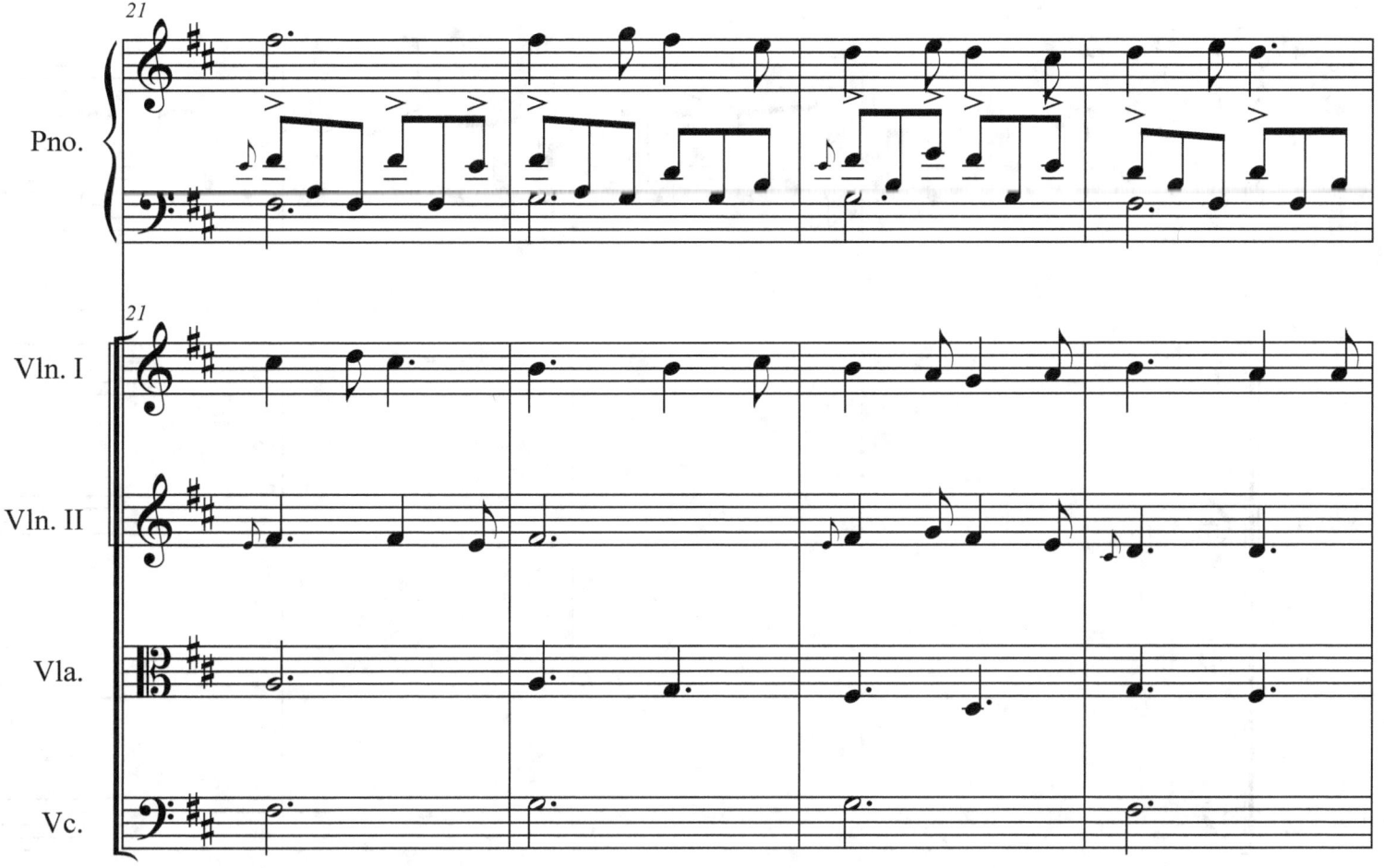

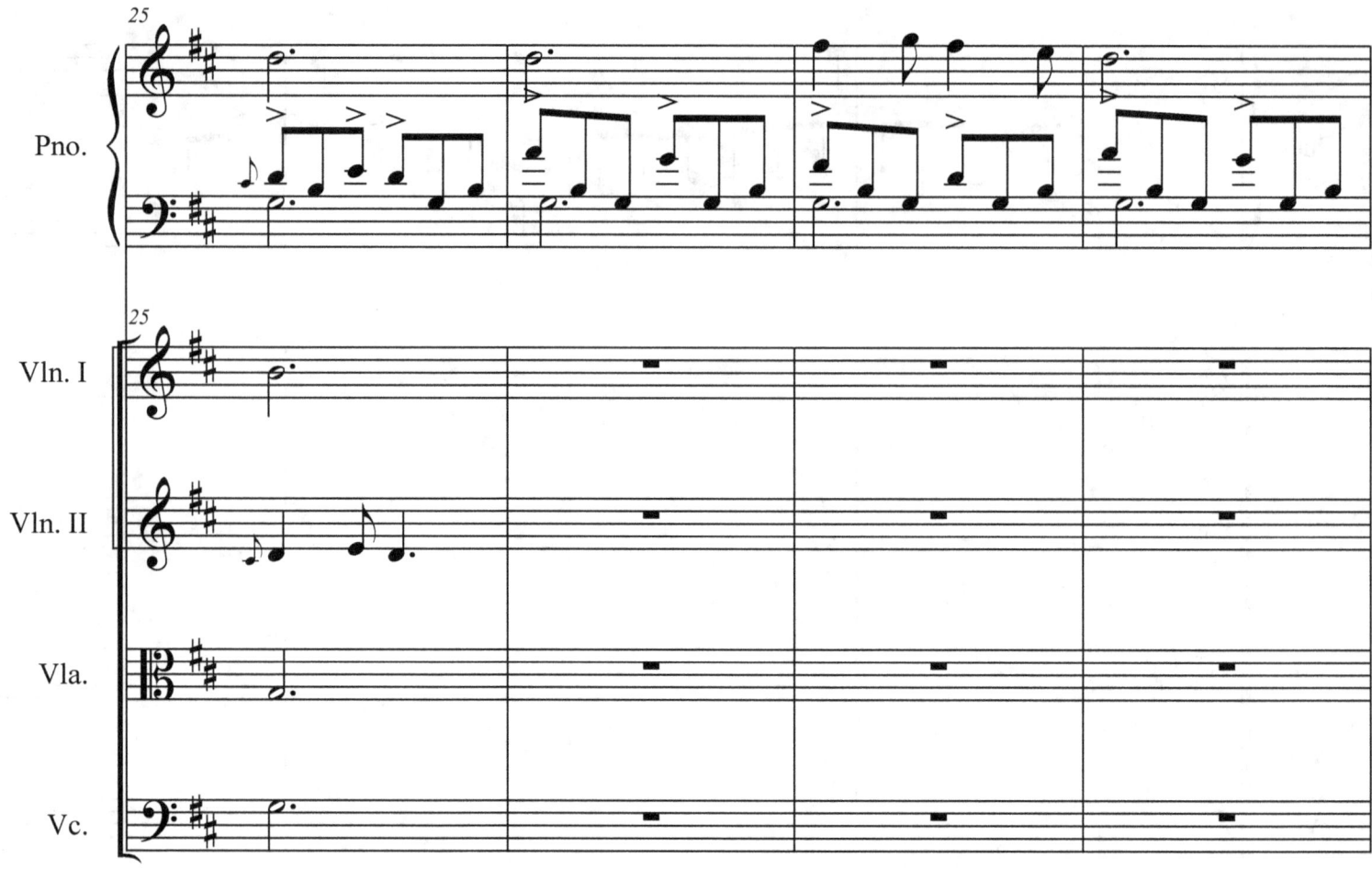

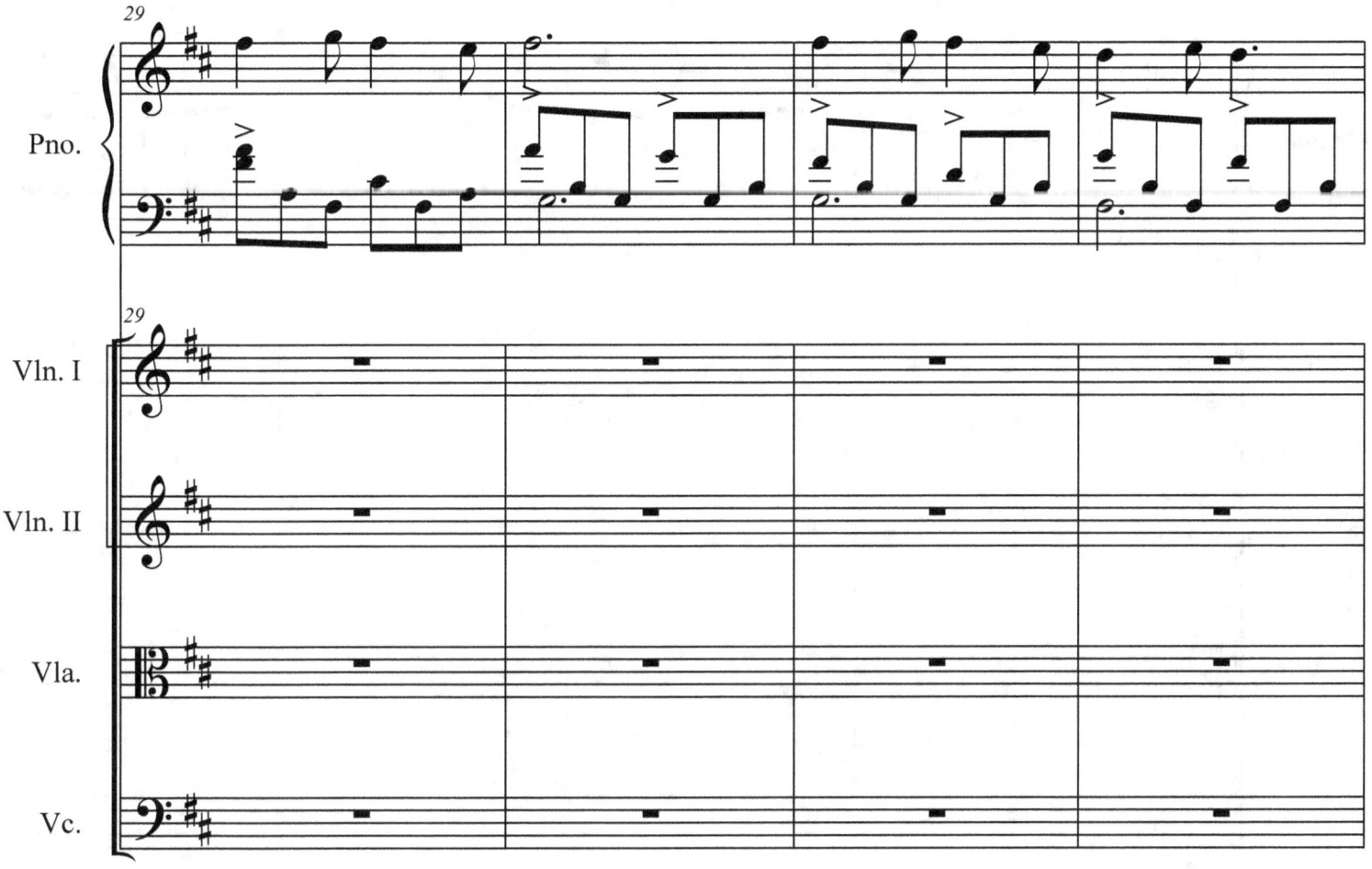

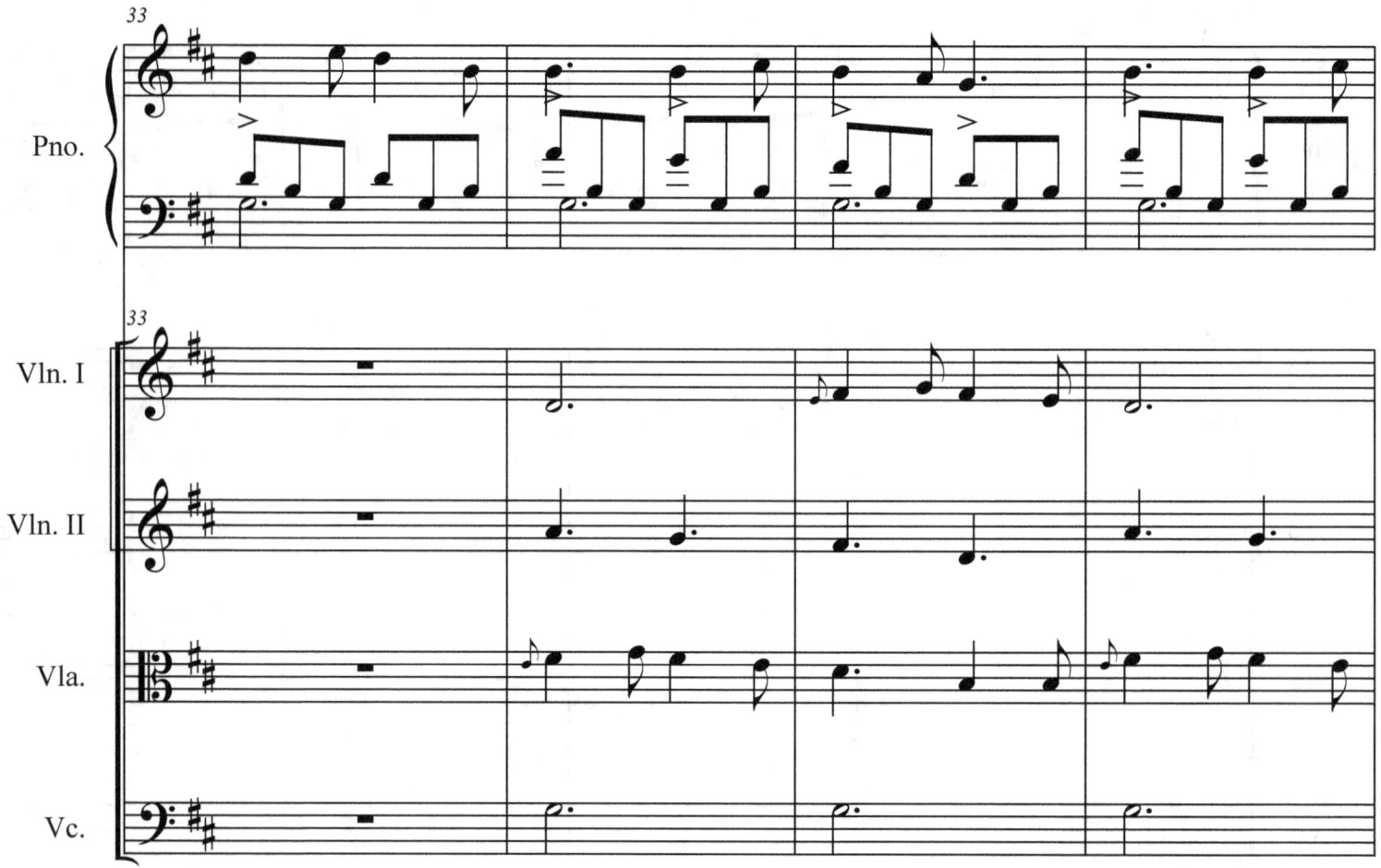

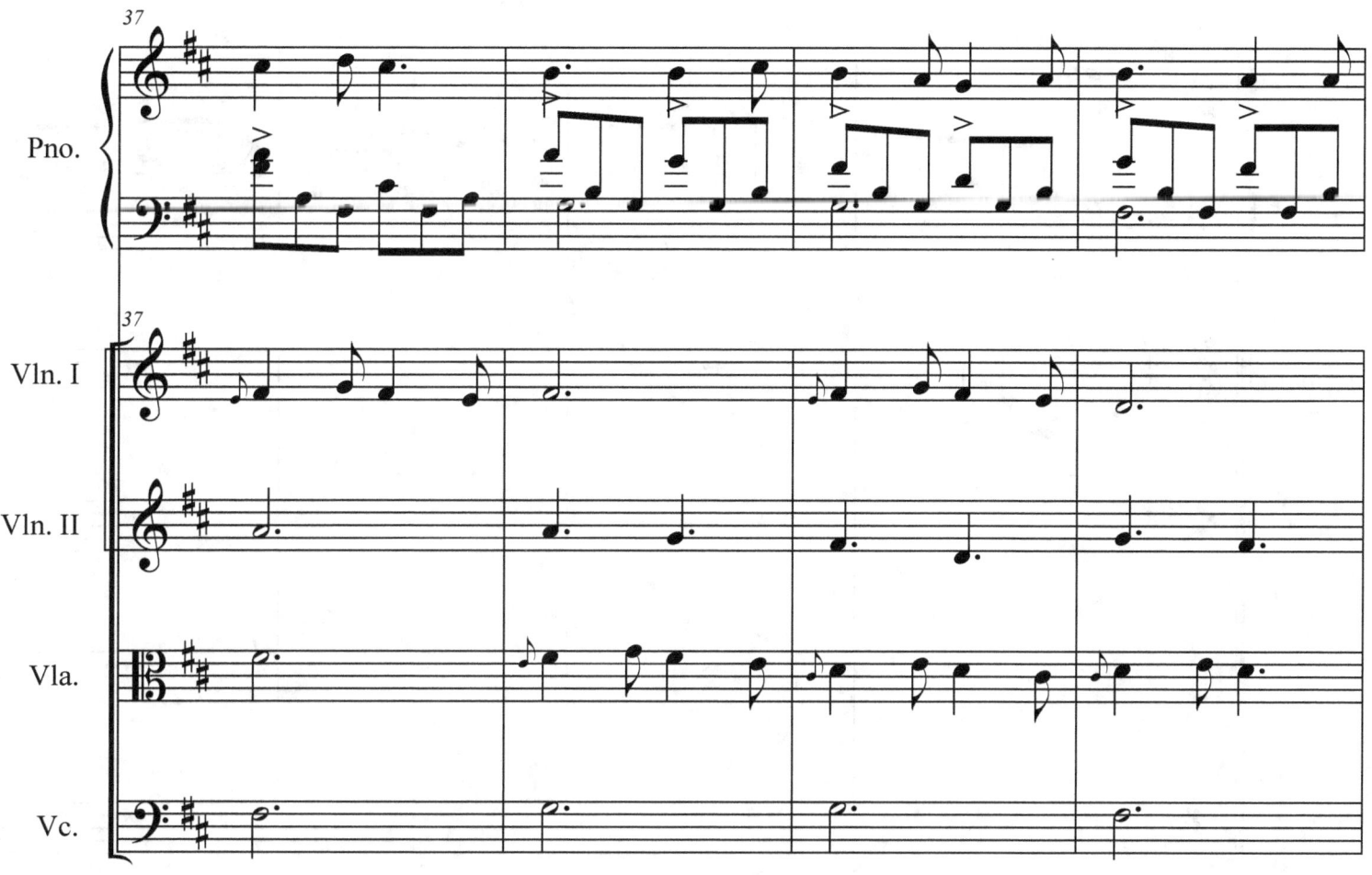

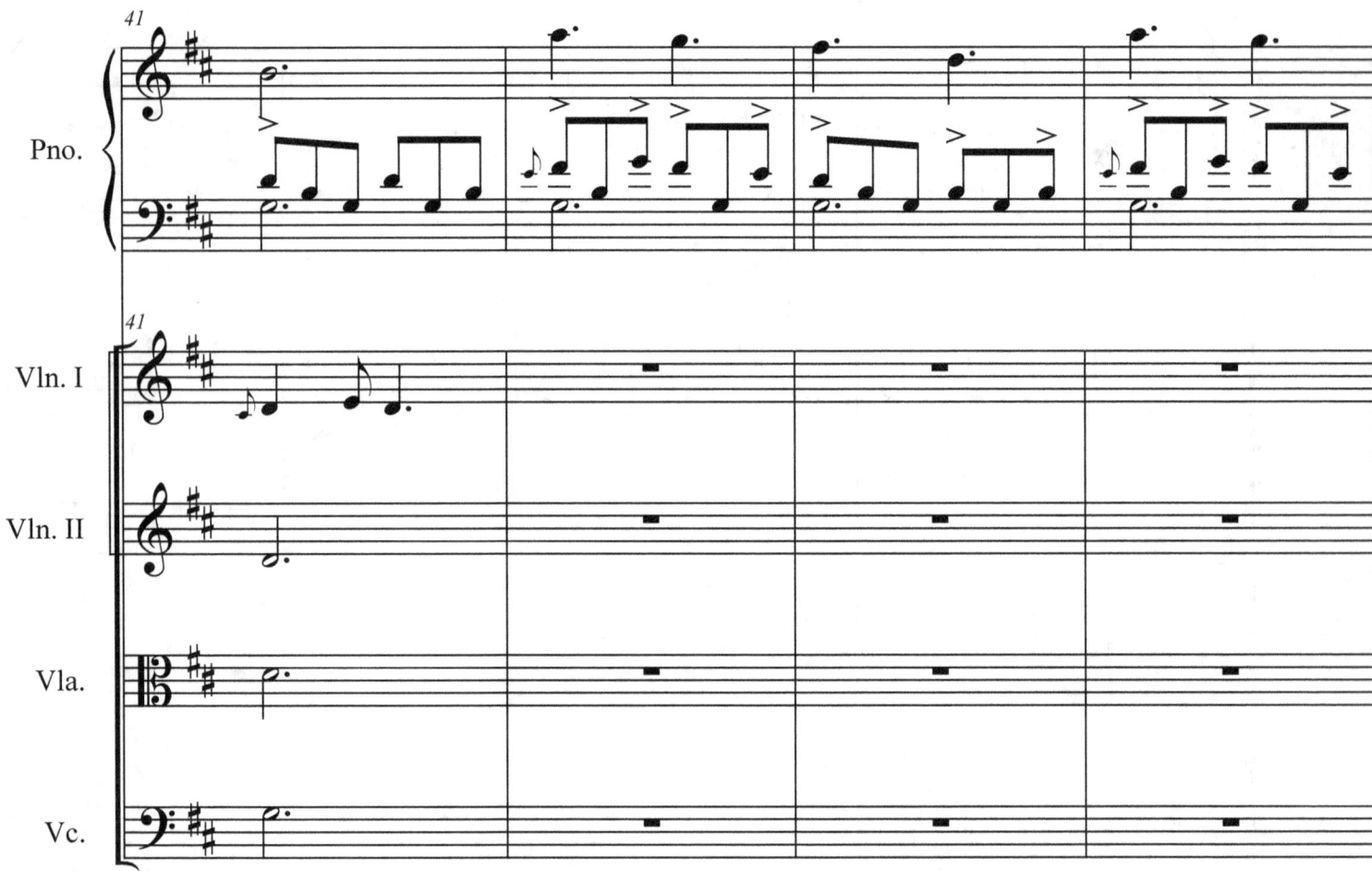

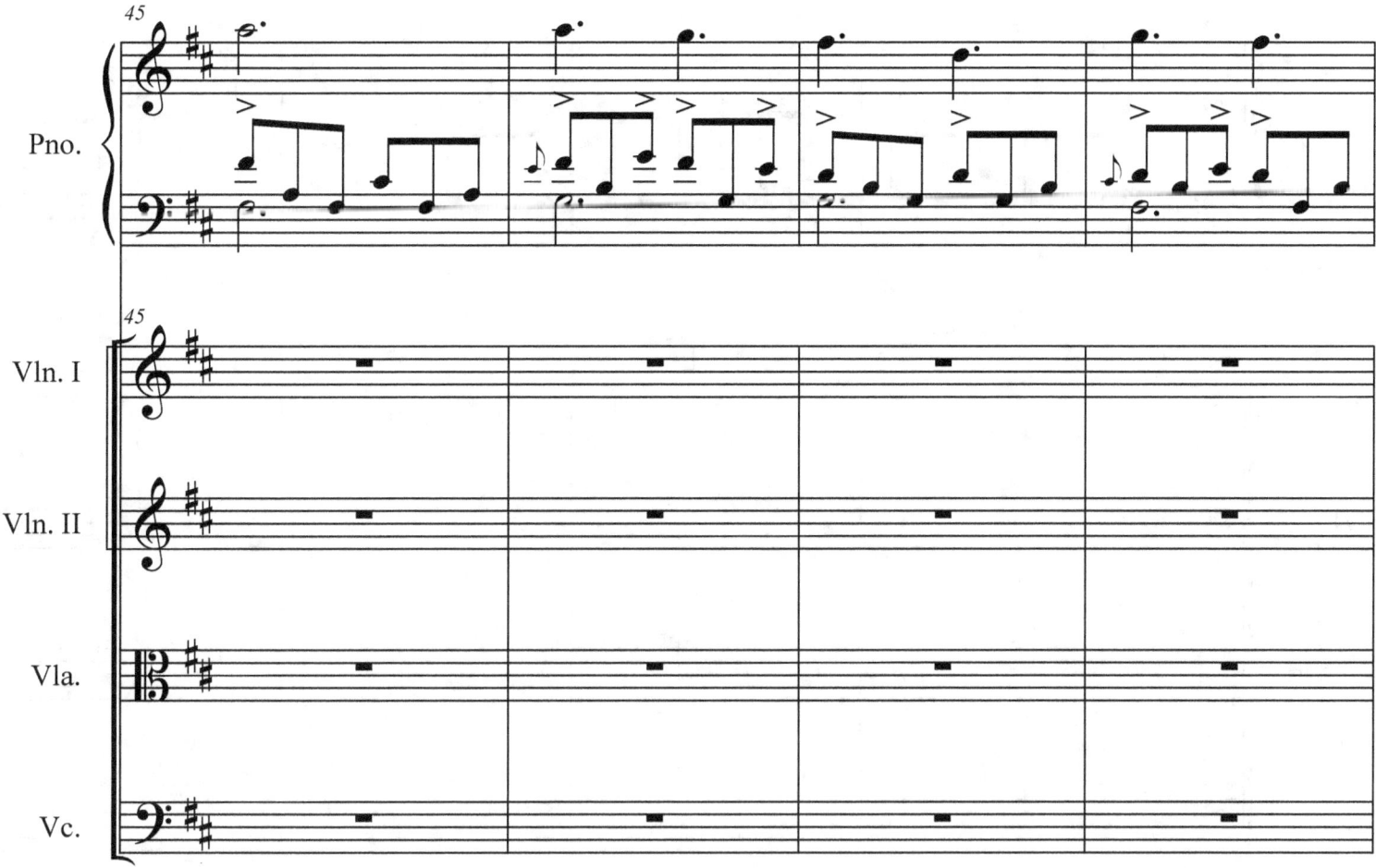

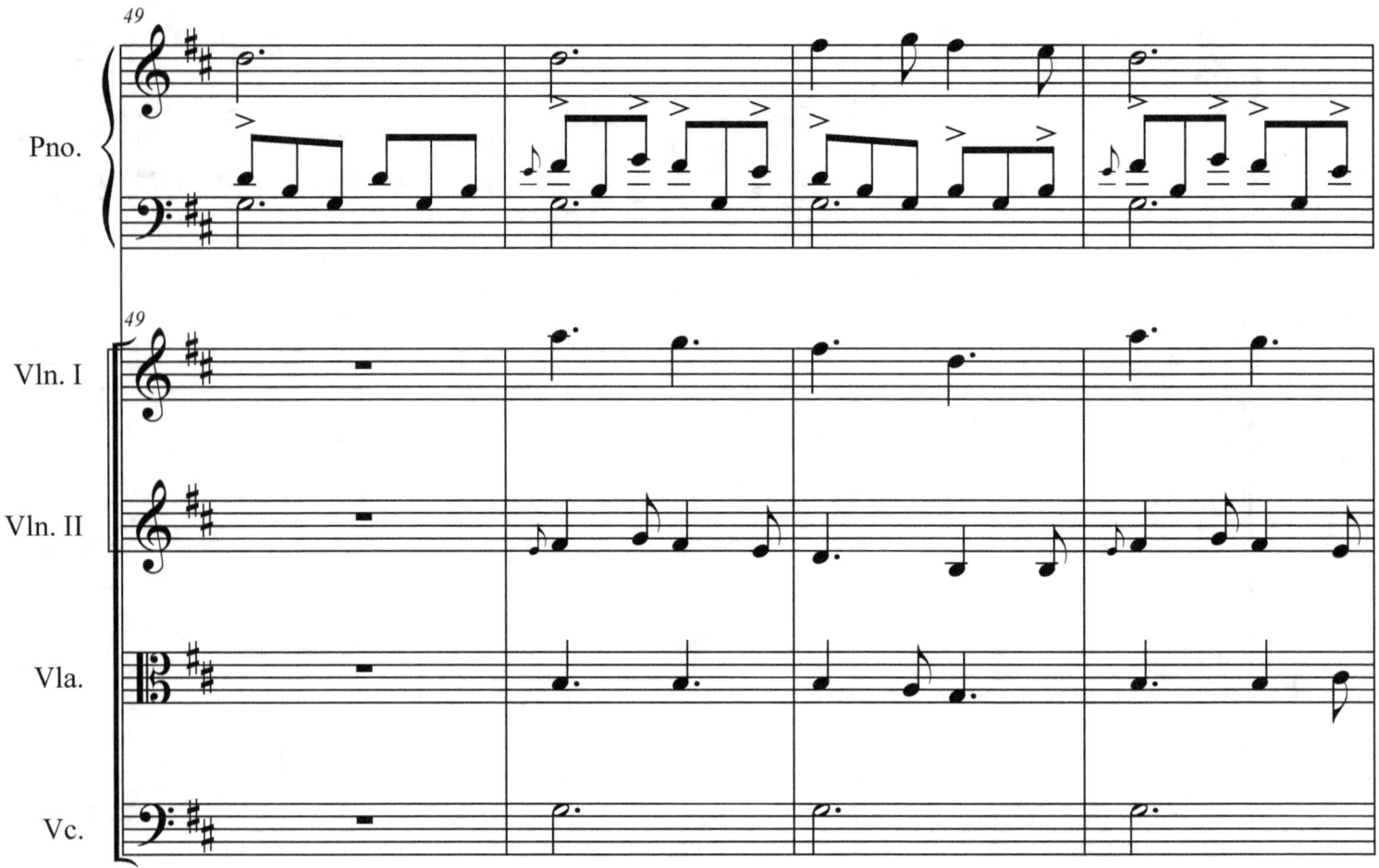

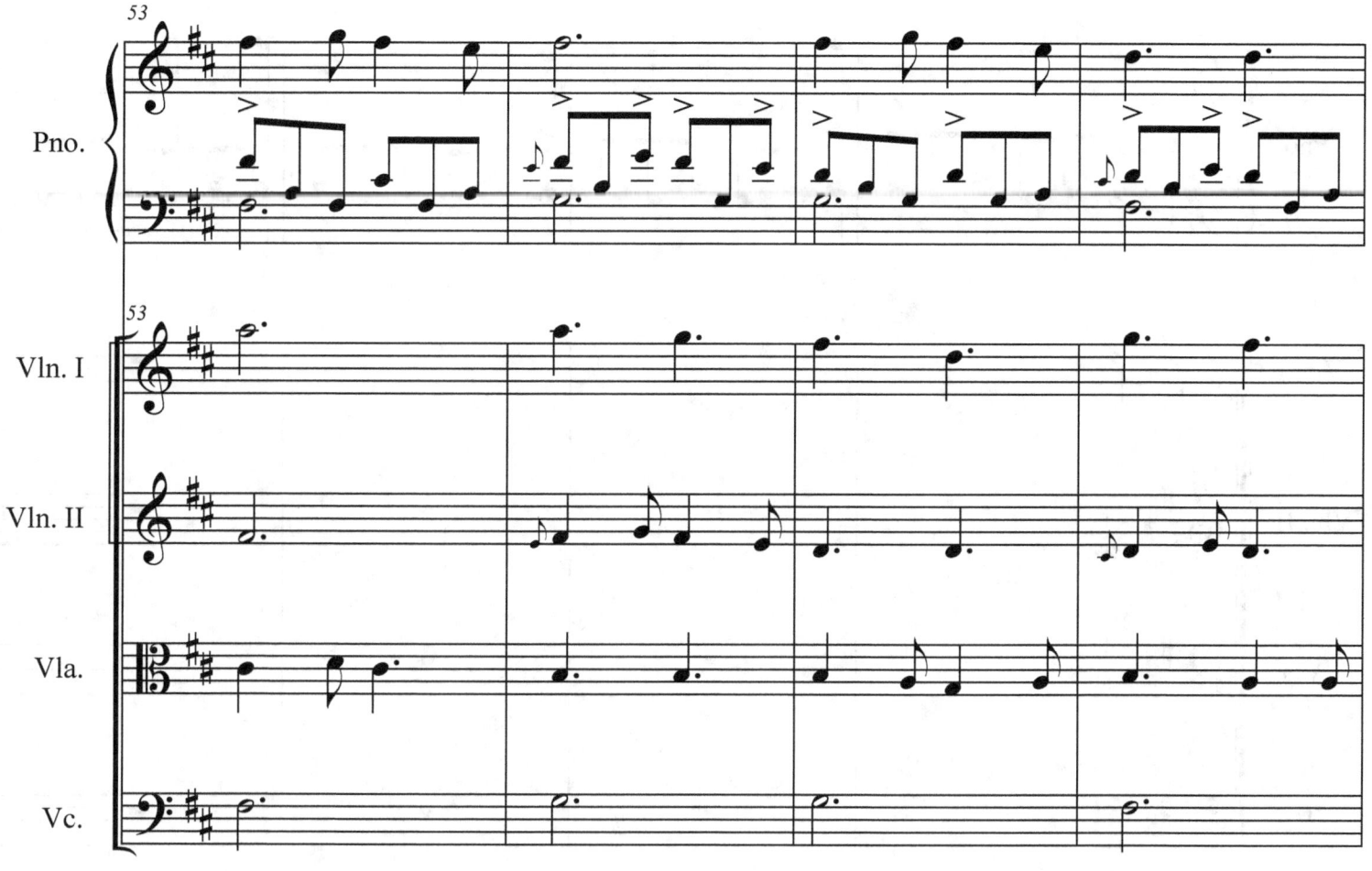

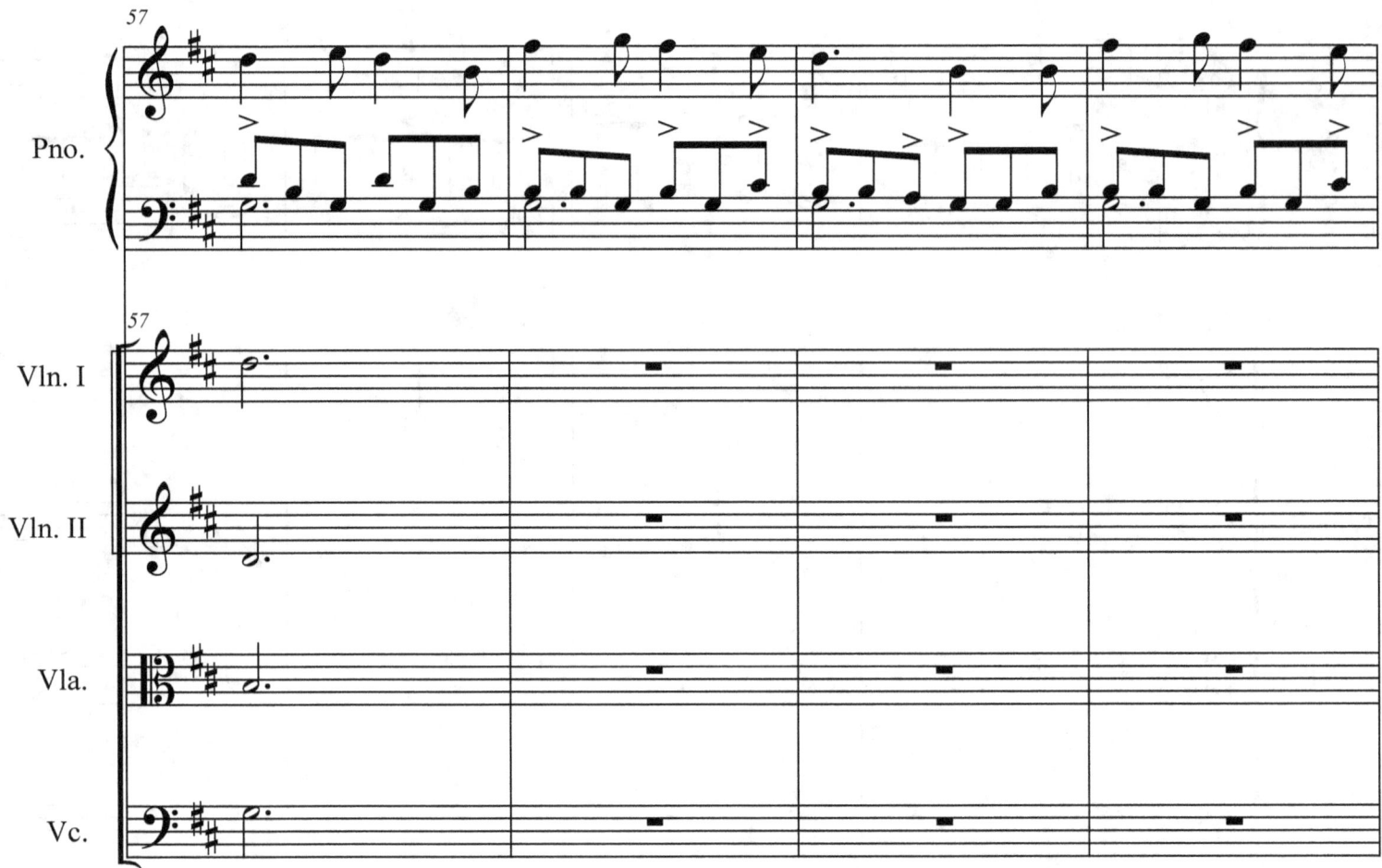

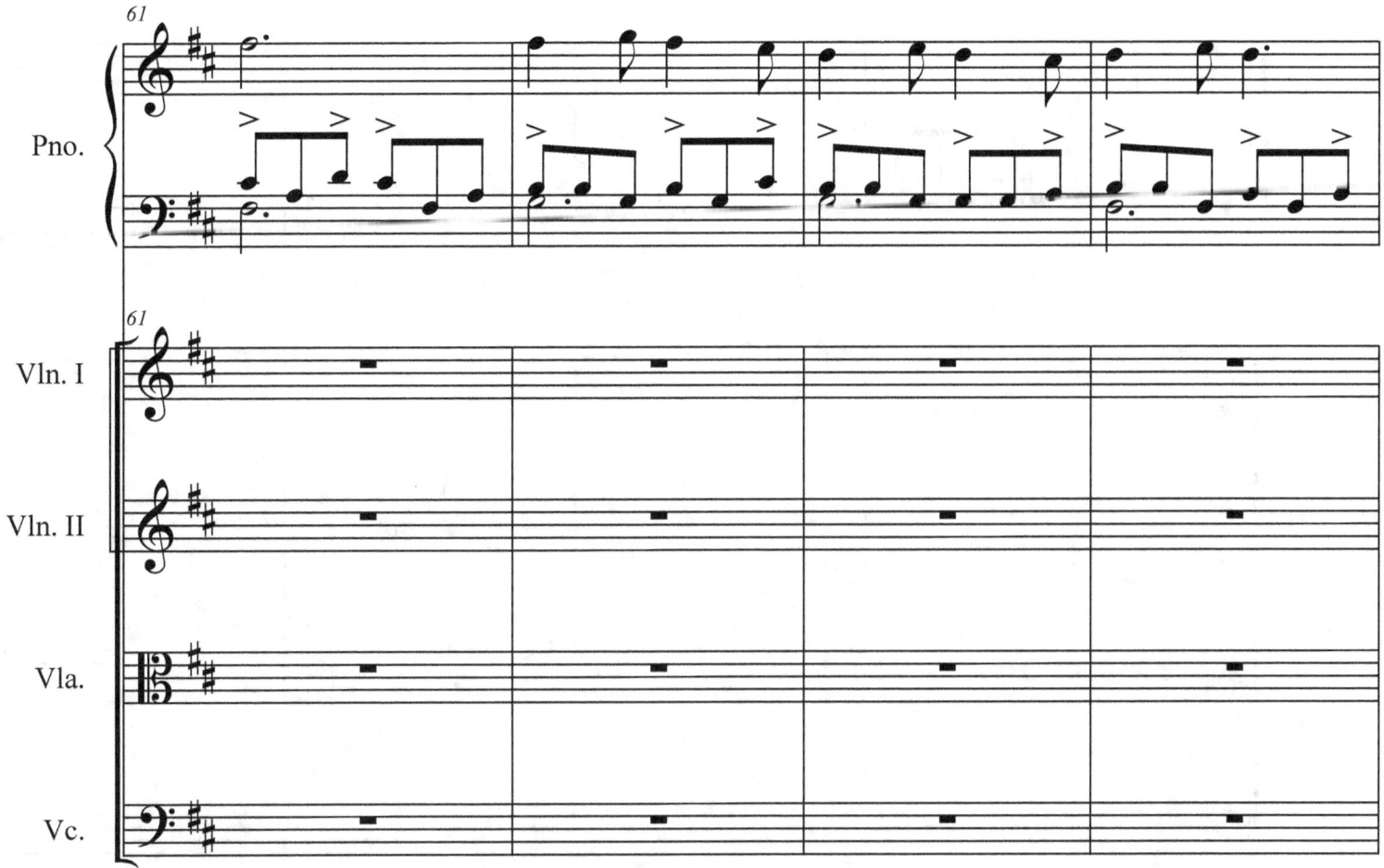

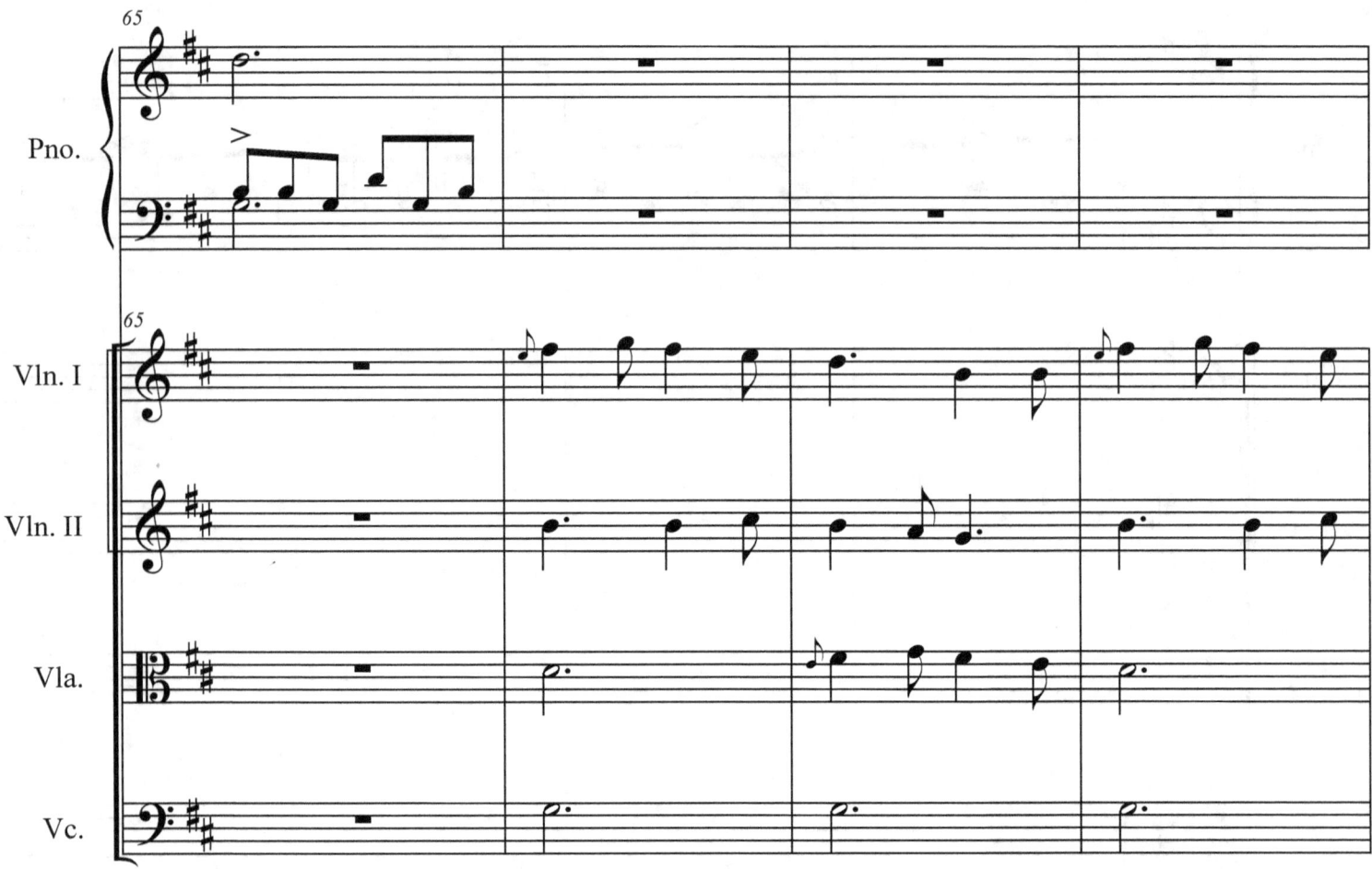

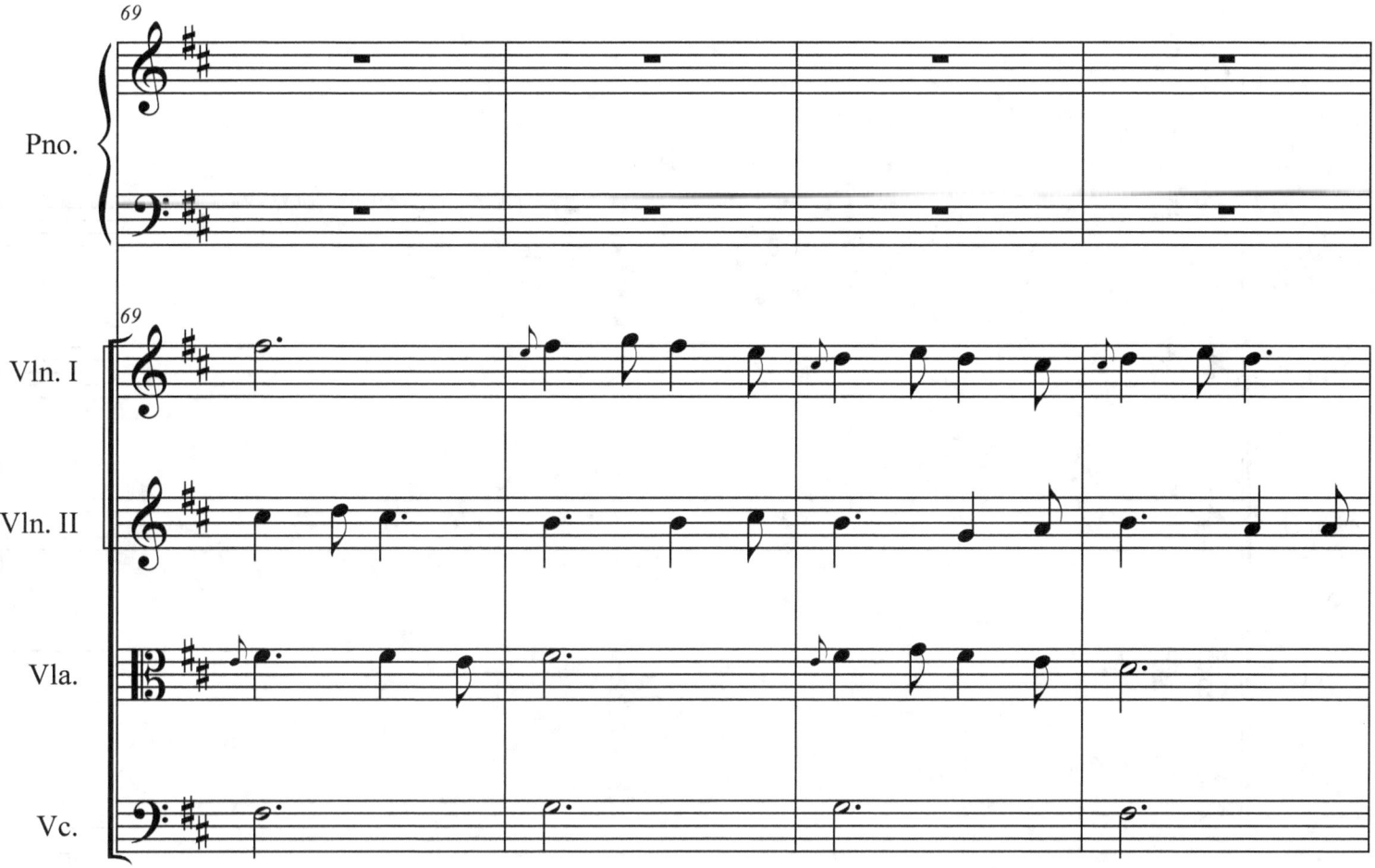

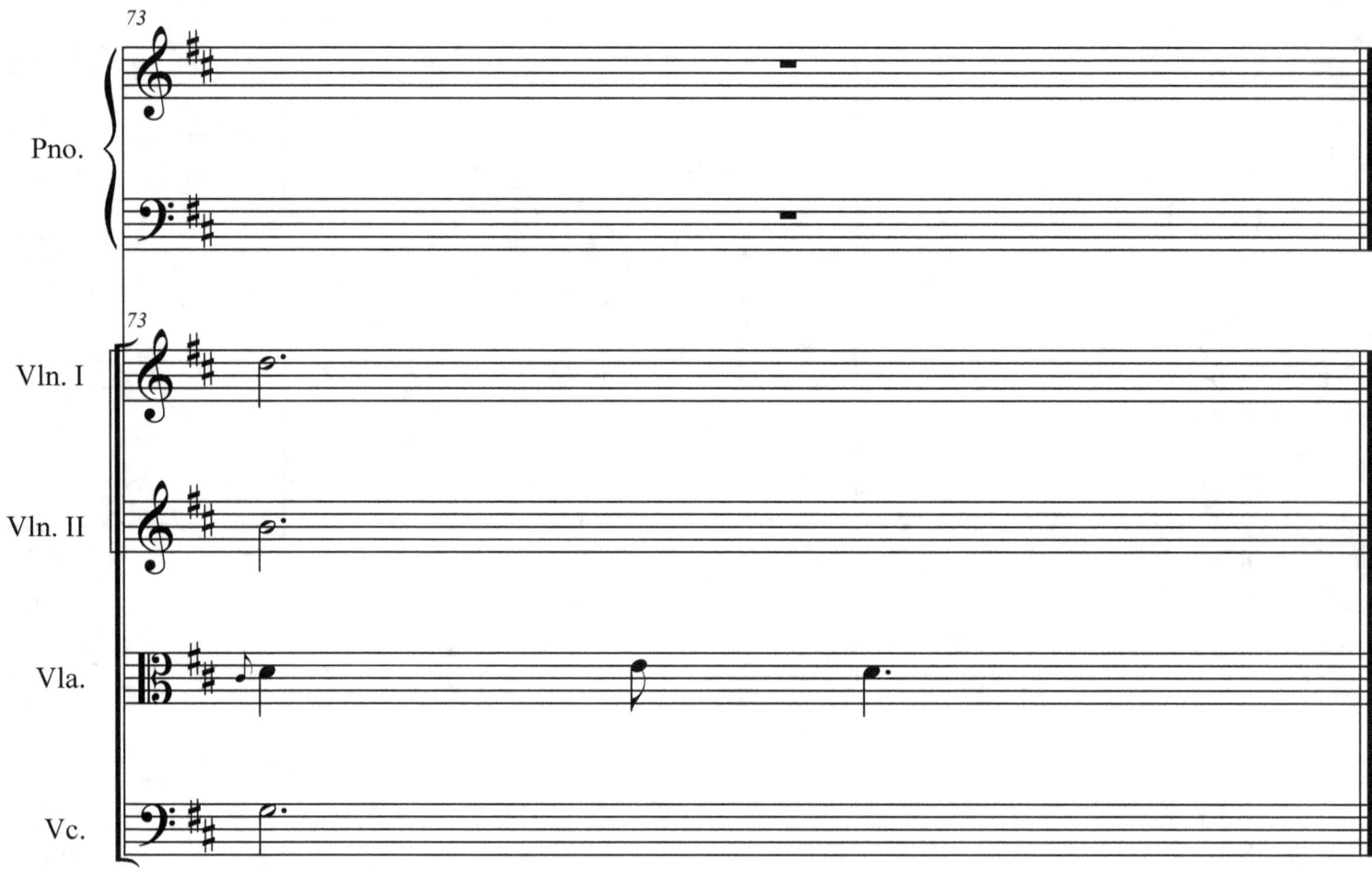

1110

Piano

Joost de Groot

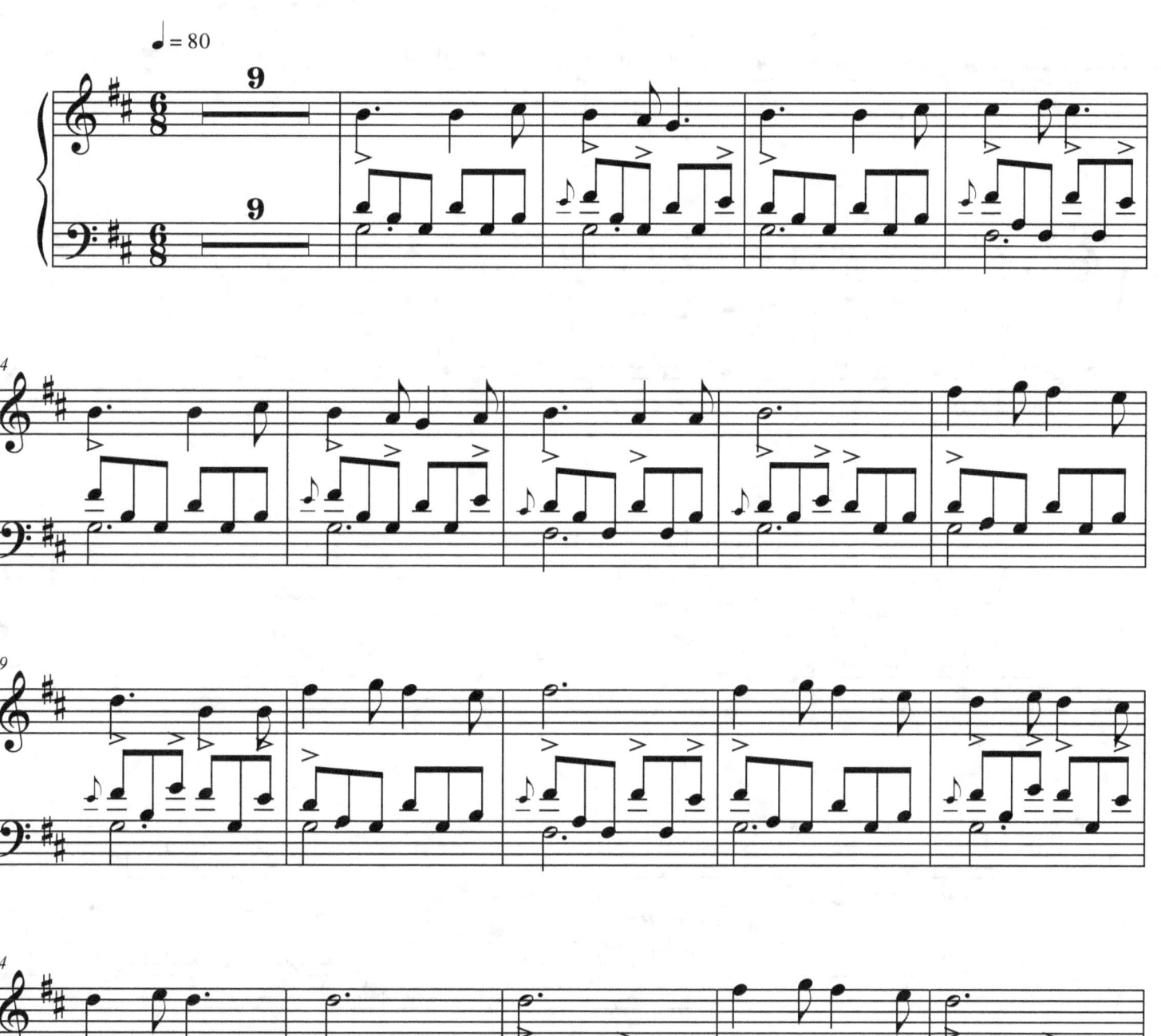

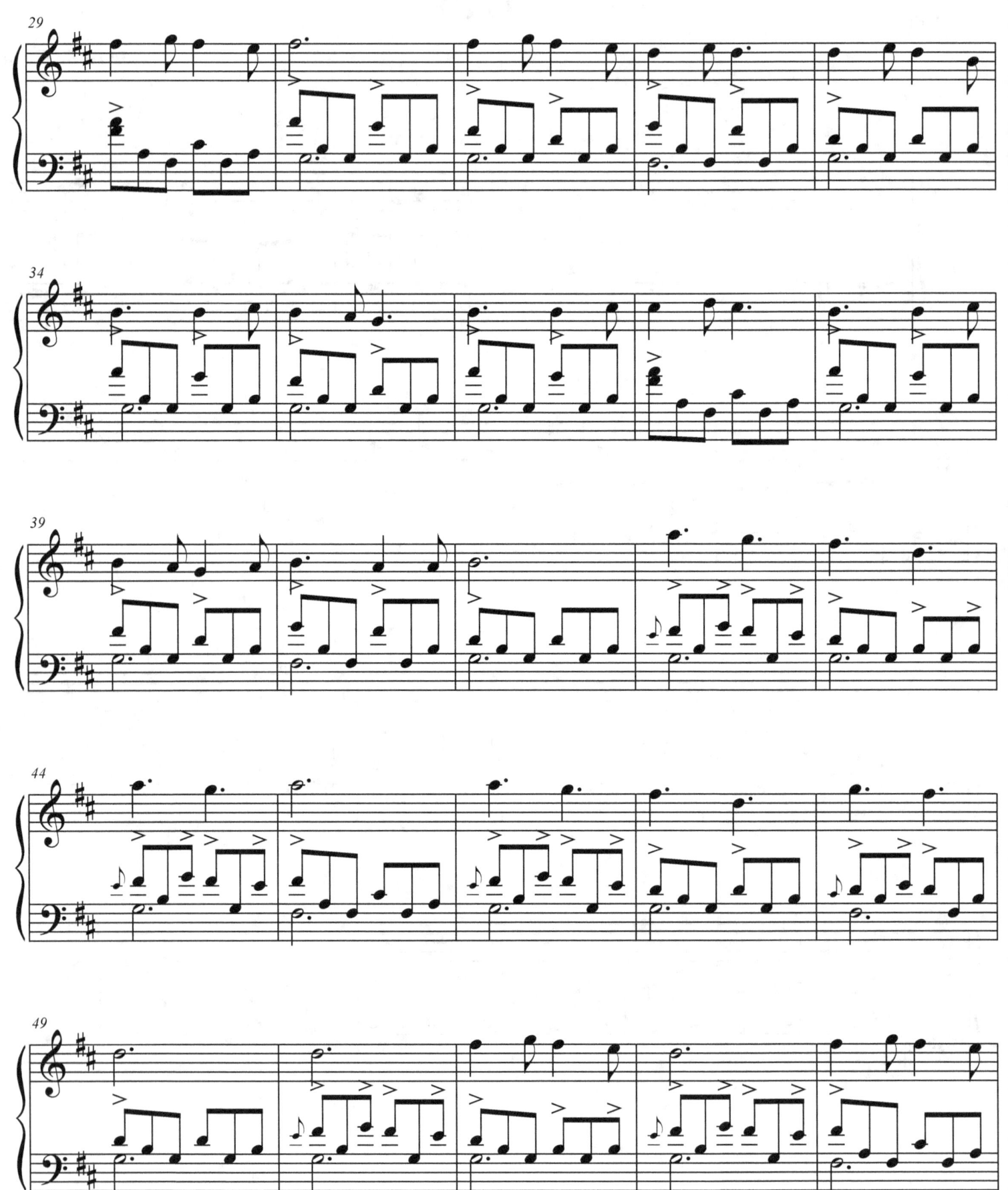

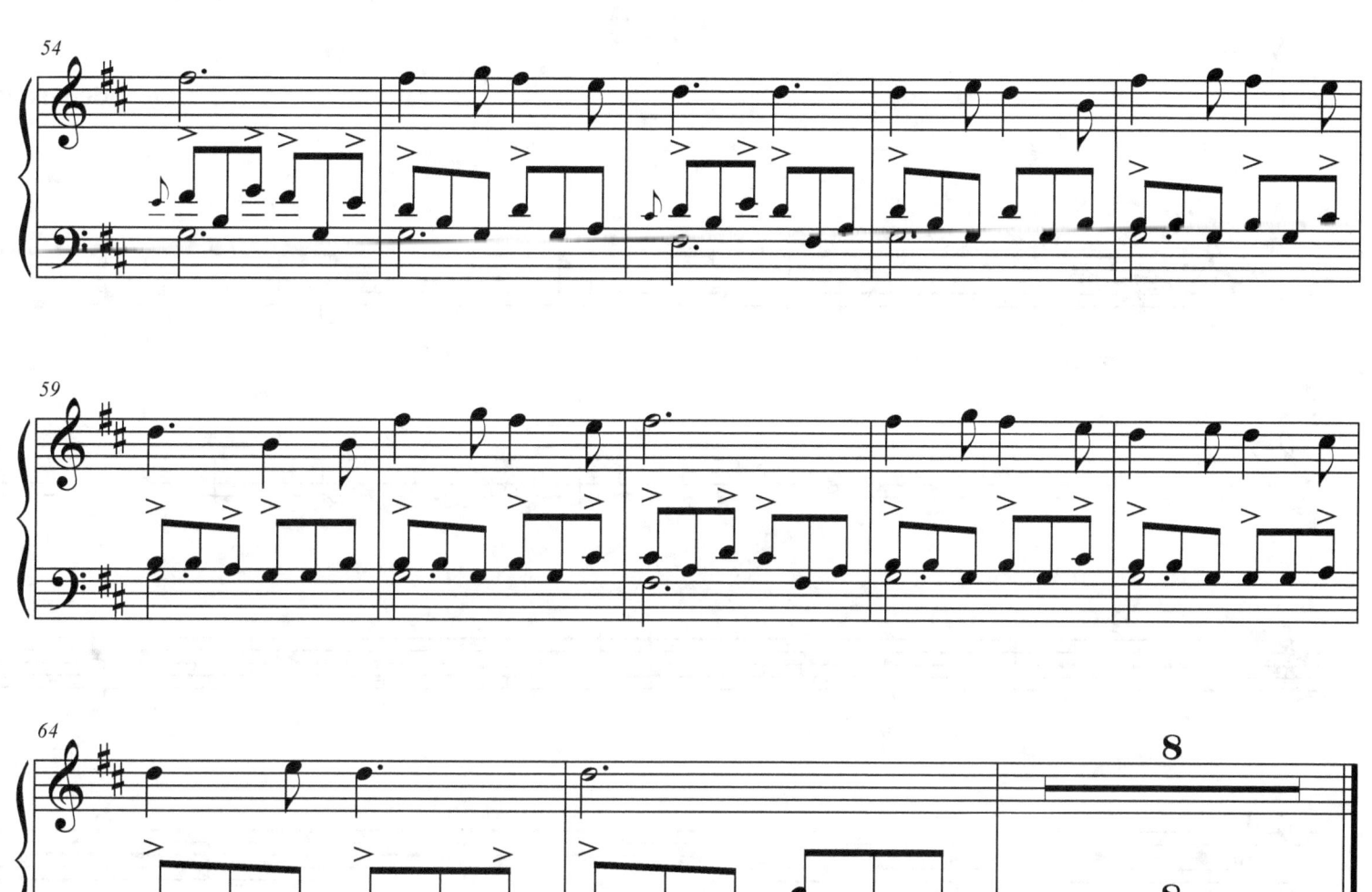

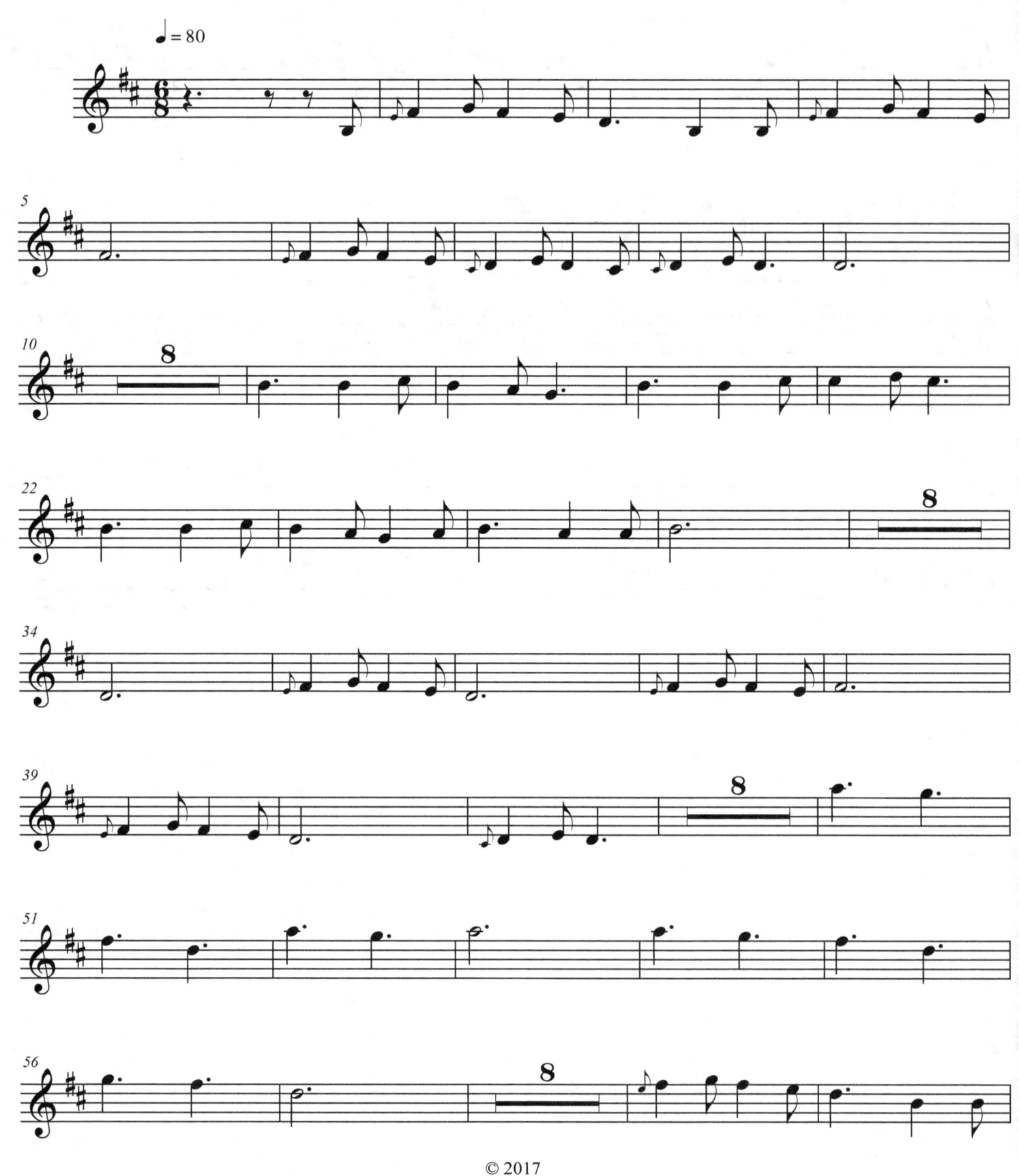

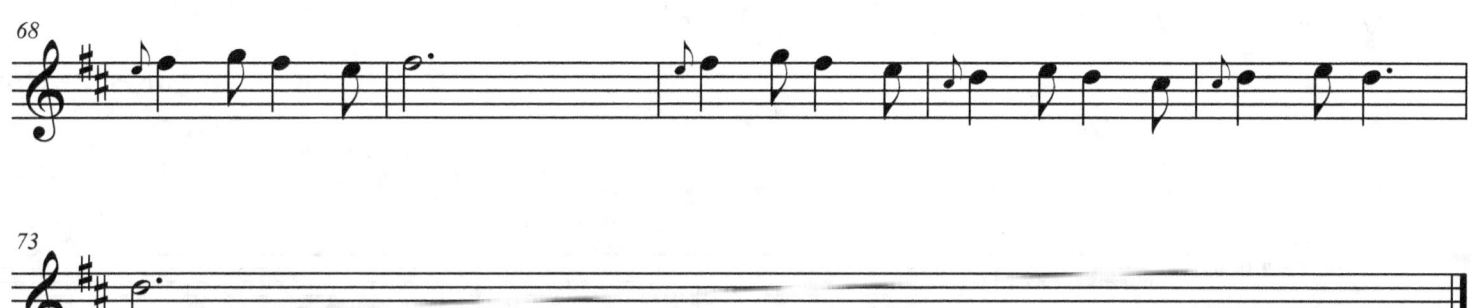

1110

Violin 2

Joost de Groot

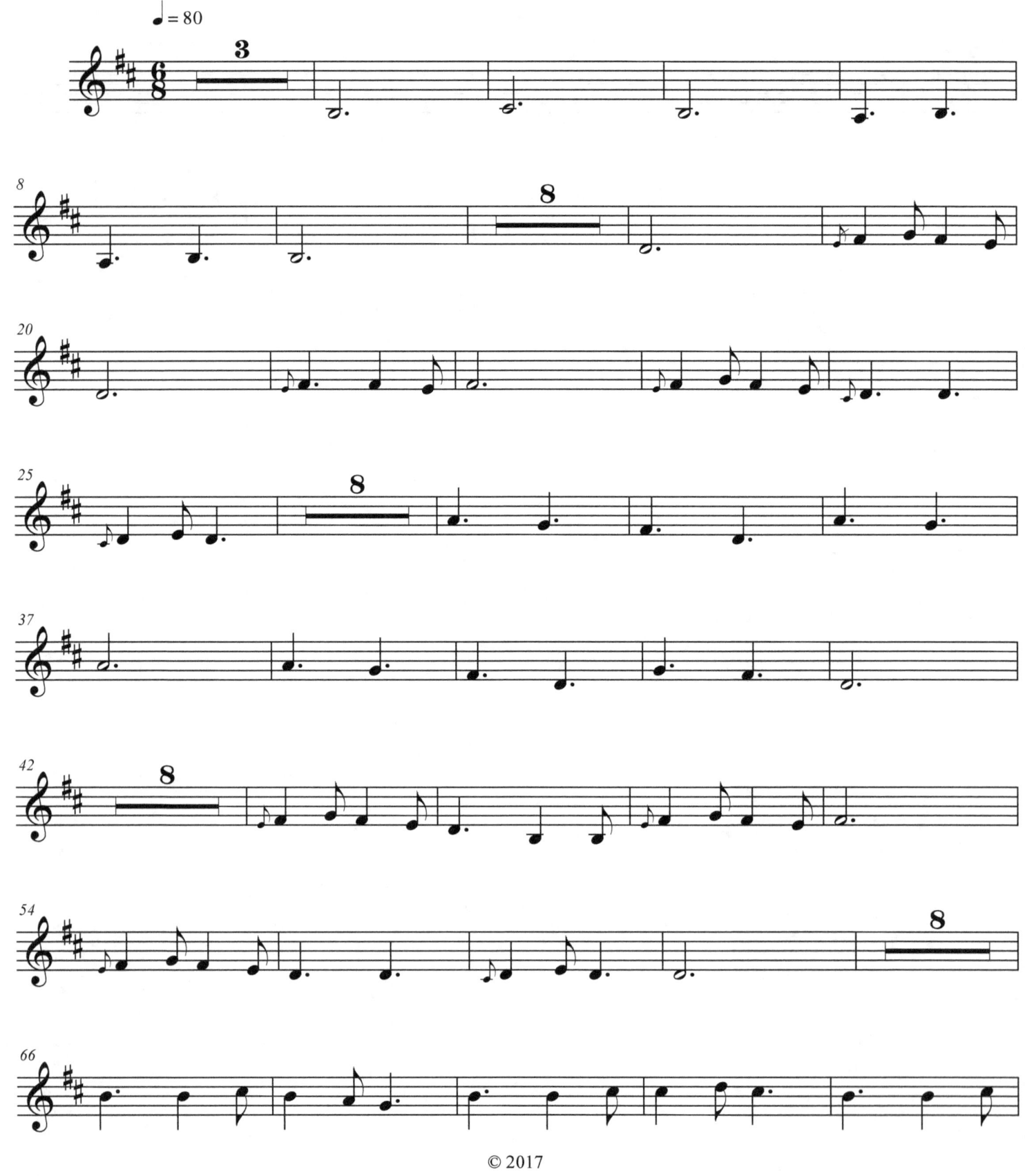

© 2017

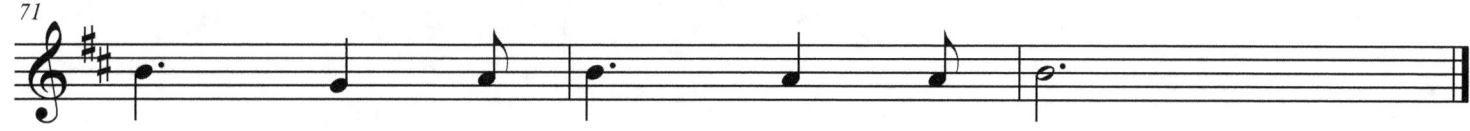

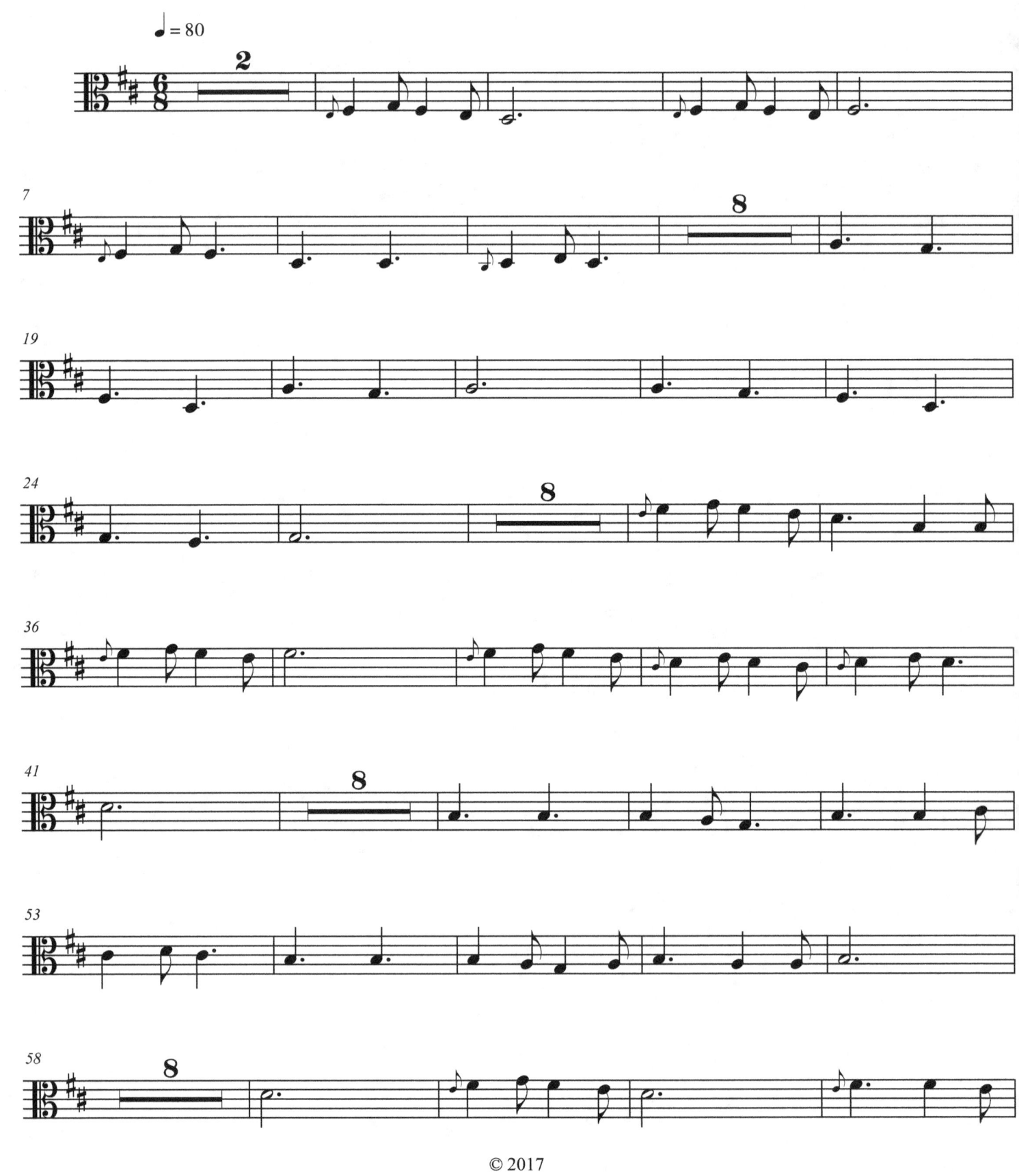

1110

1110

Cello

Joost de Groot

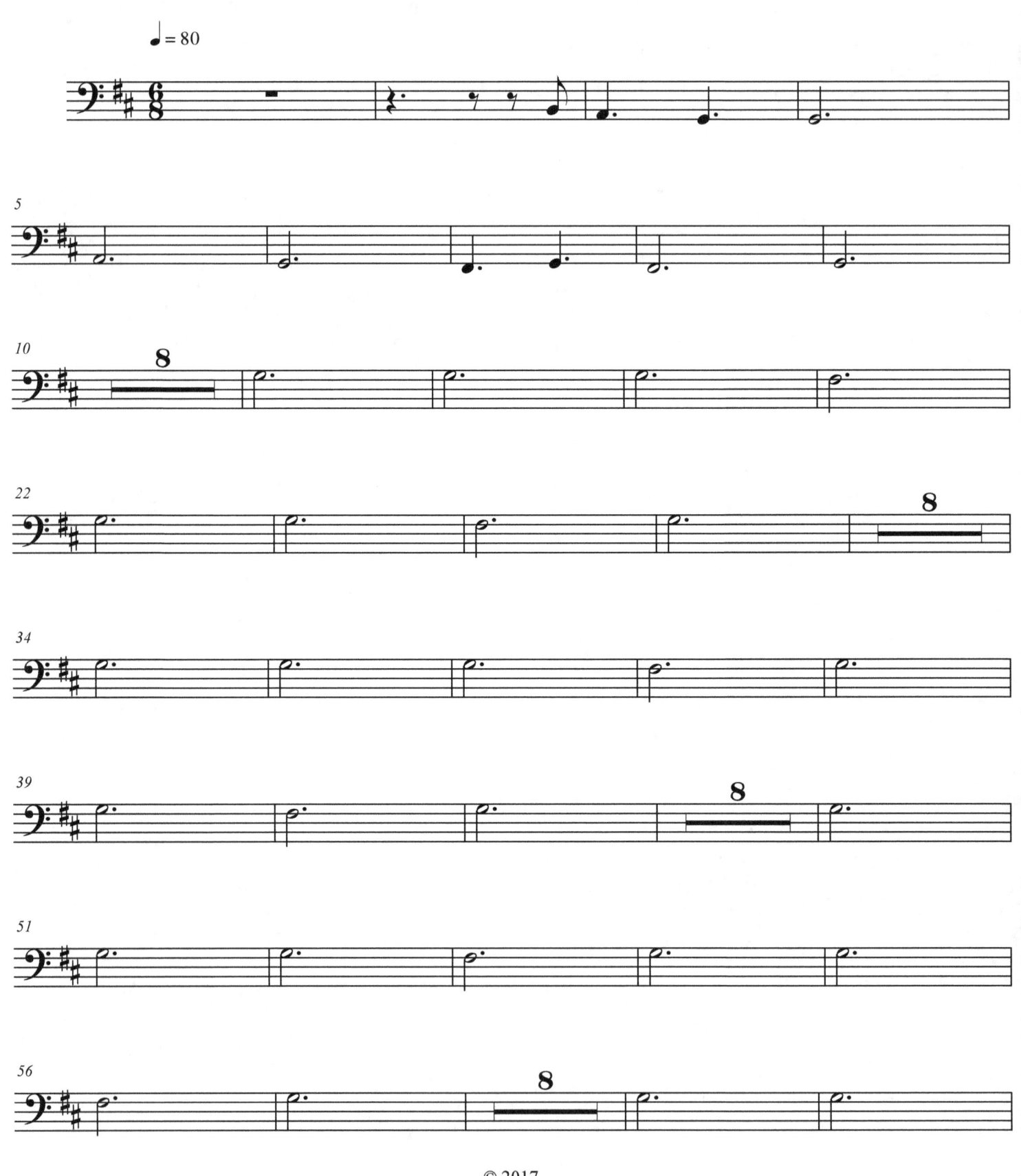

© 2017

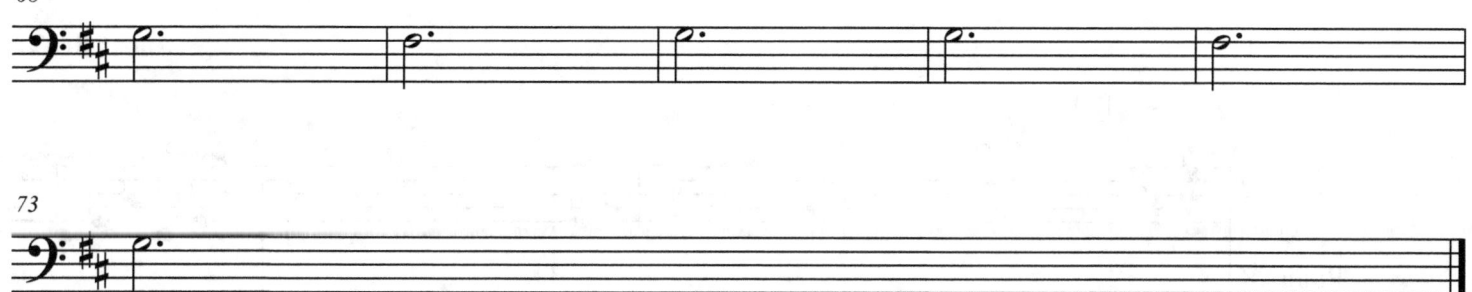

0001

Joost de Groot

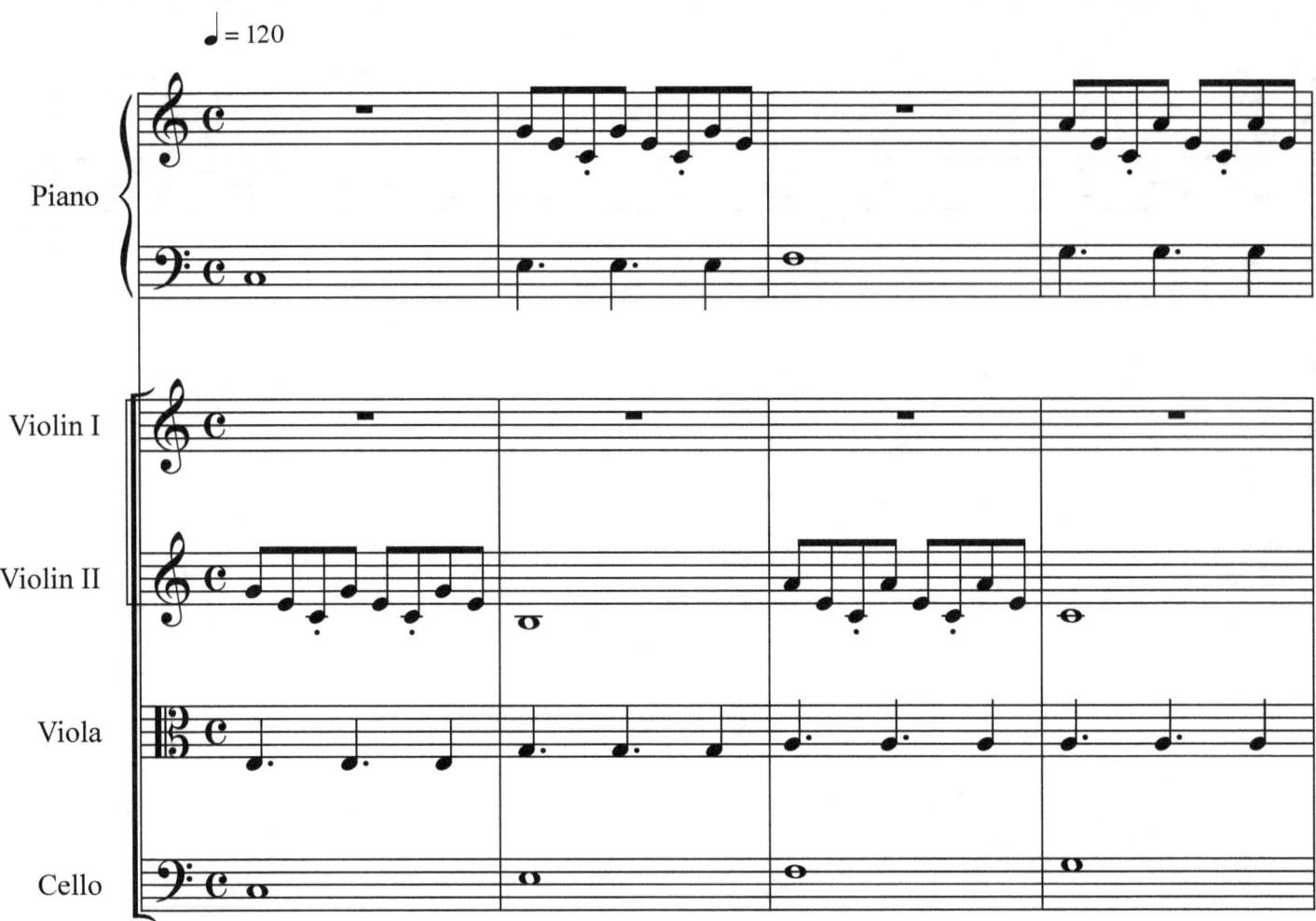

© 2017

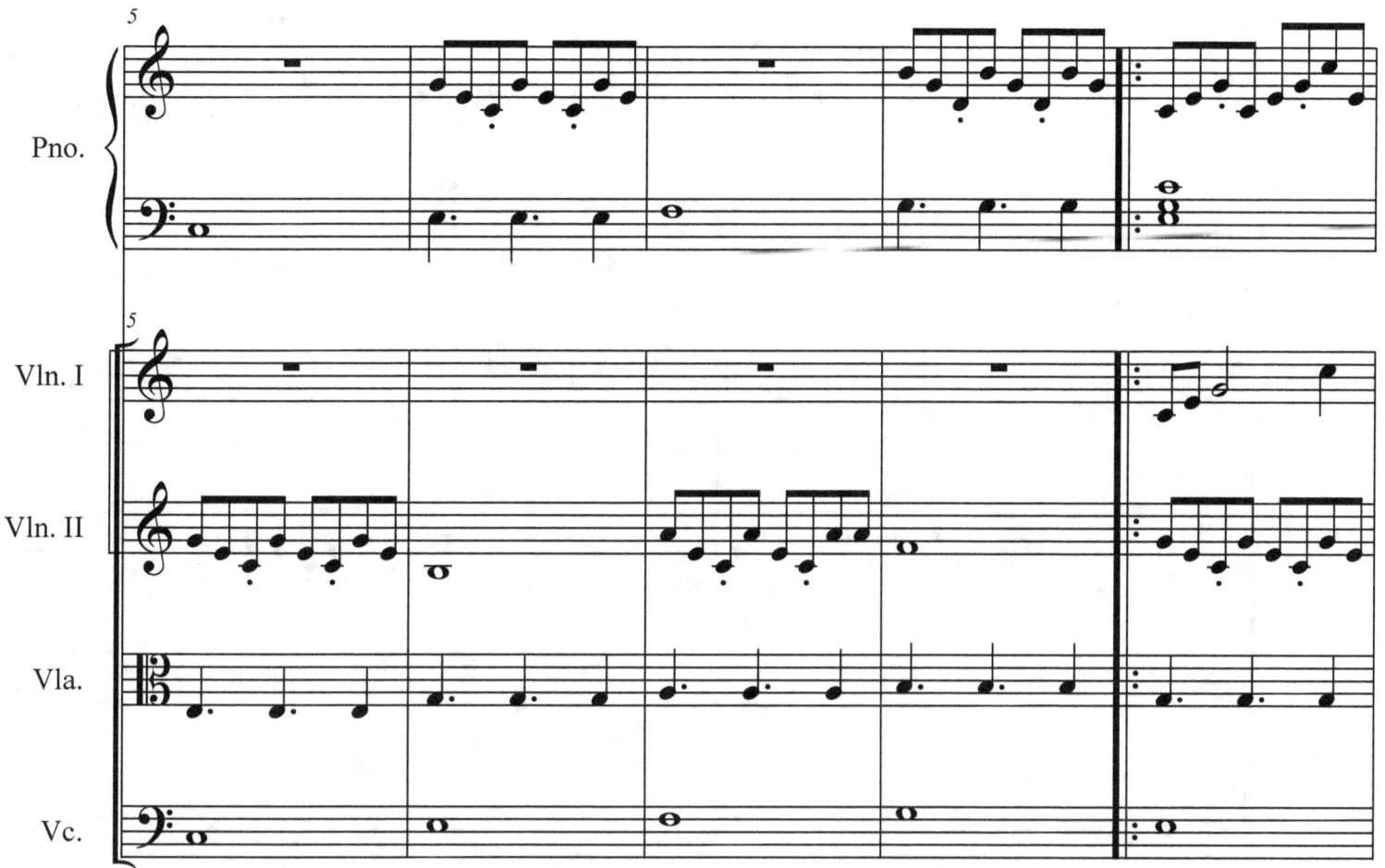

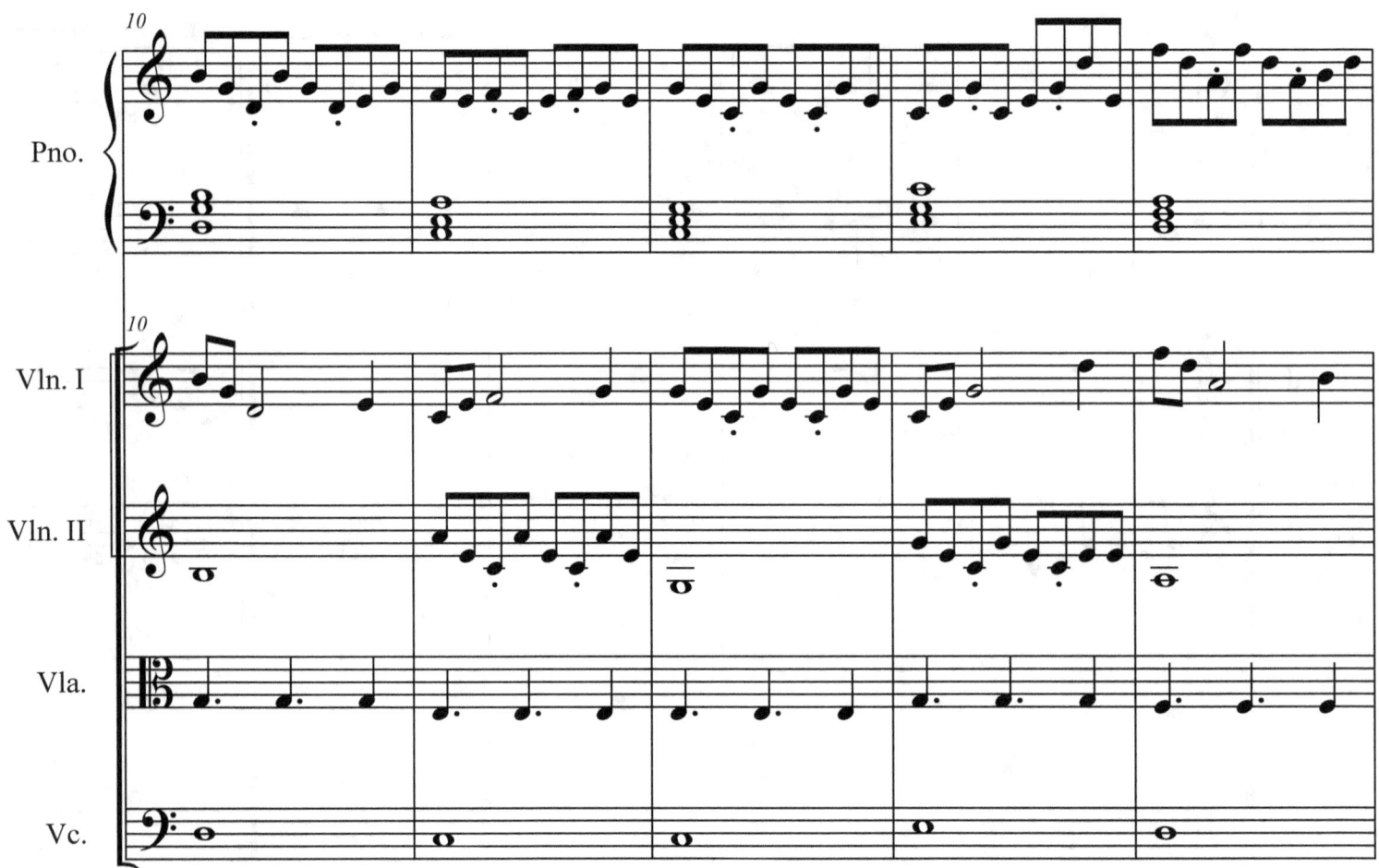

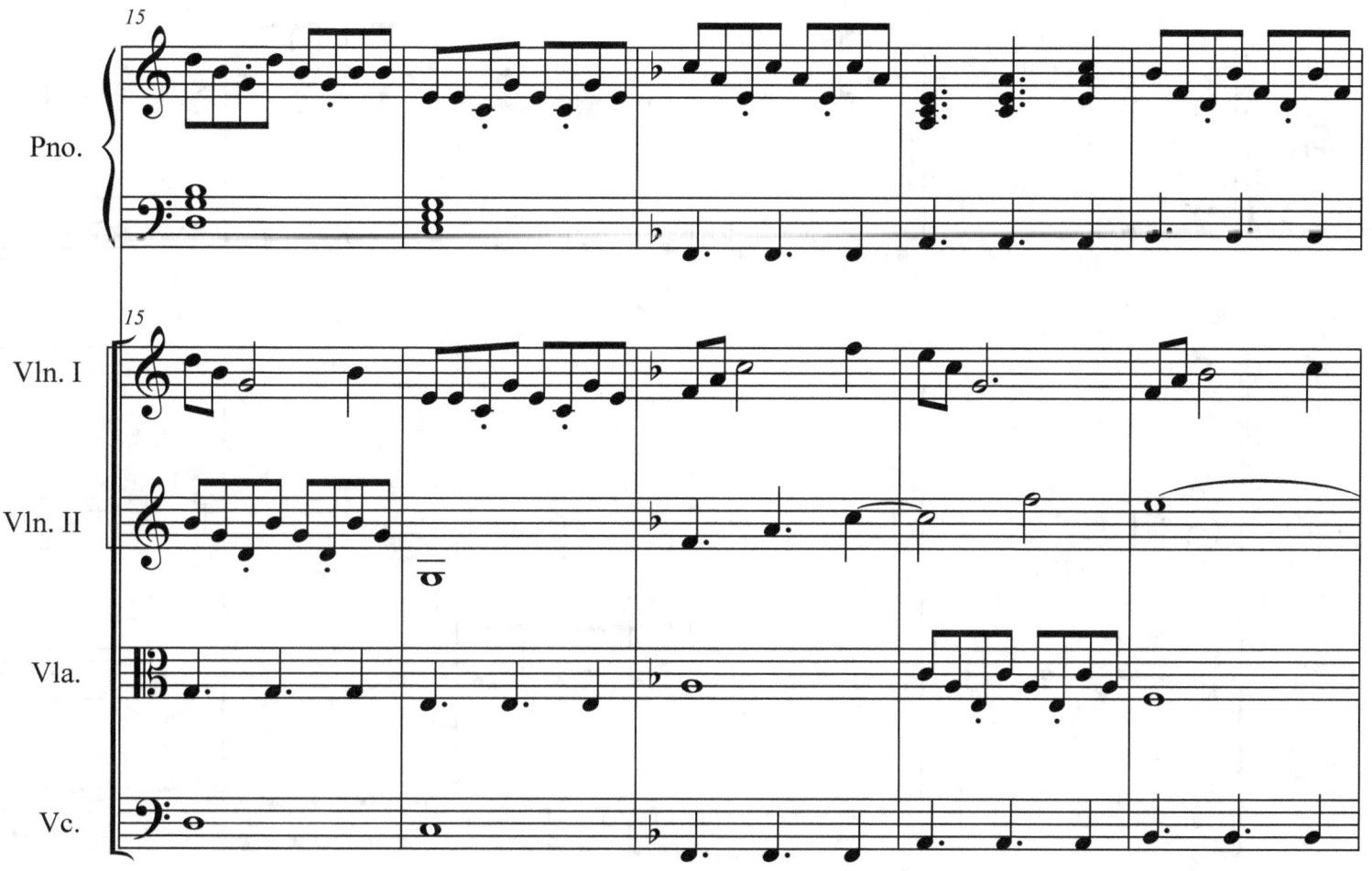

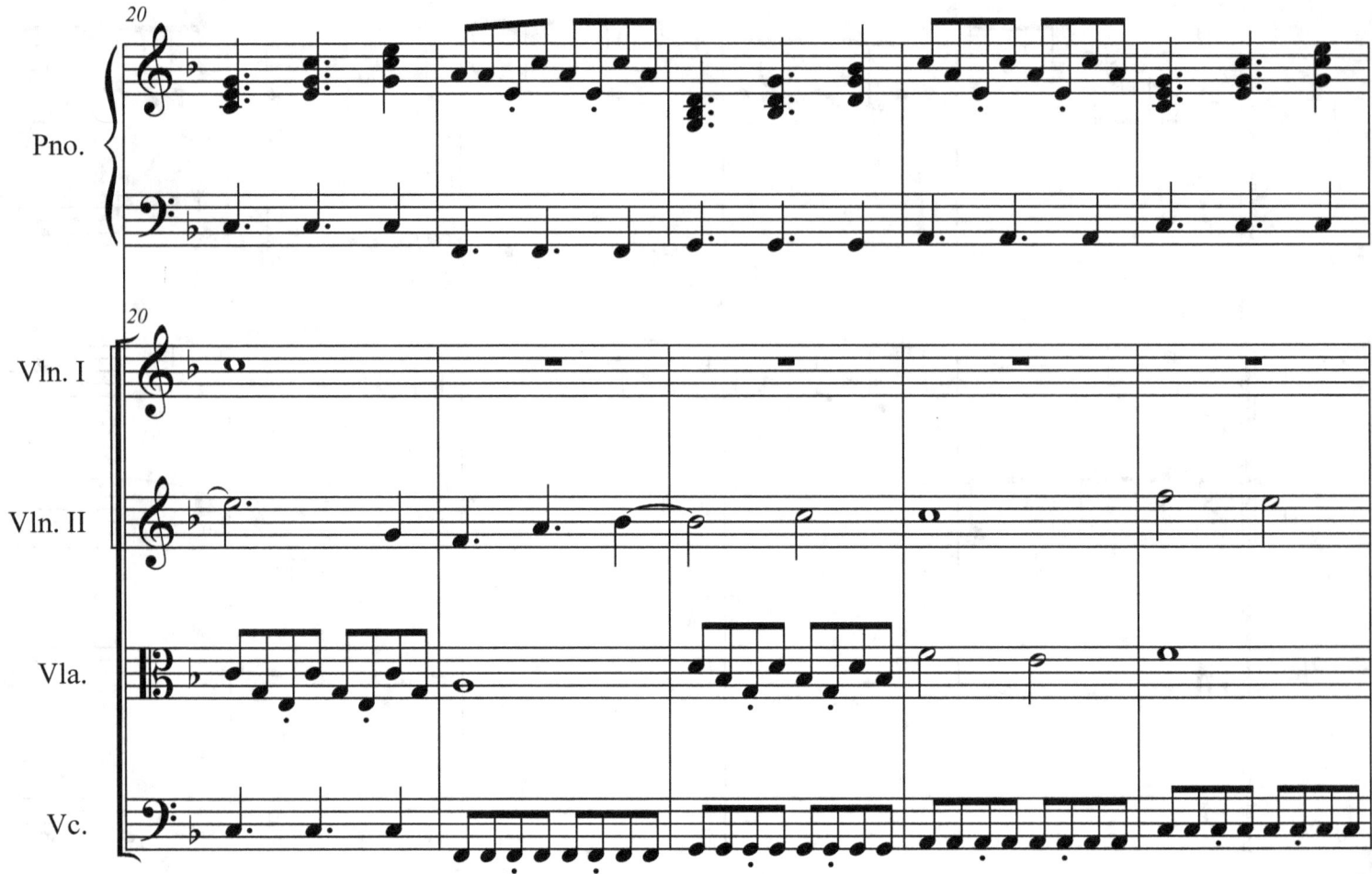

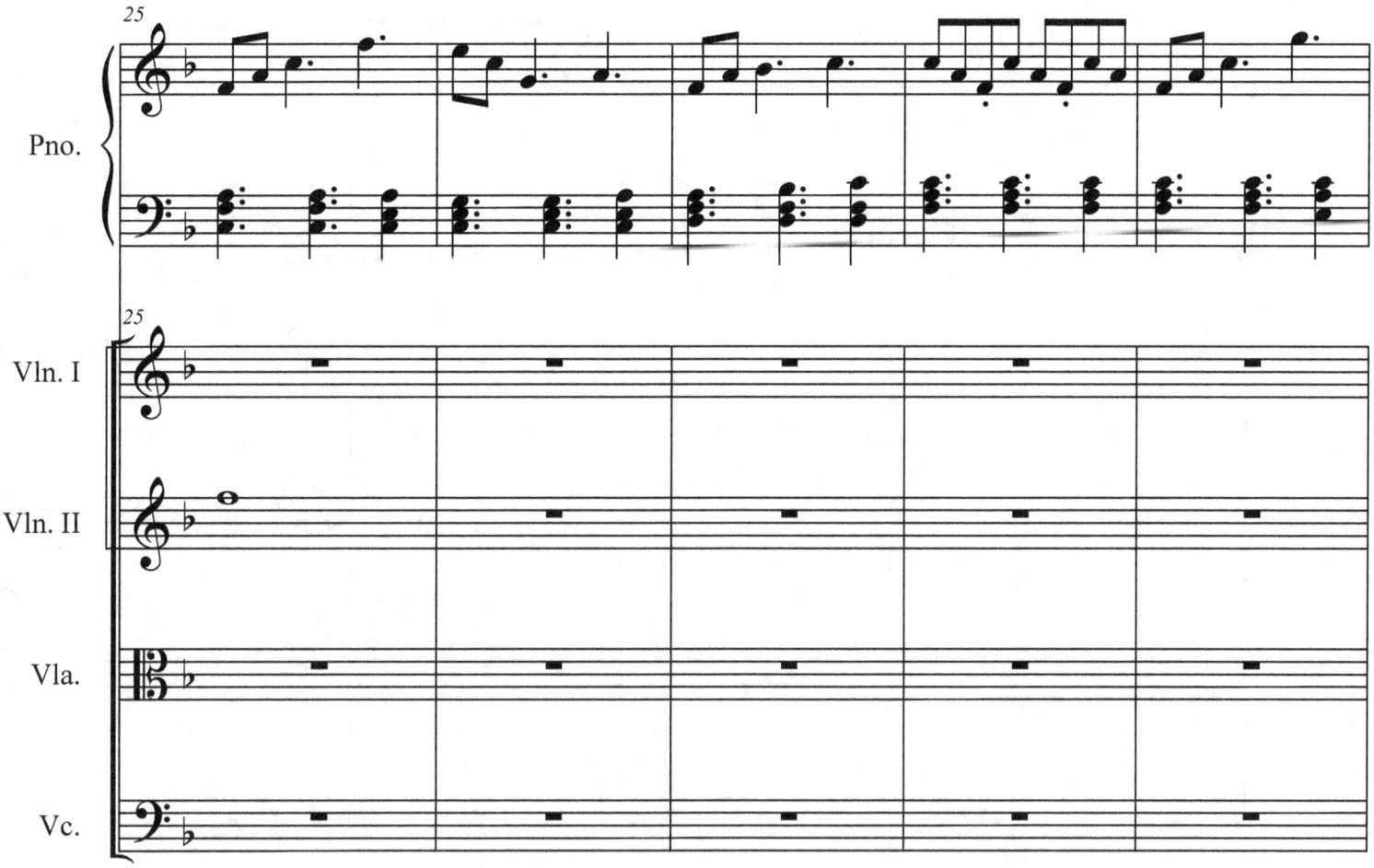

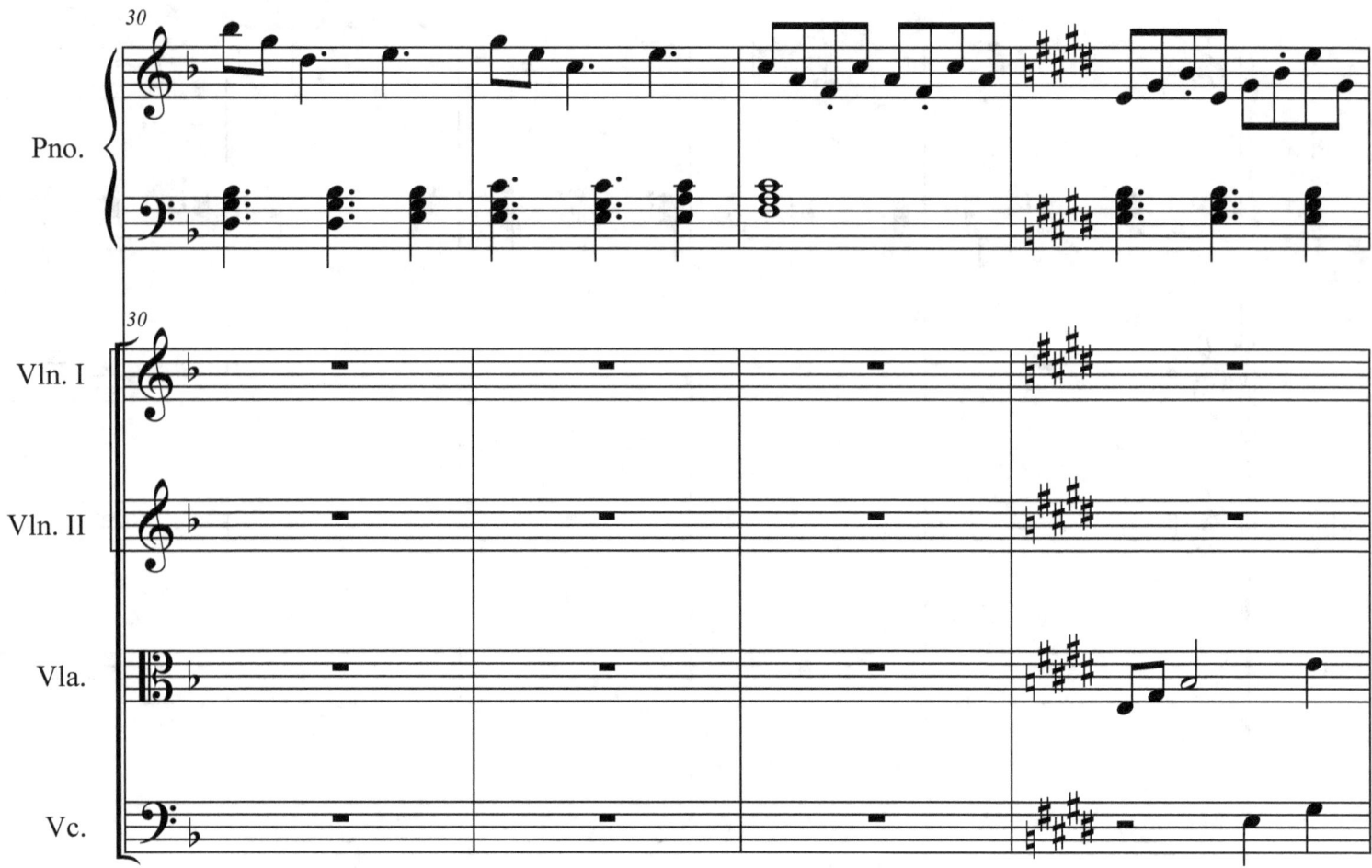

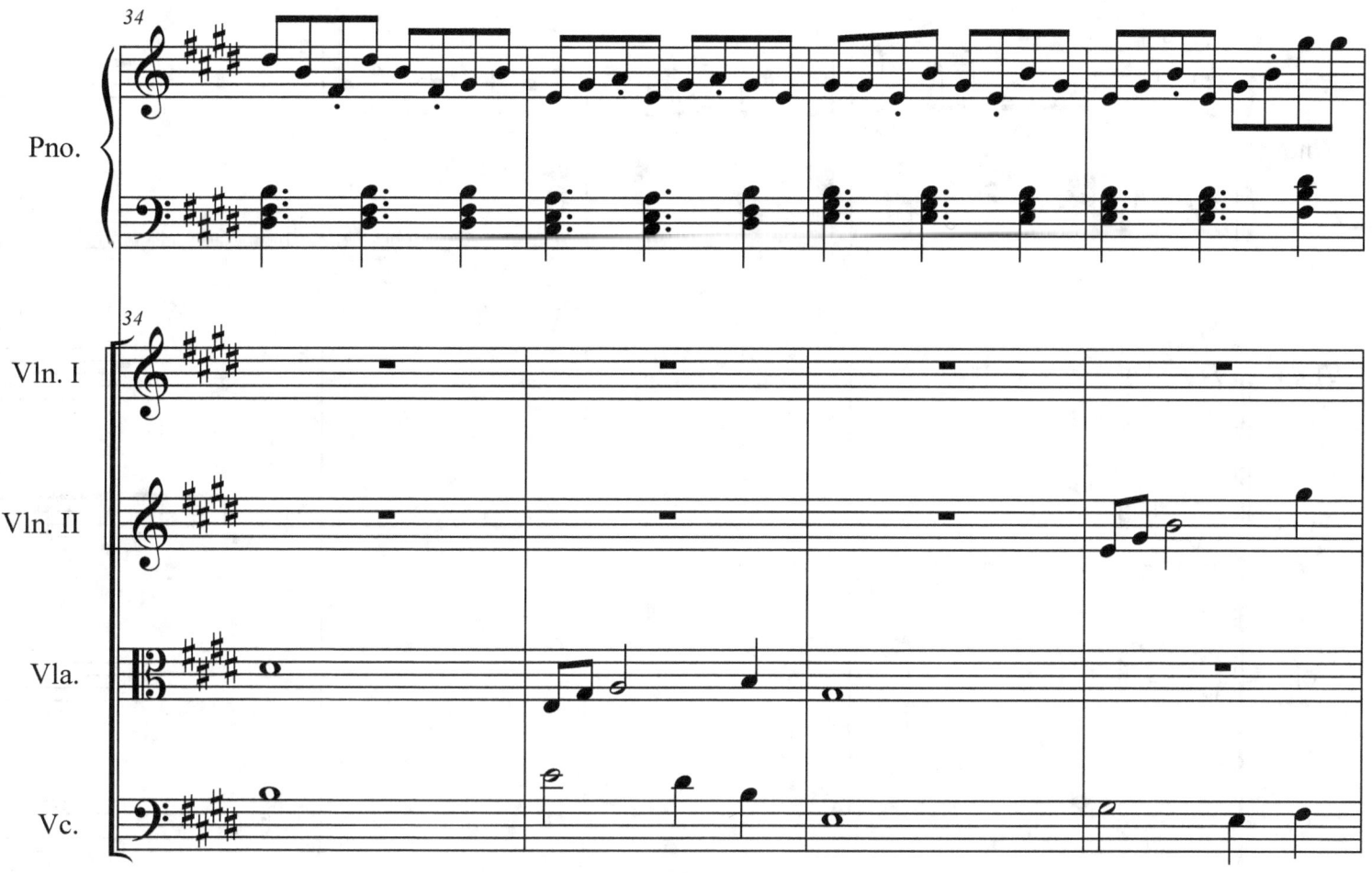

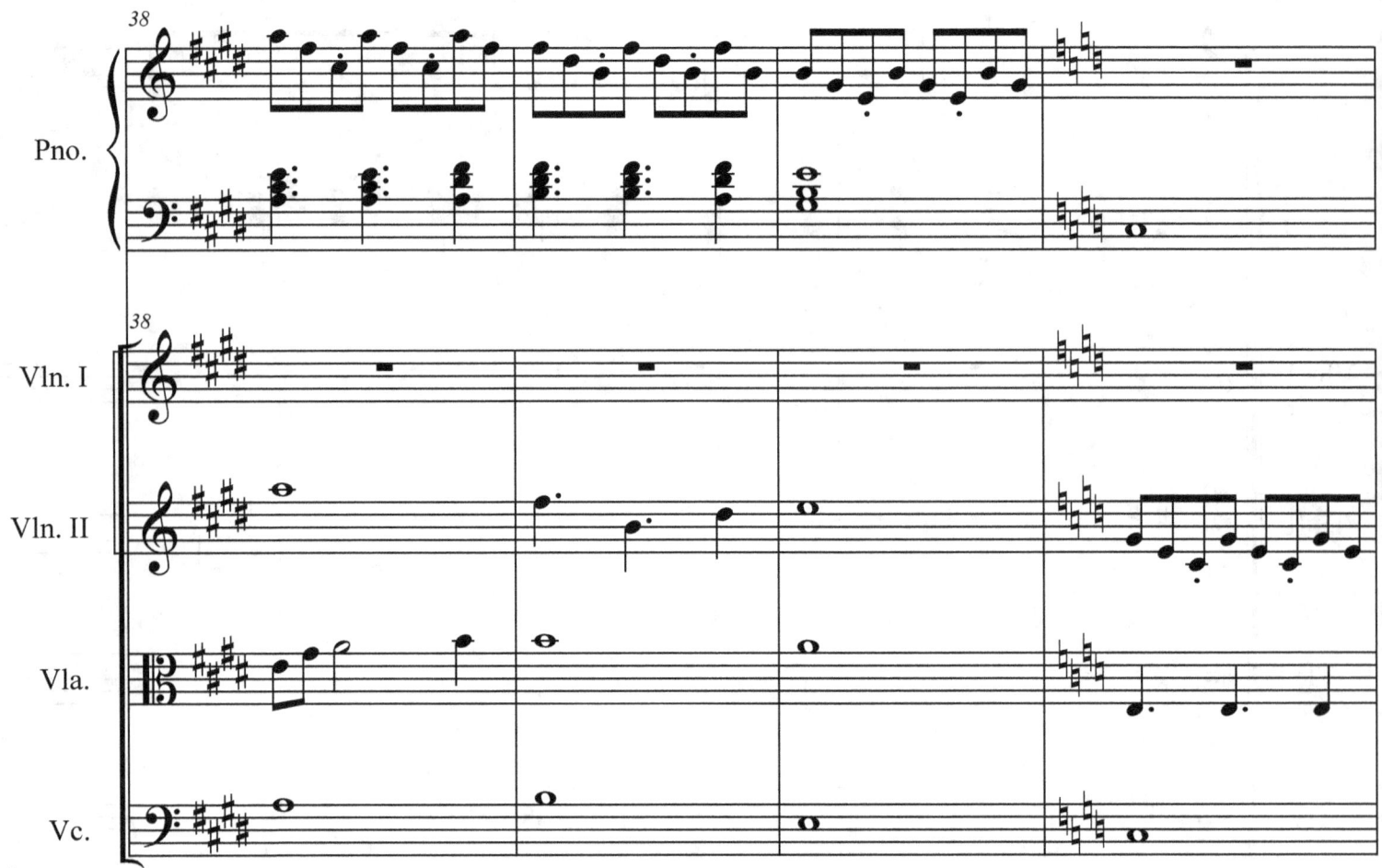

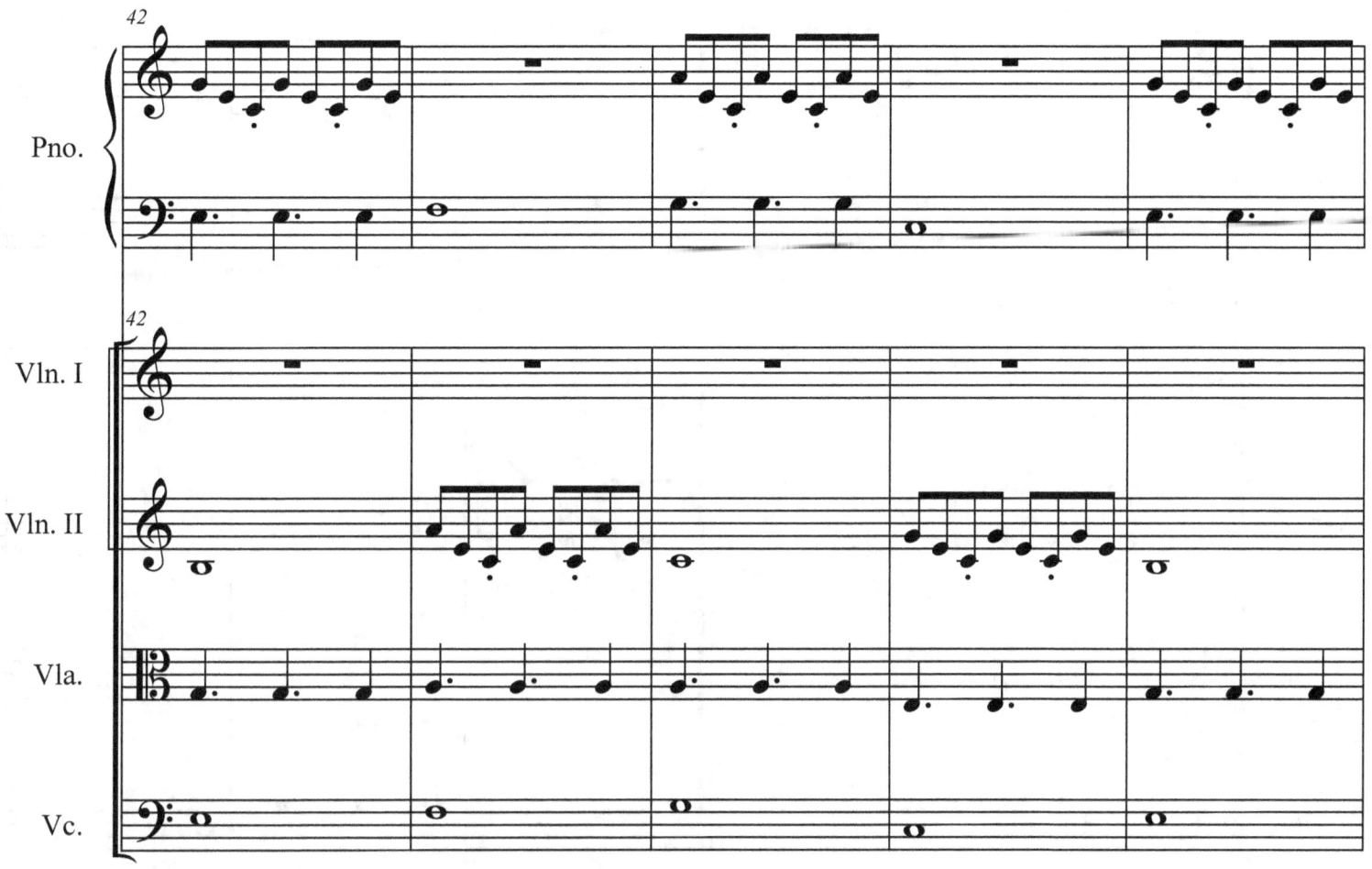

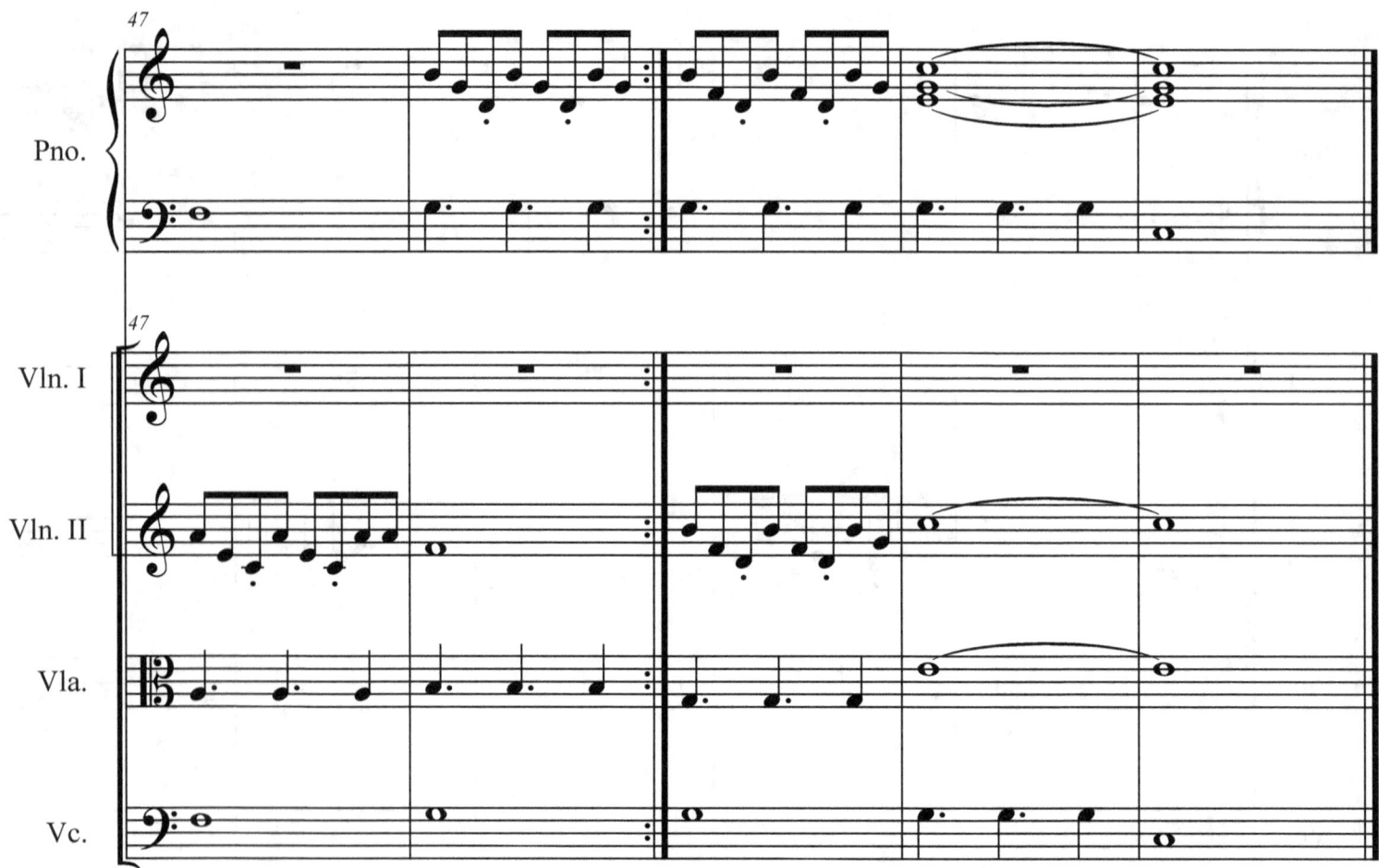

0001

Piano

Joost de Groot

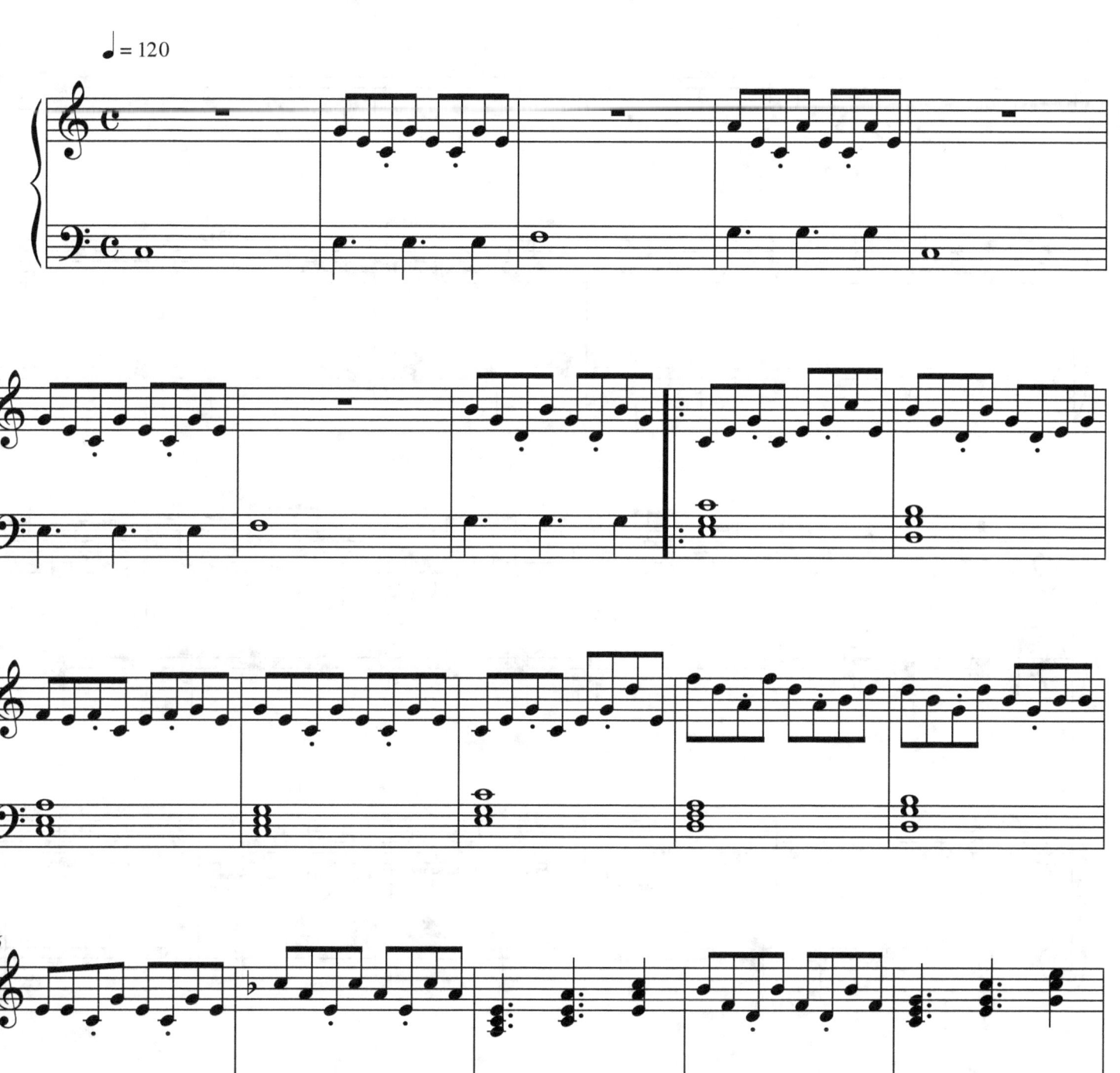

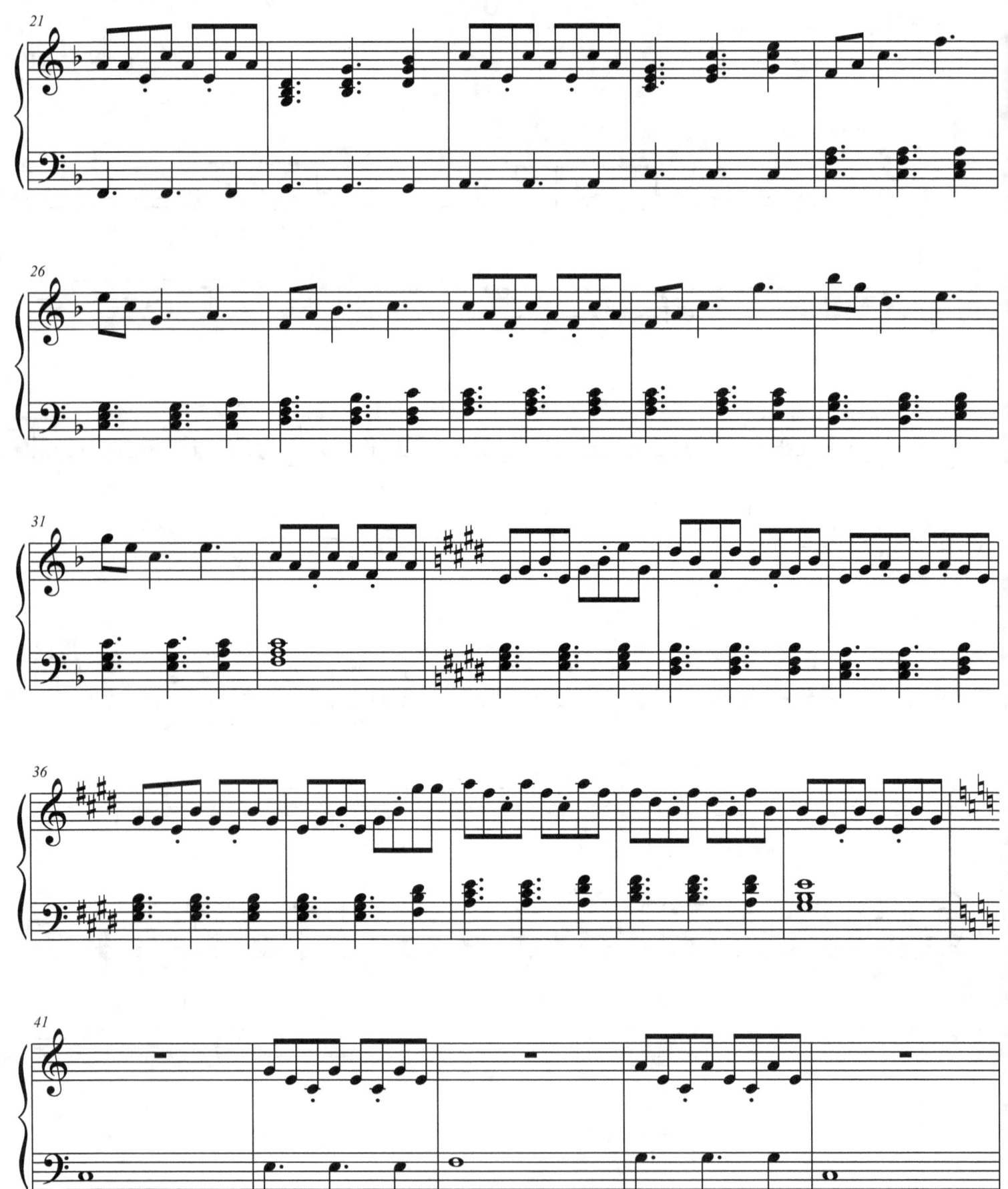

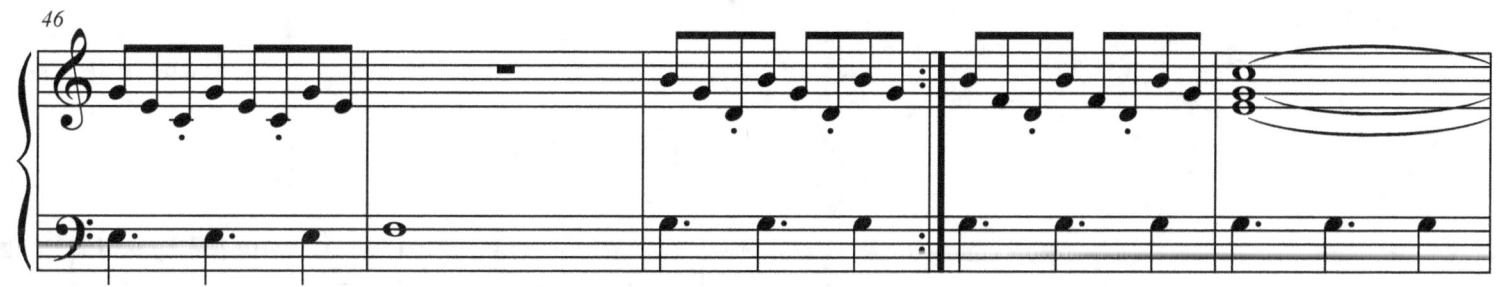
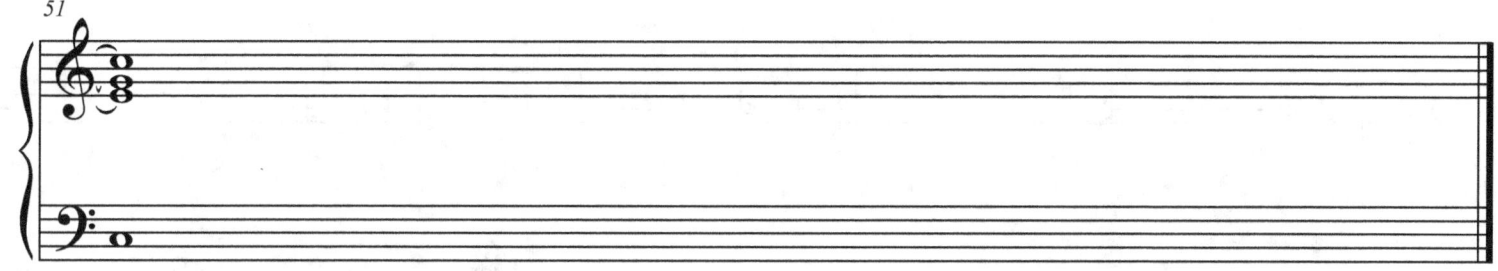

Violin 1

0001

Joost de Groot

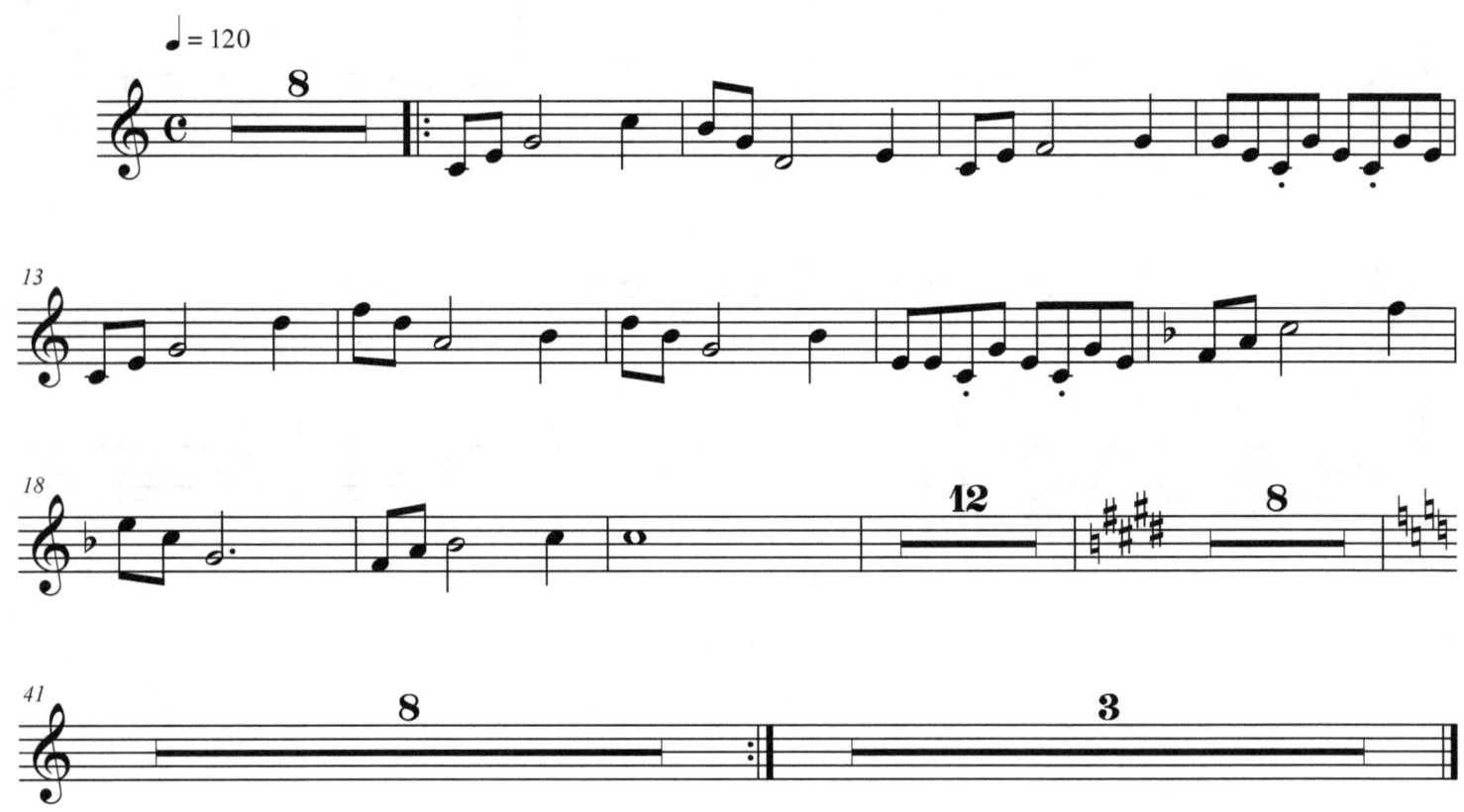

0001

Violin 2

Joost de Groot

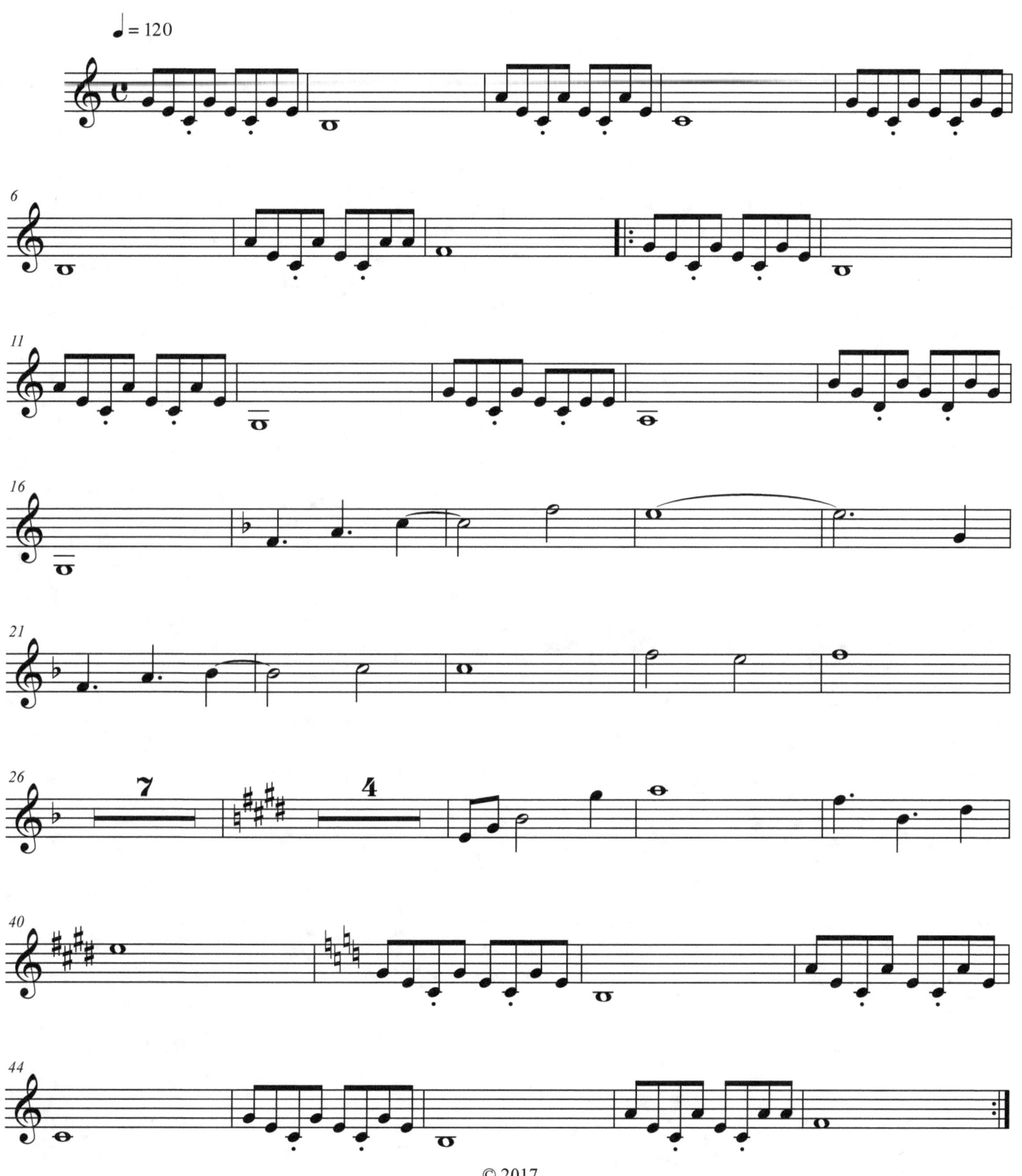

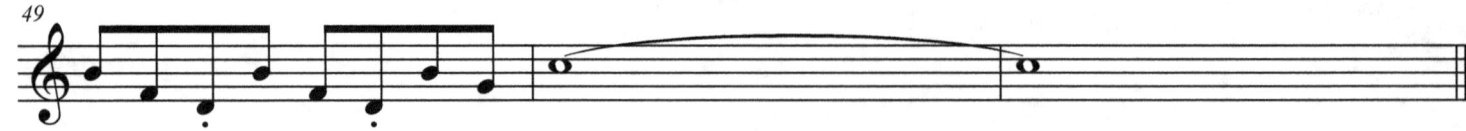

0001

Viola

Joost de Groot

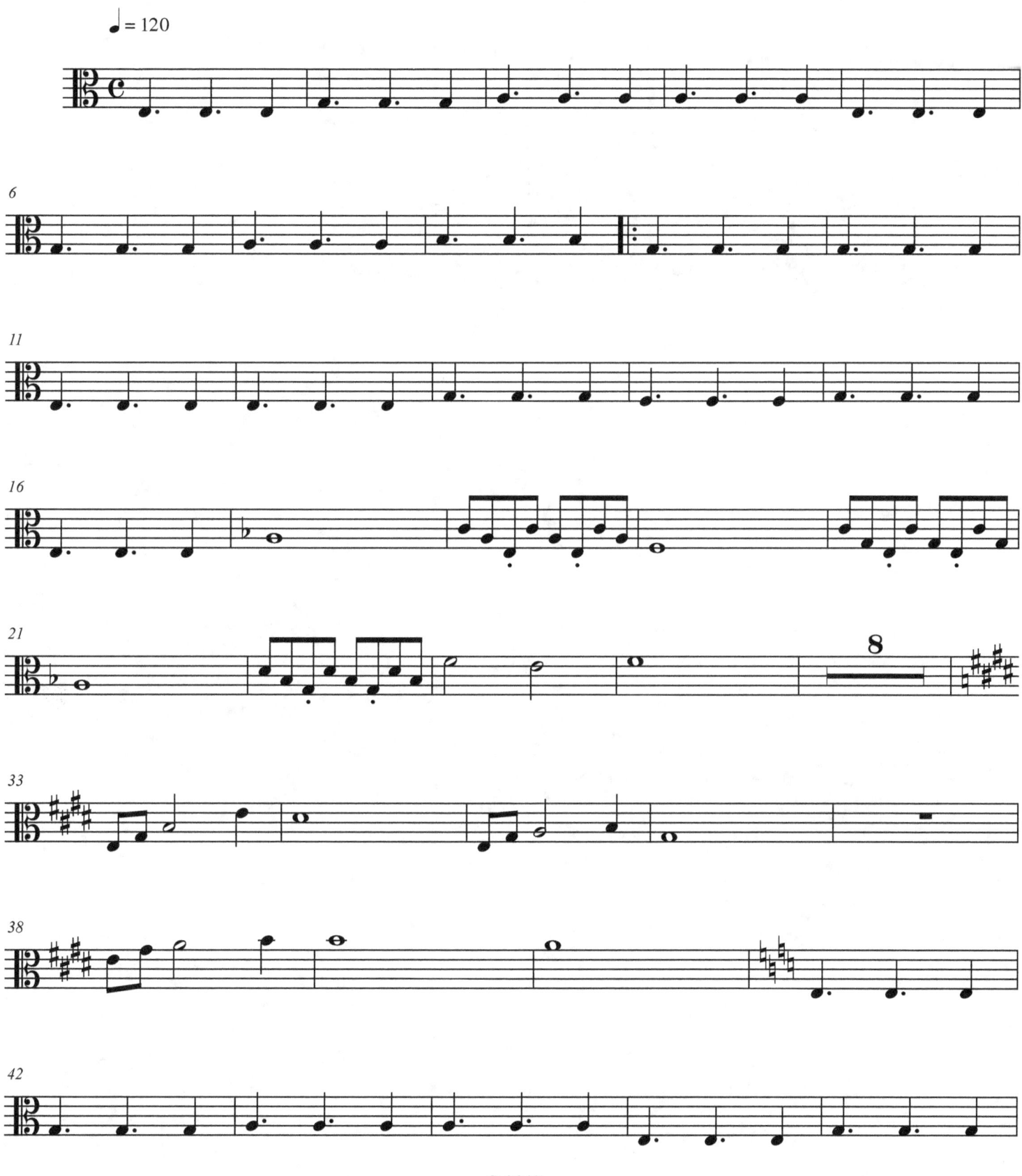

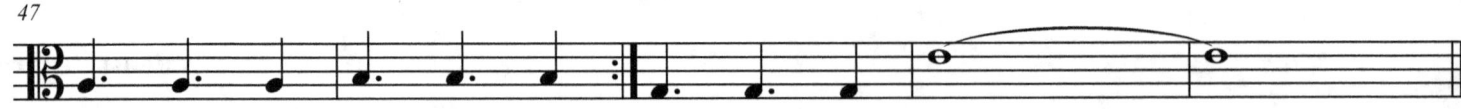

0001

Cello

Joost de Groot

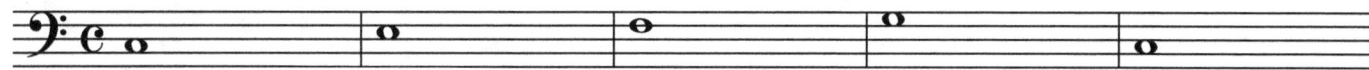
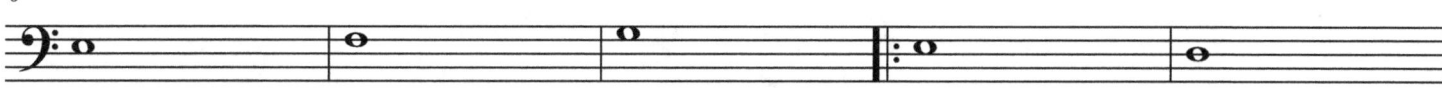
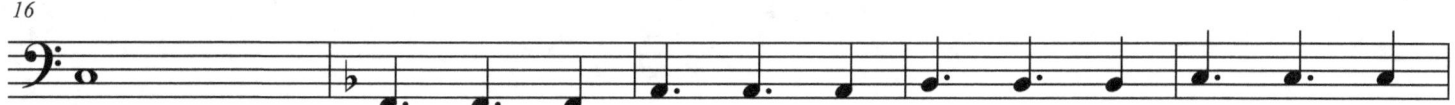
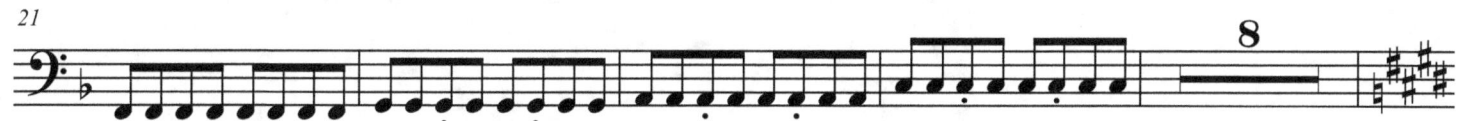
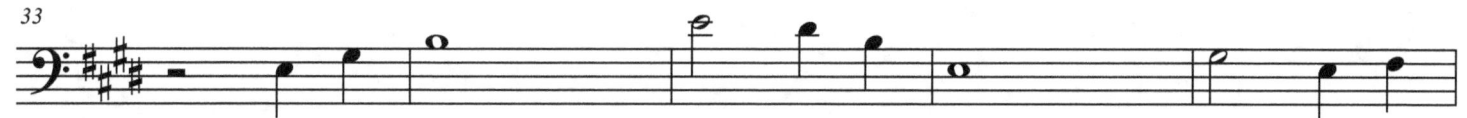
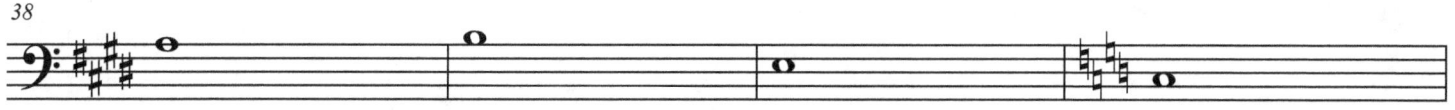
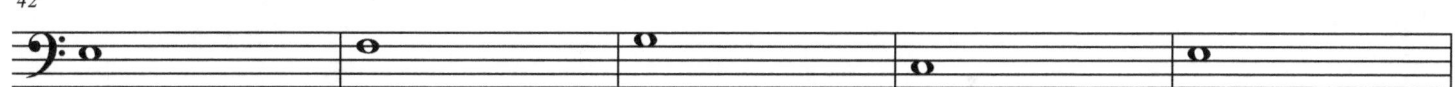

© 2017

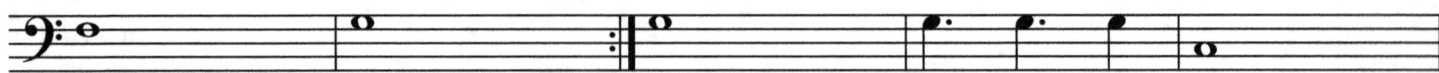

1001

Joost de Groot

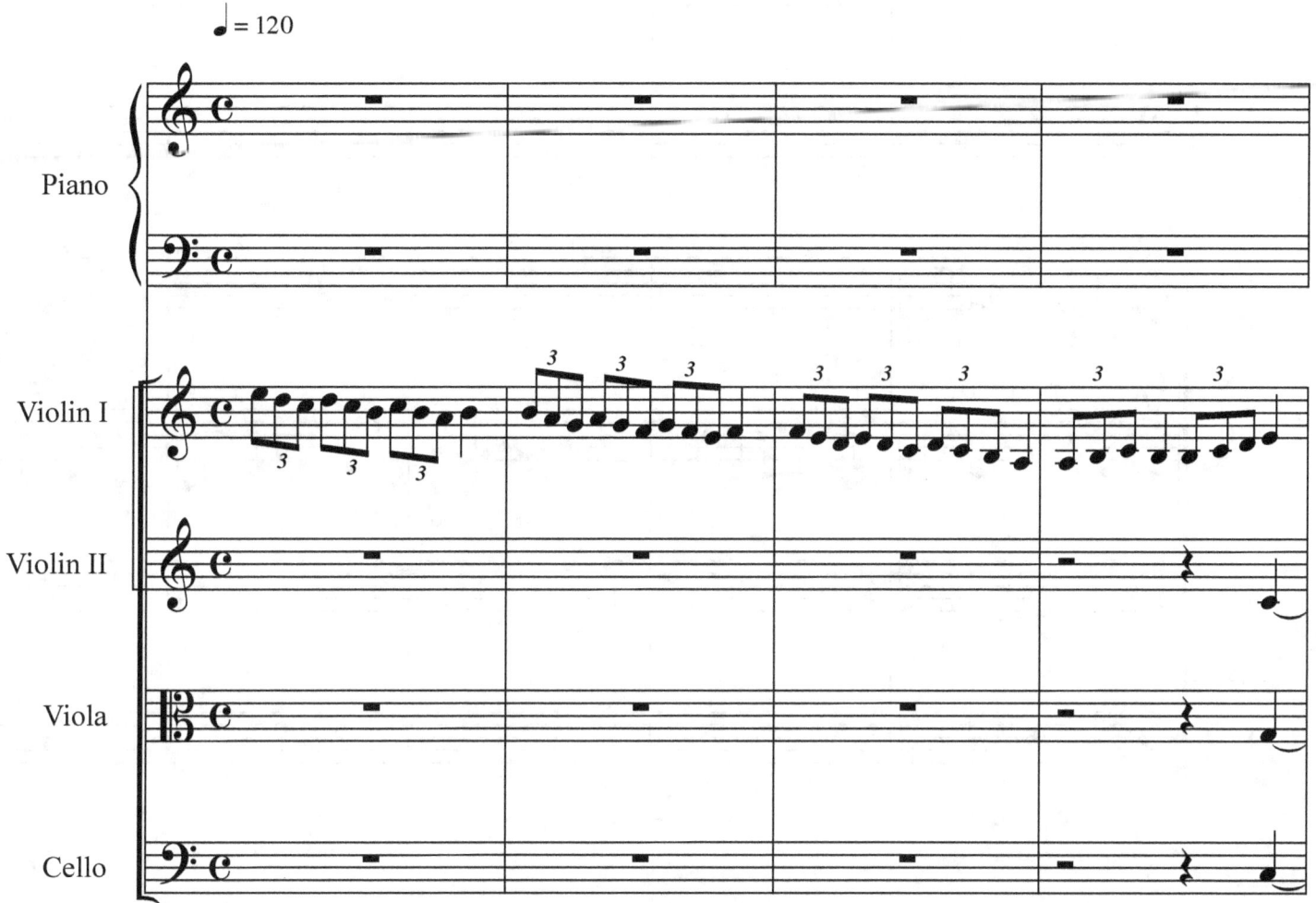

© 2017

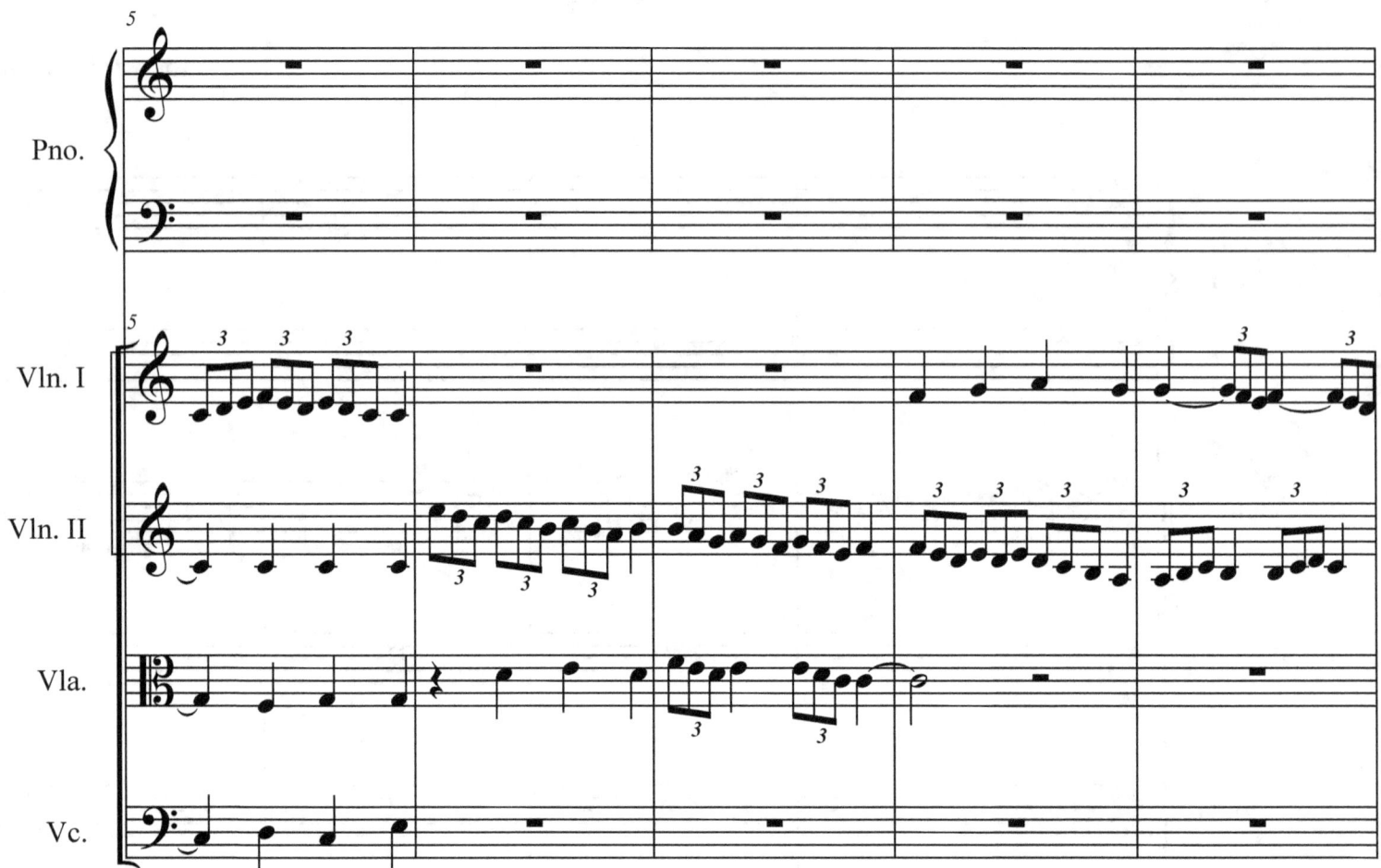

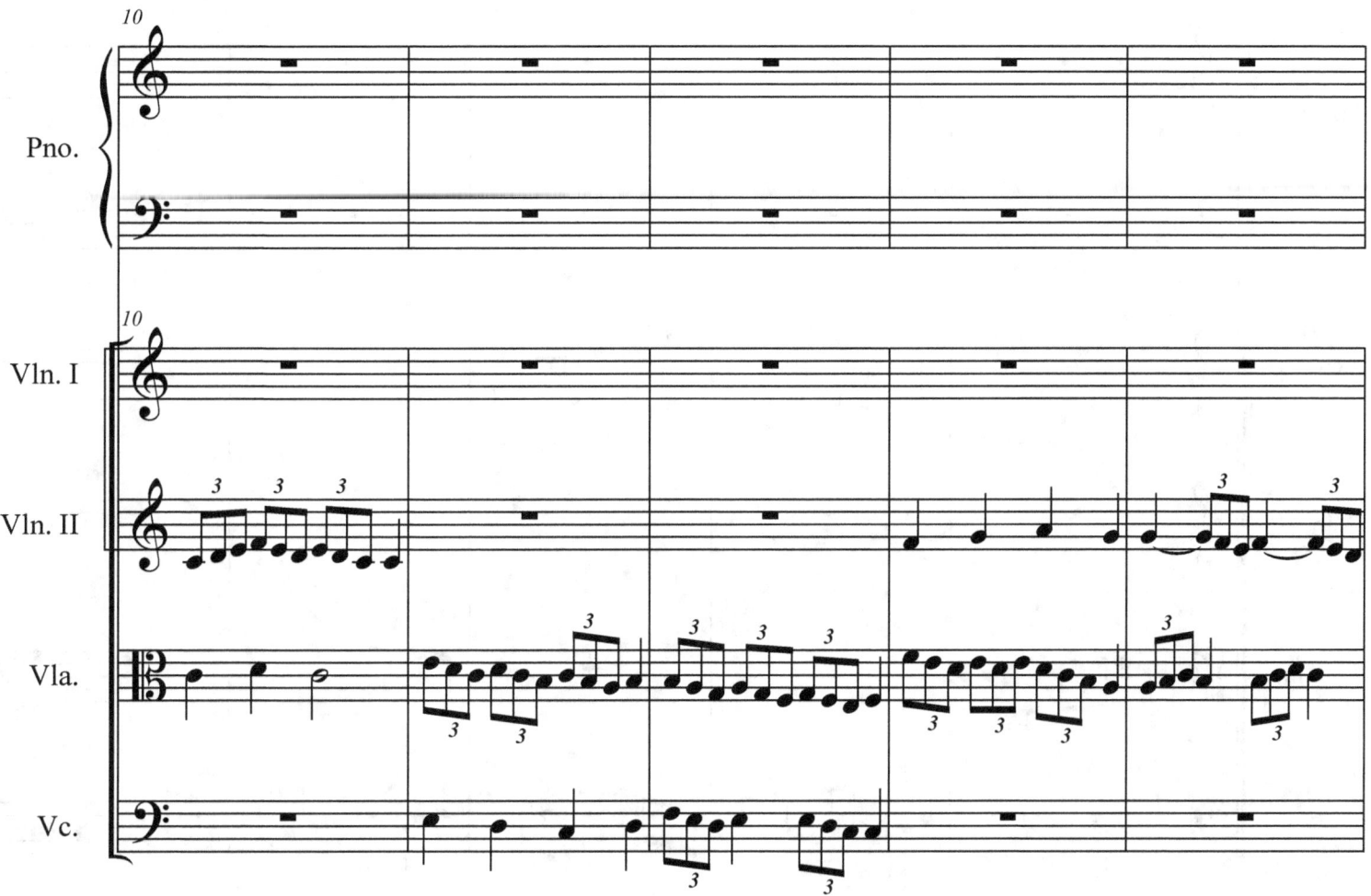

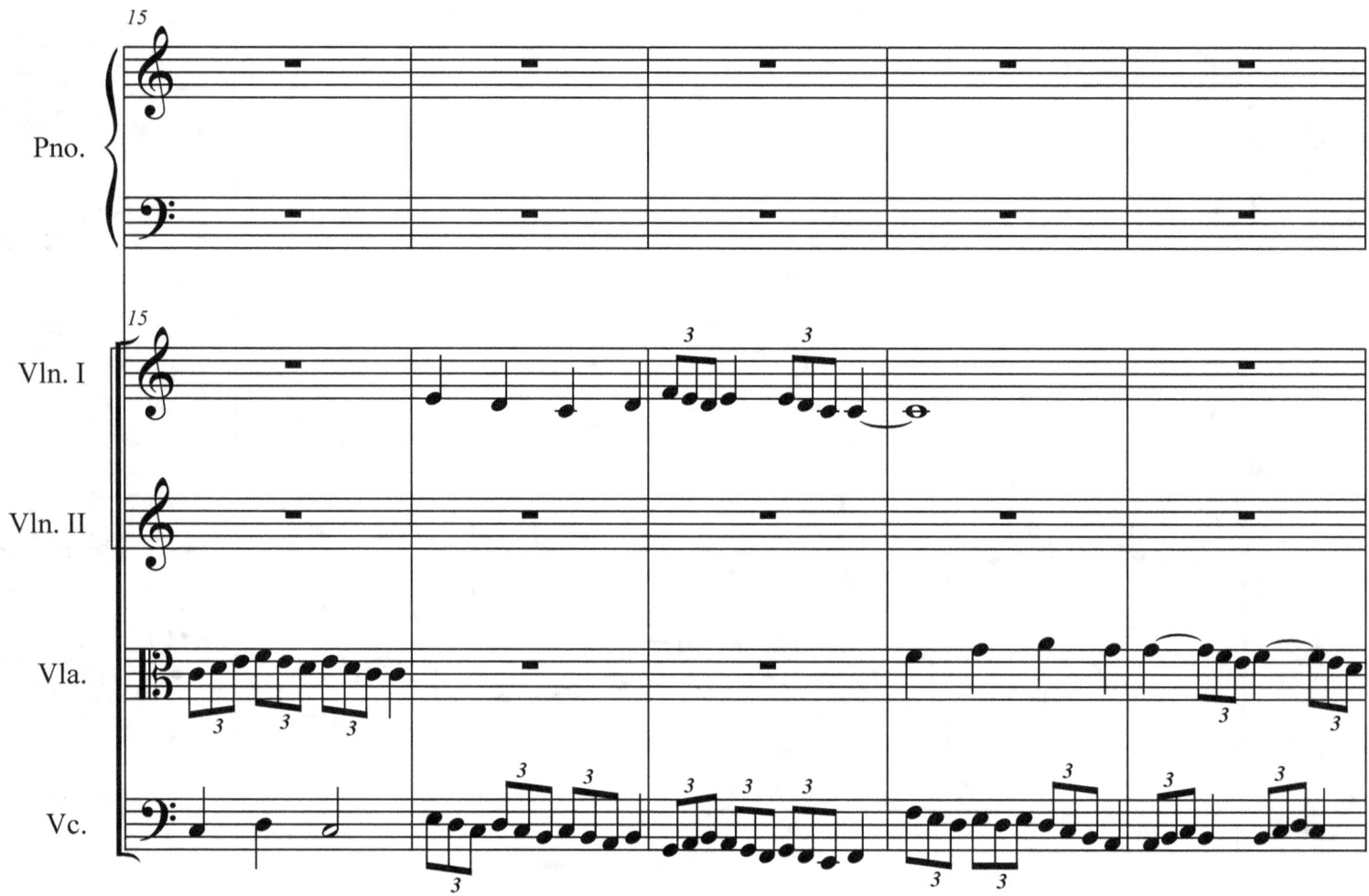

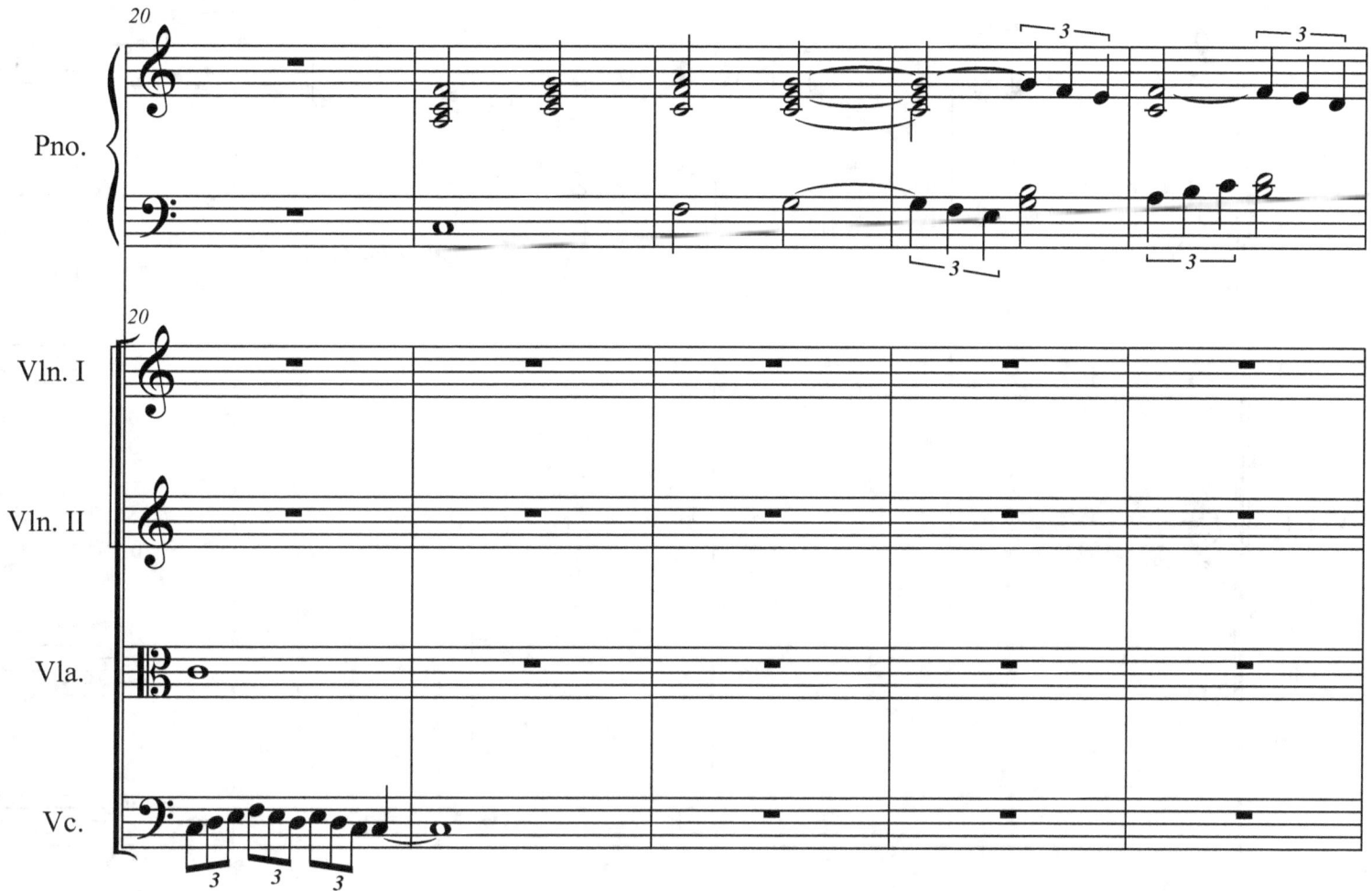

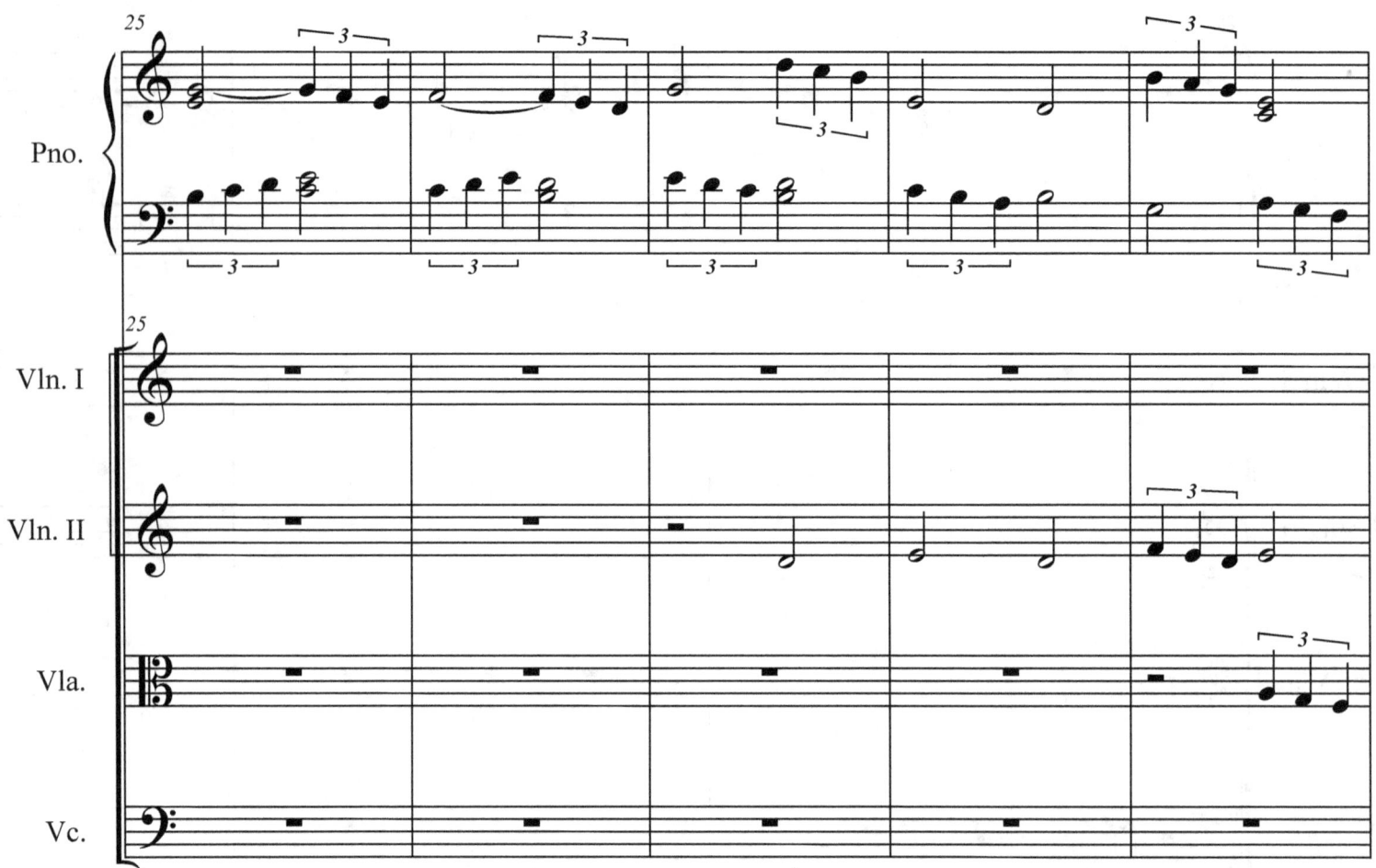

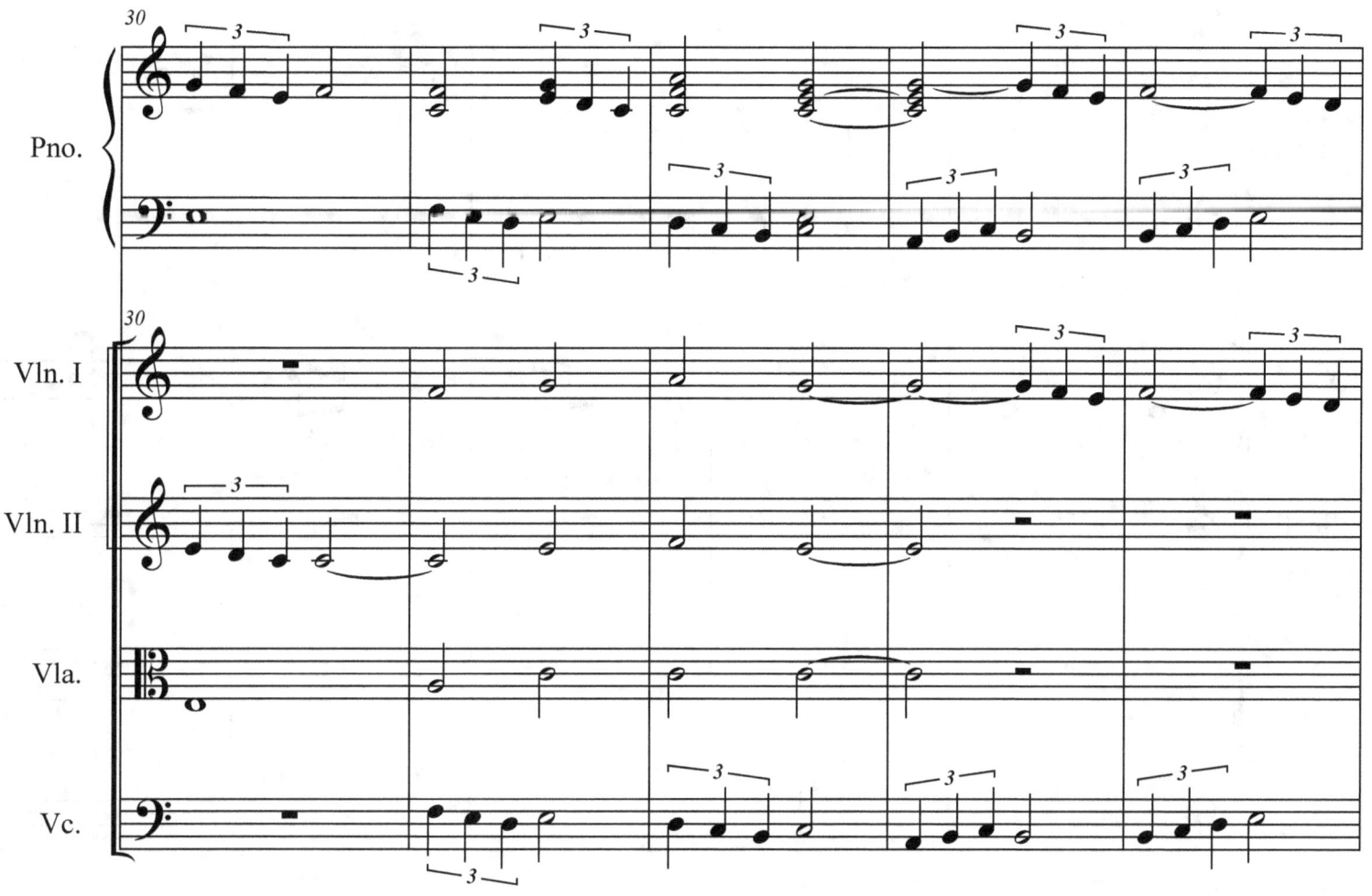

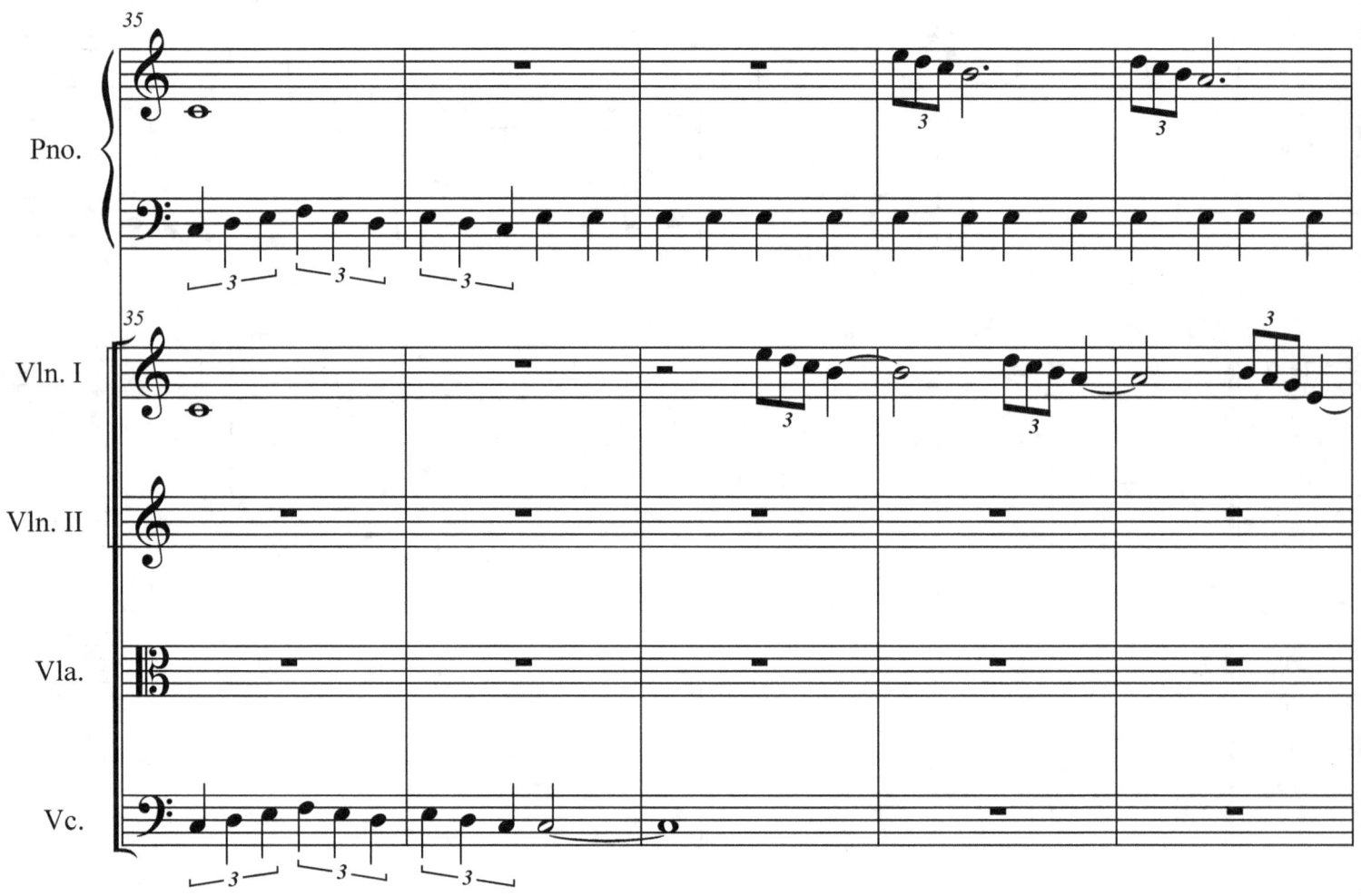

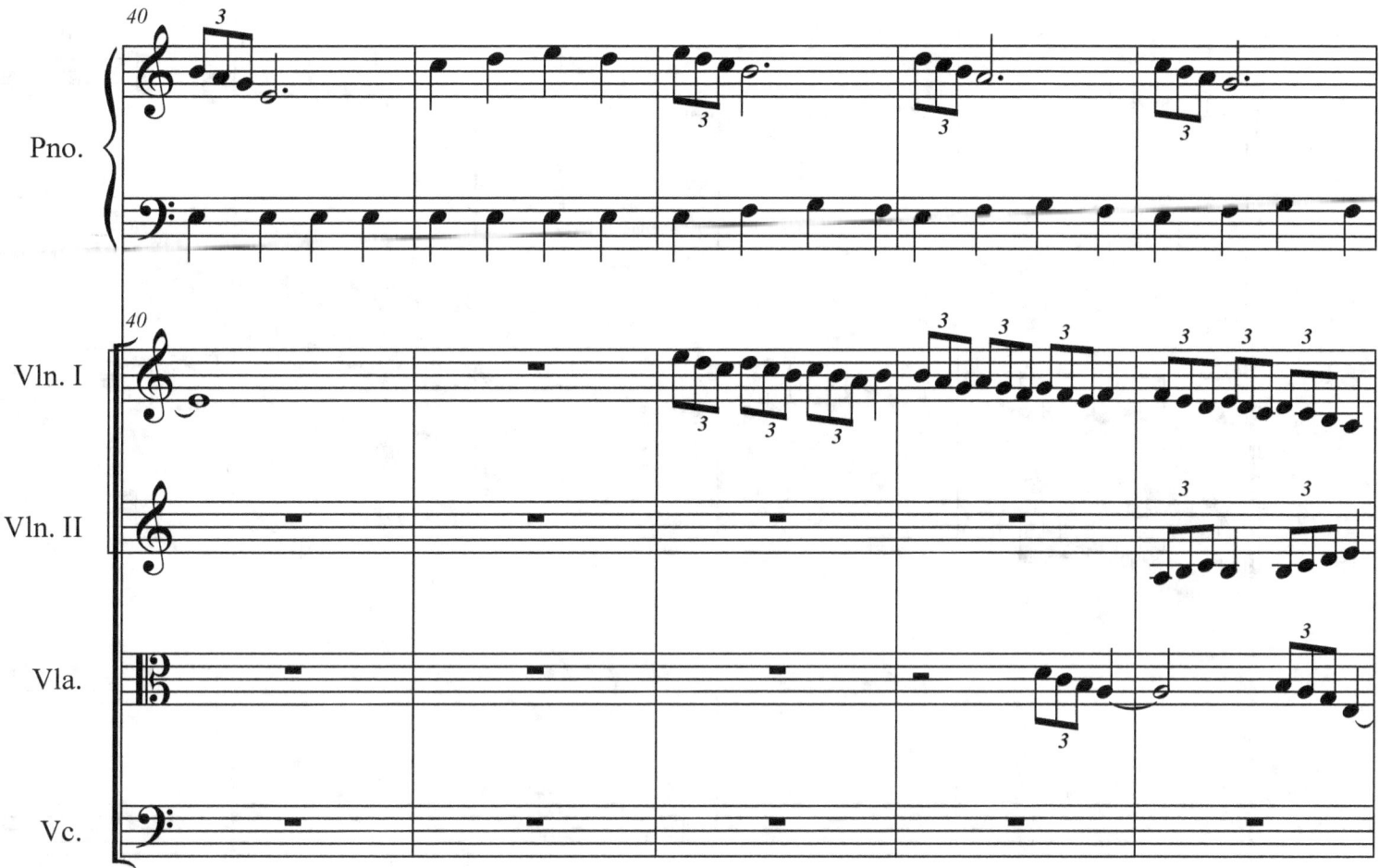

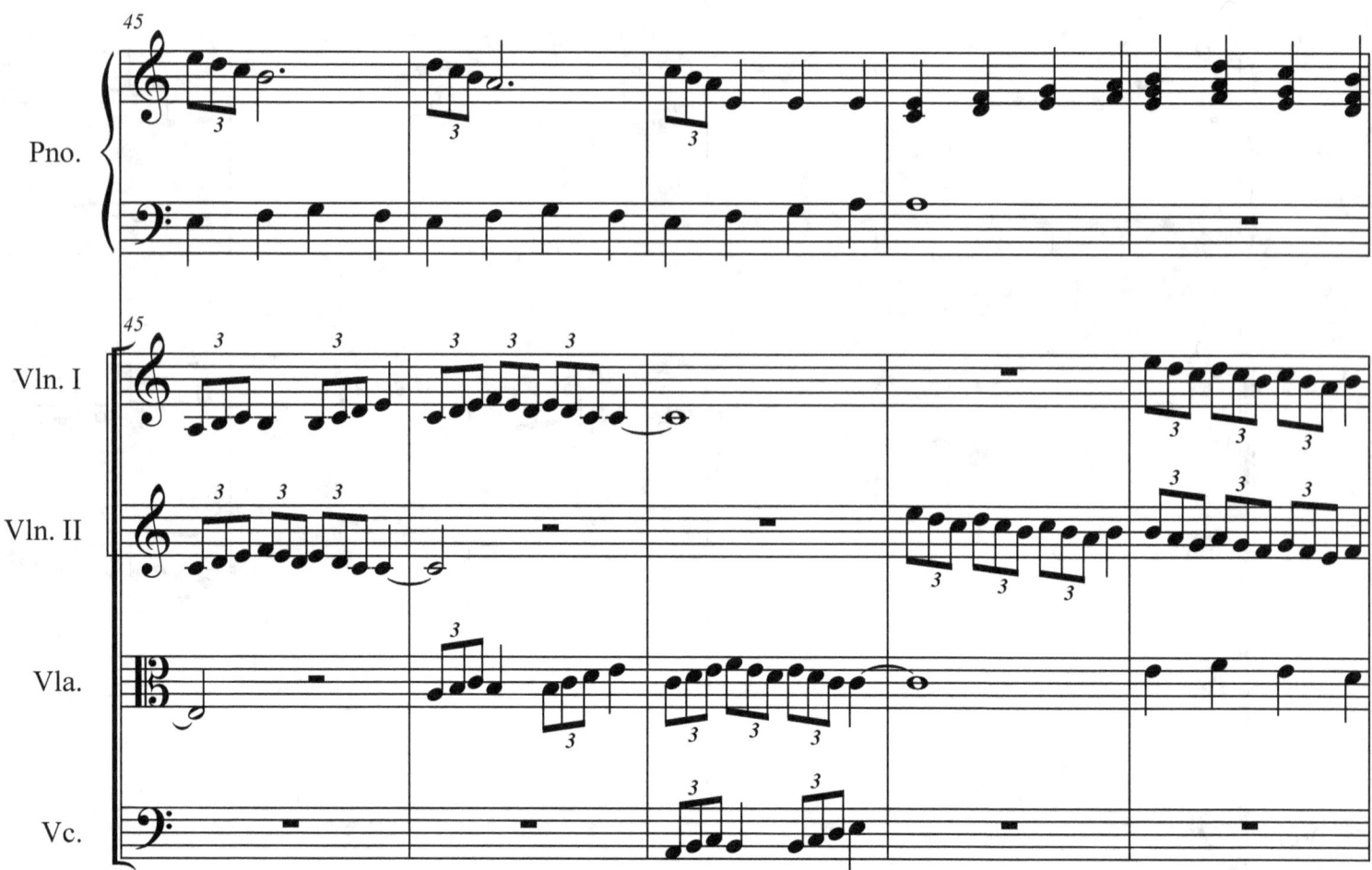

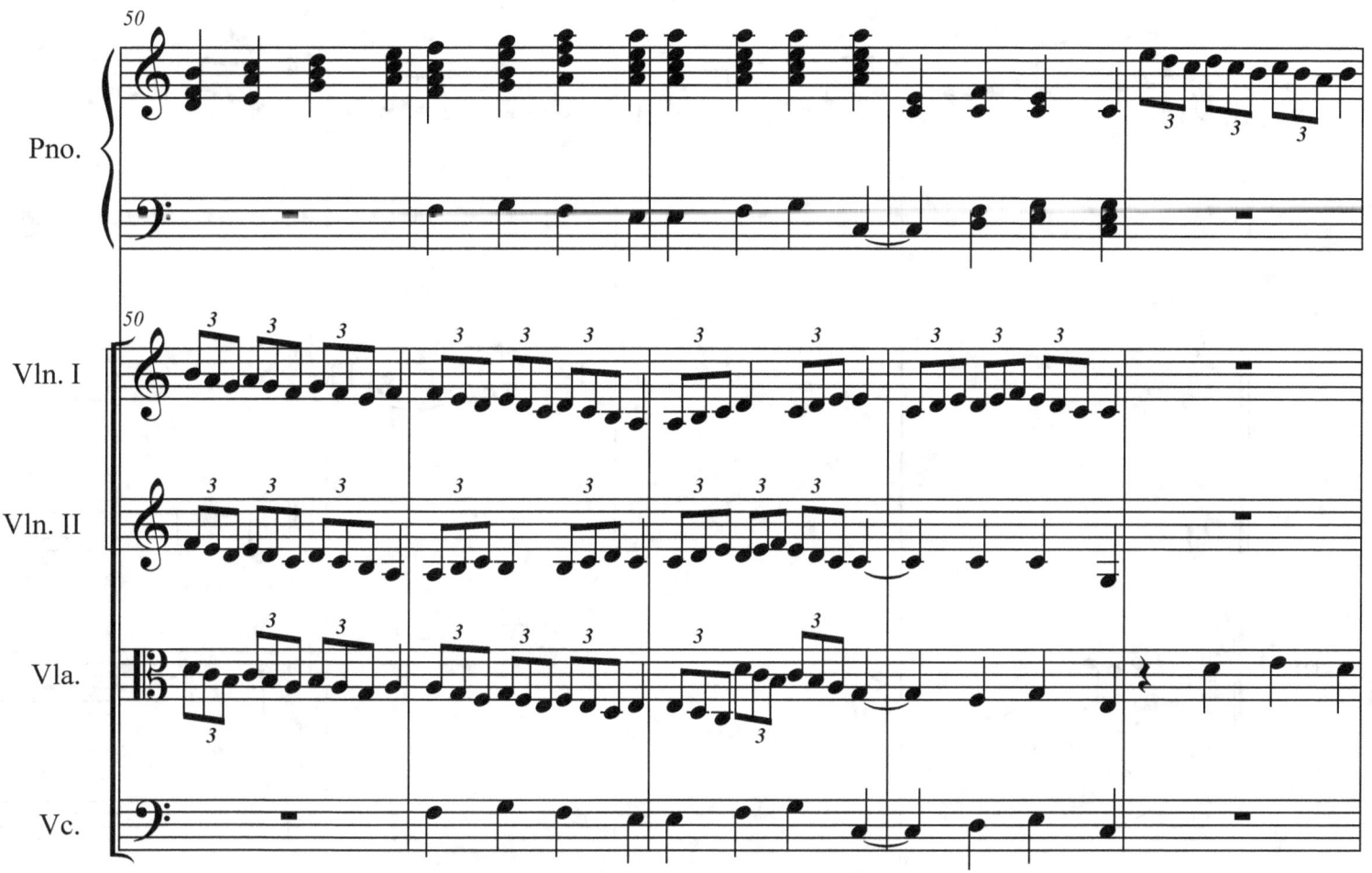

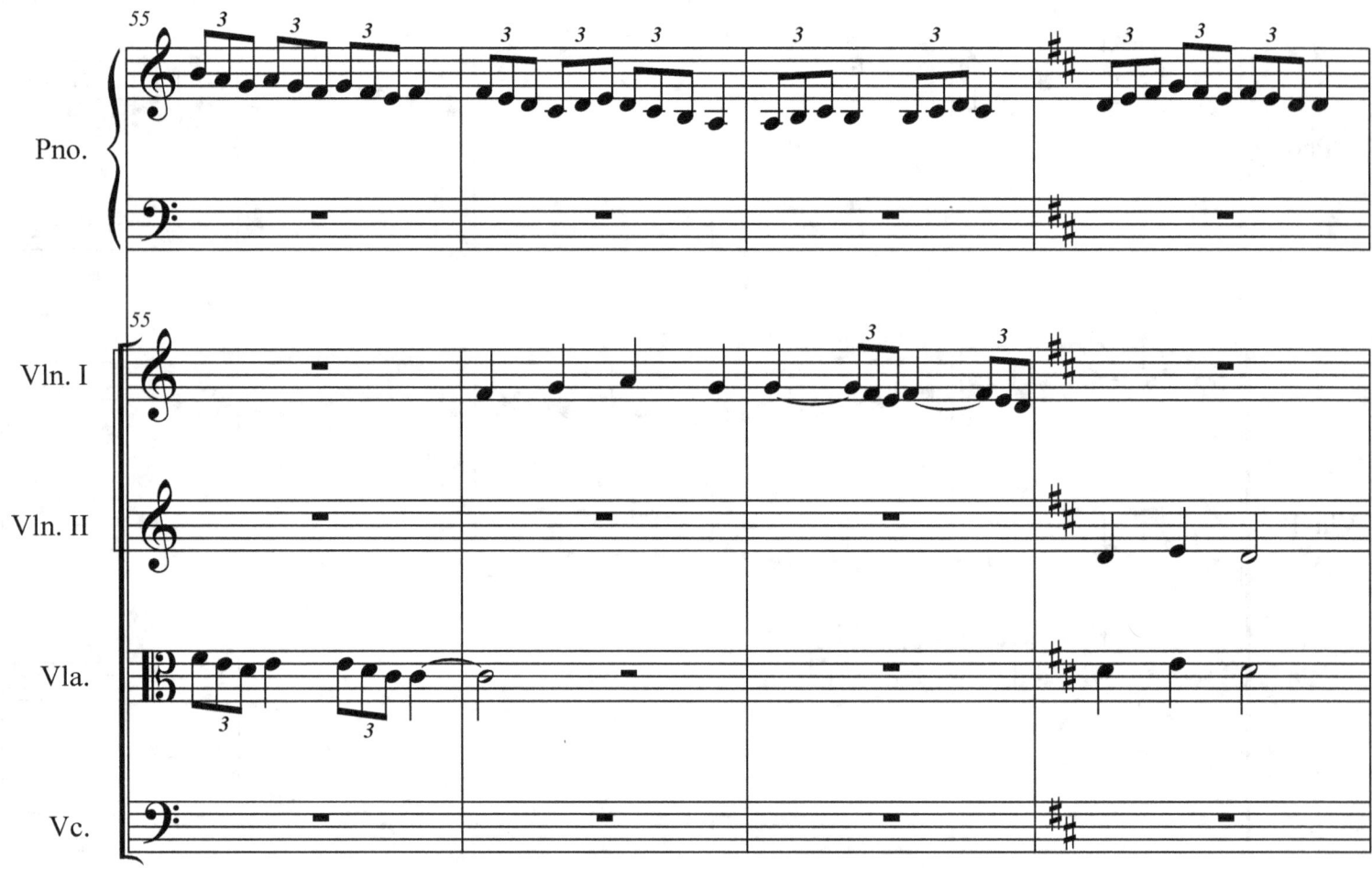

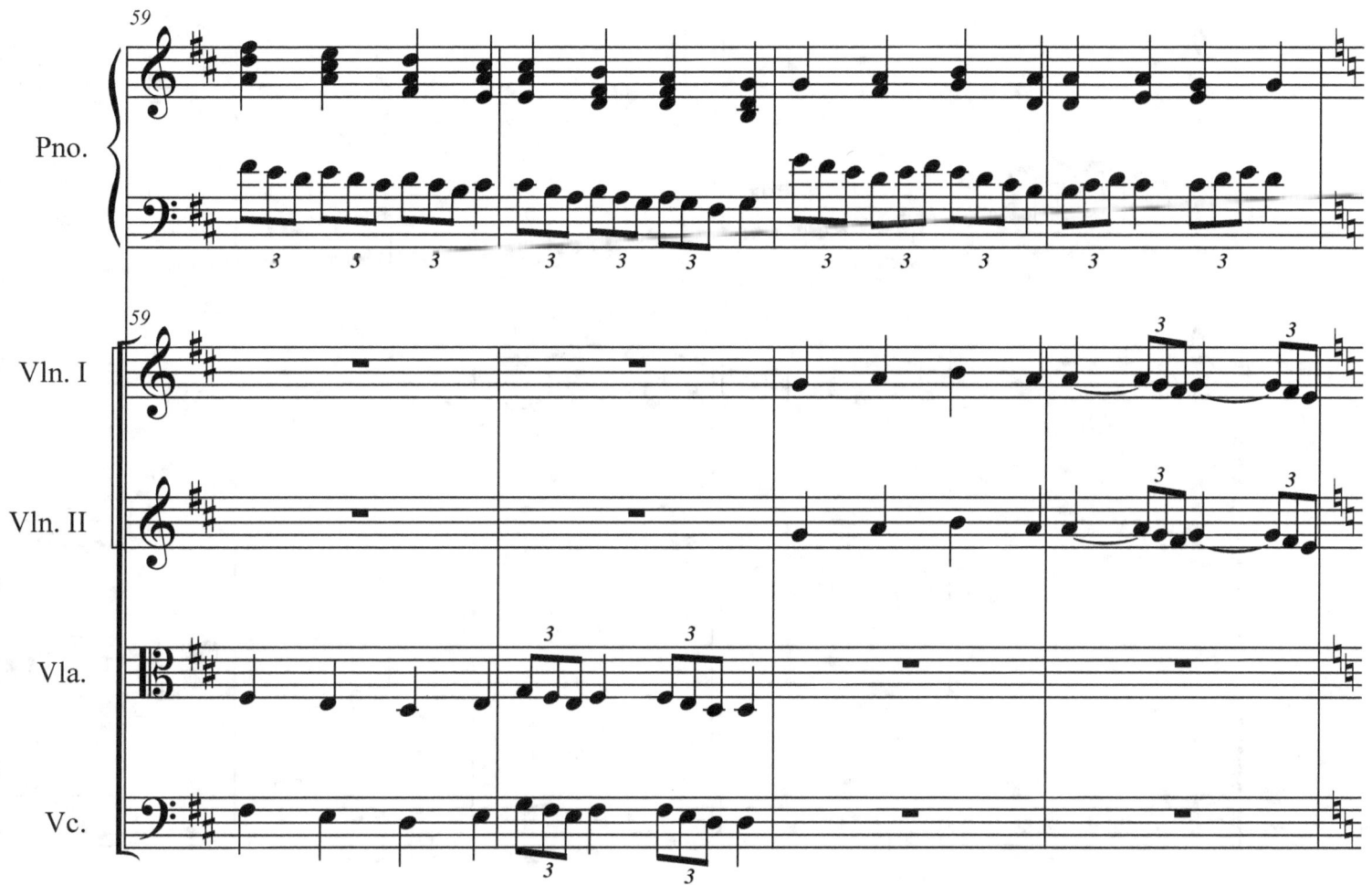

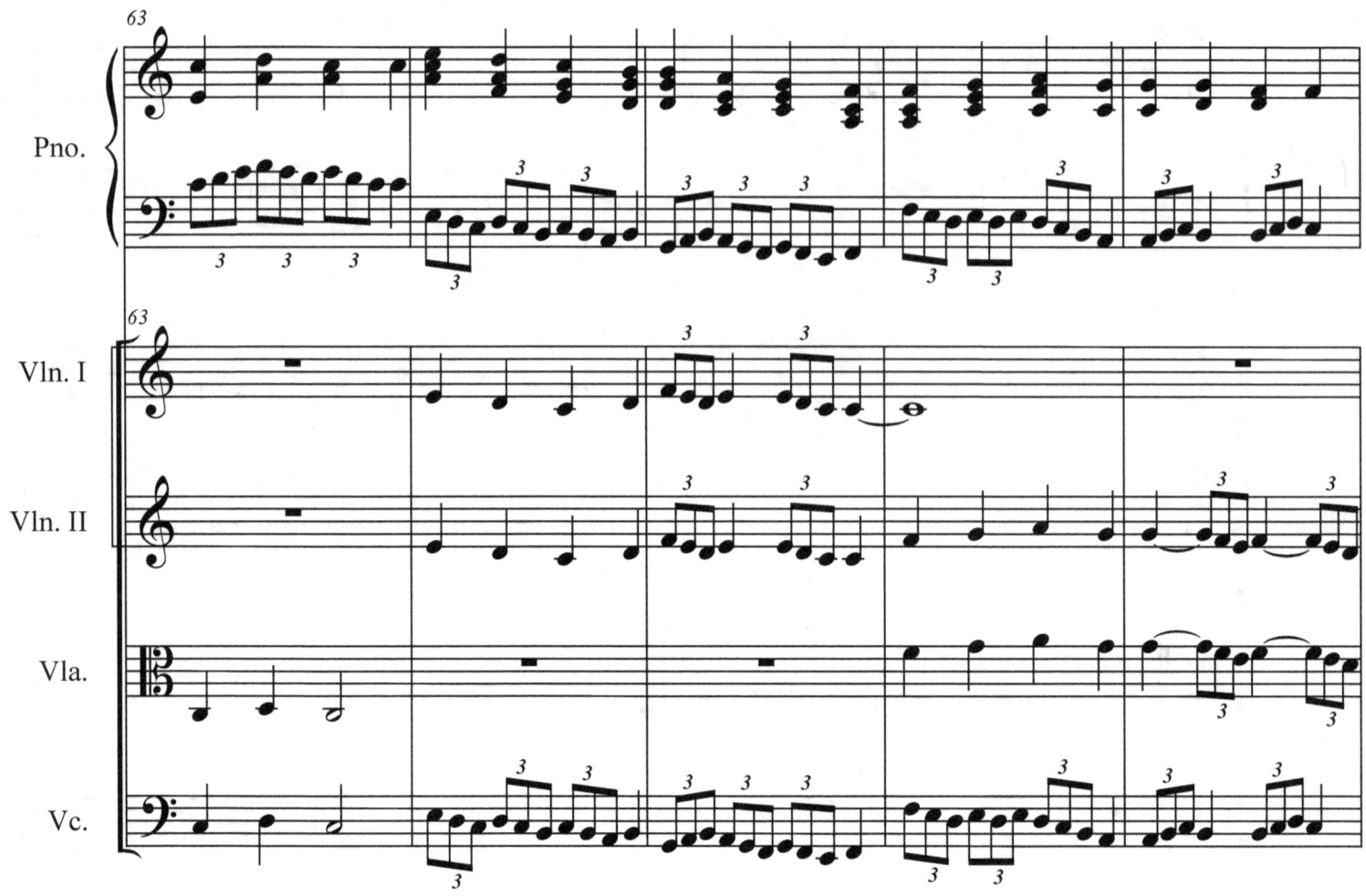

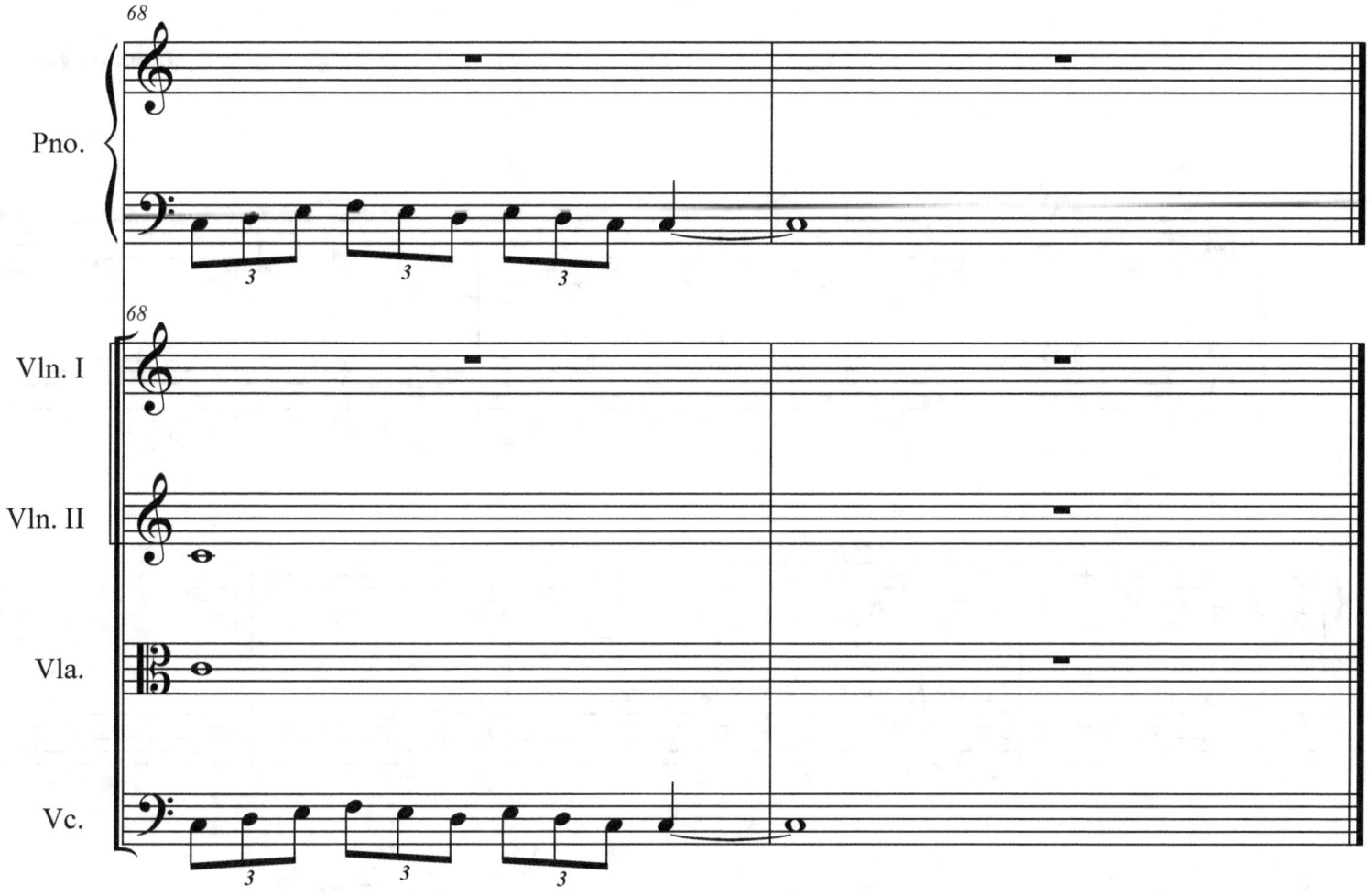

1001

Joost de Groot

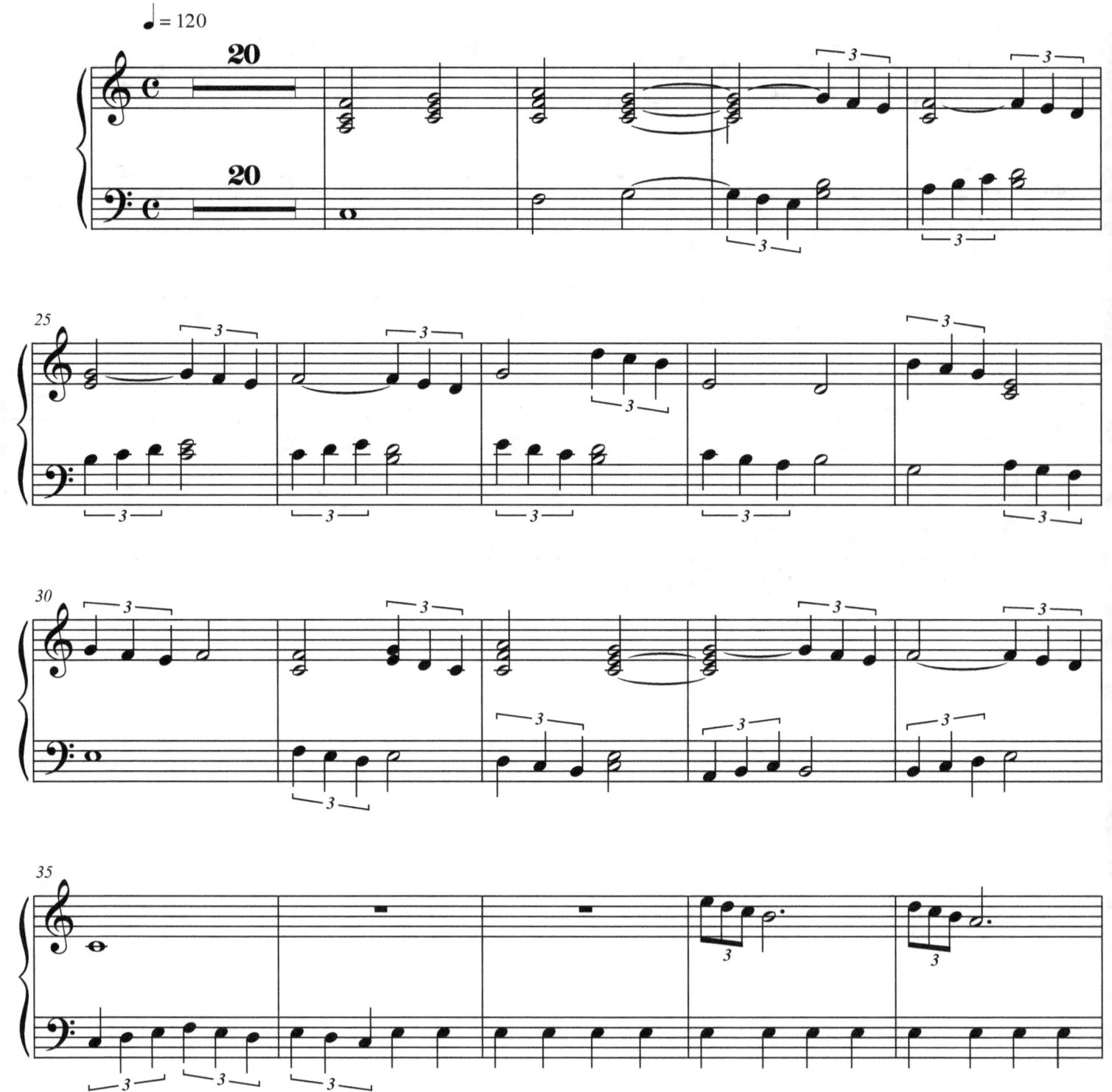

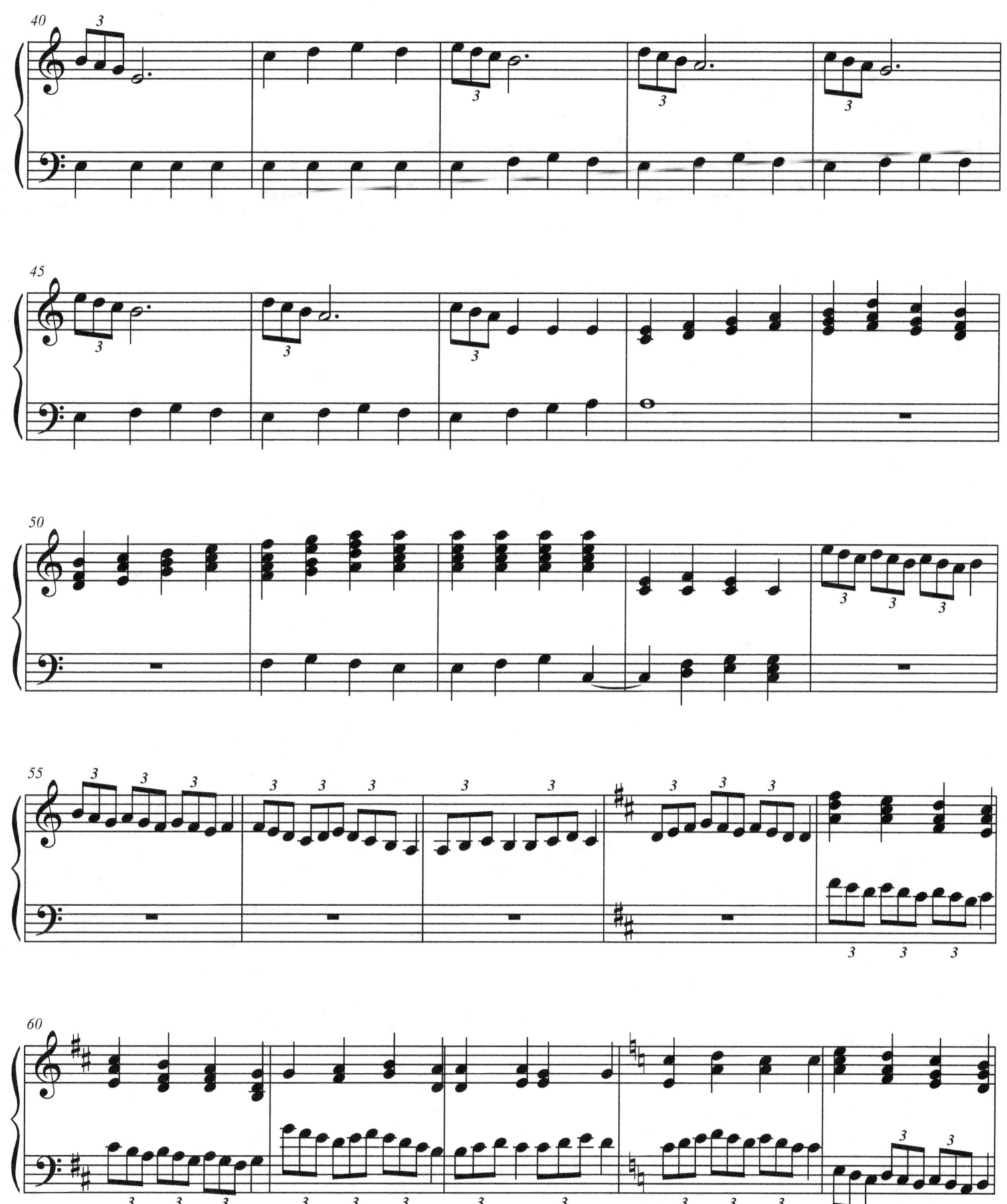

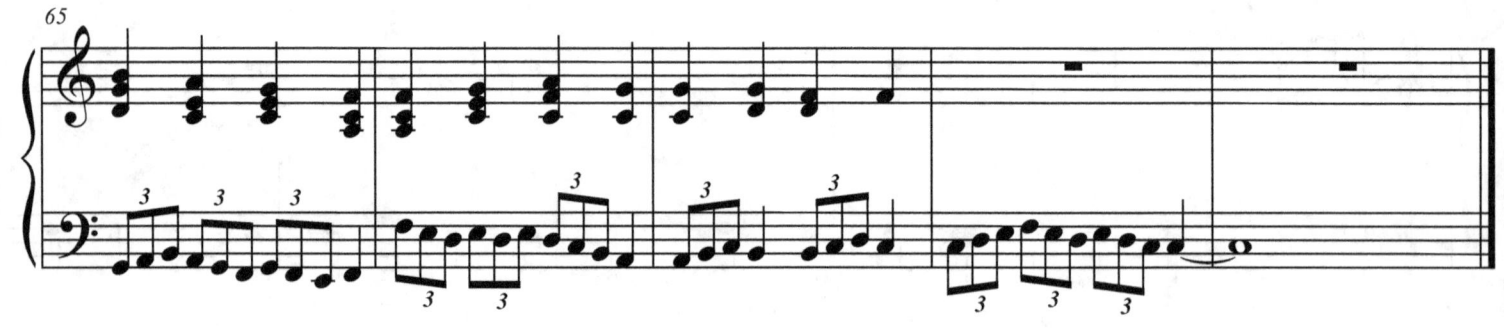

1001

Violin 1

Joost de Groot

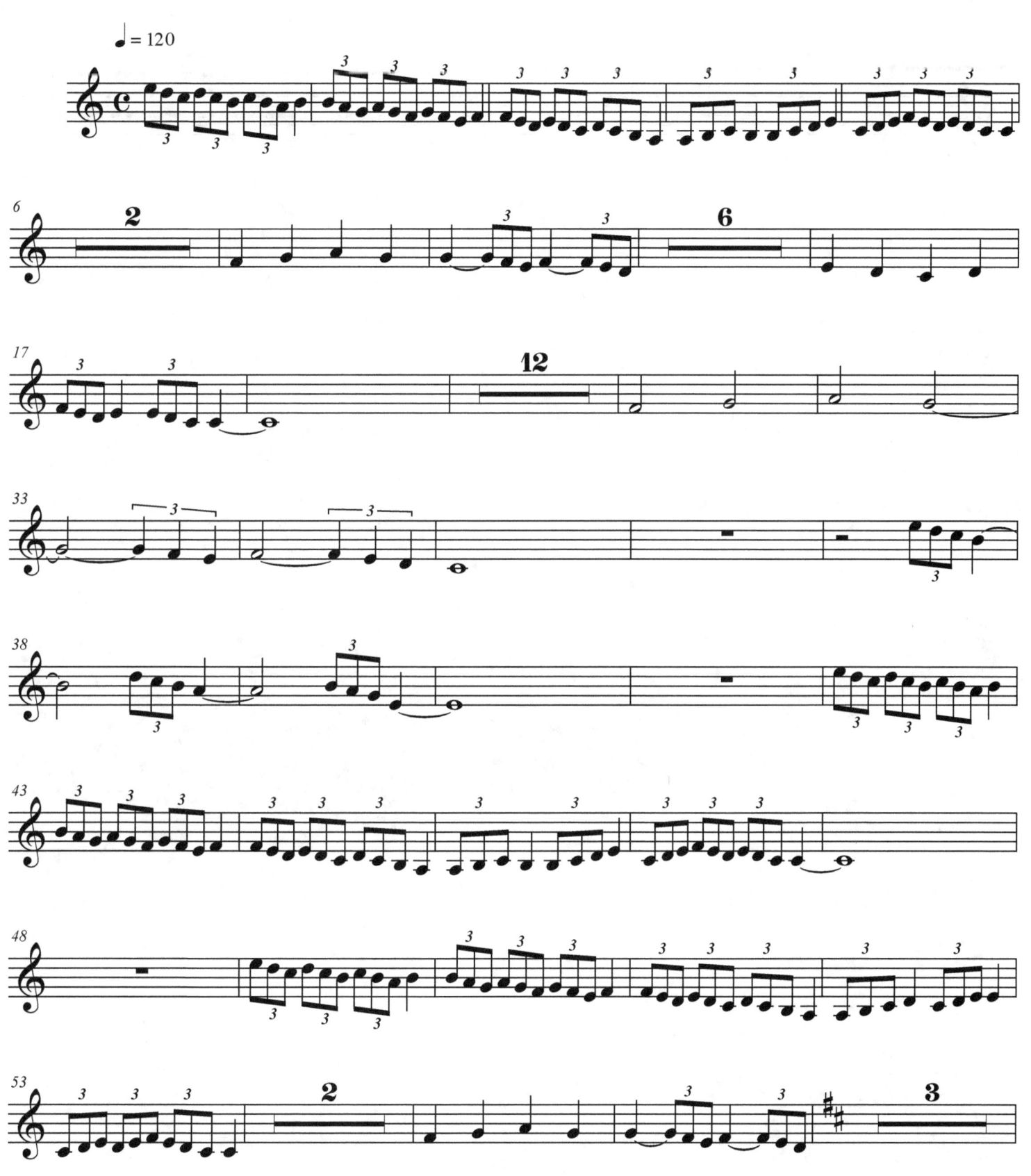

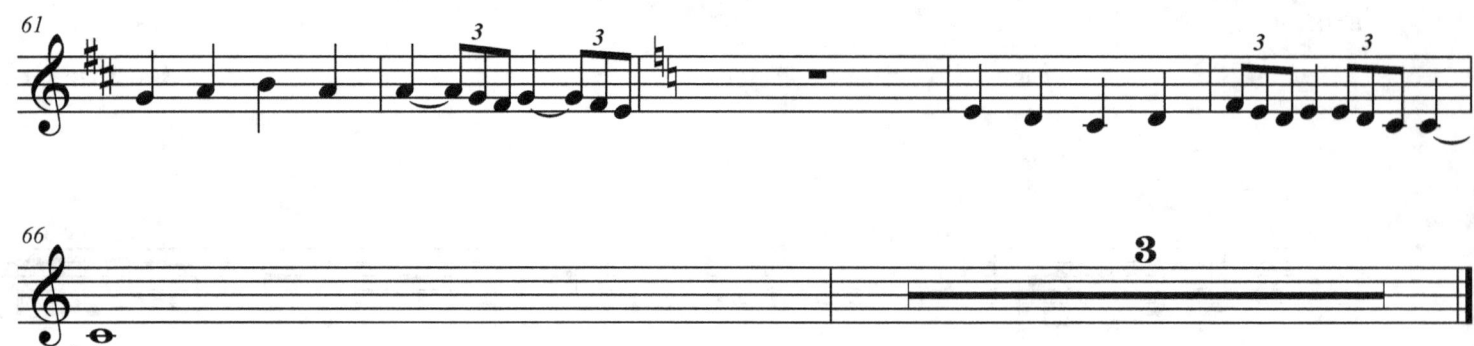

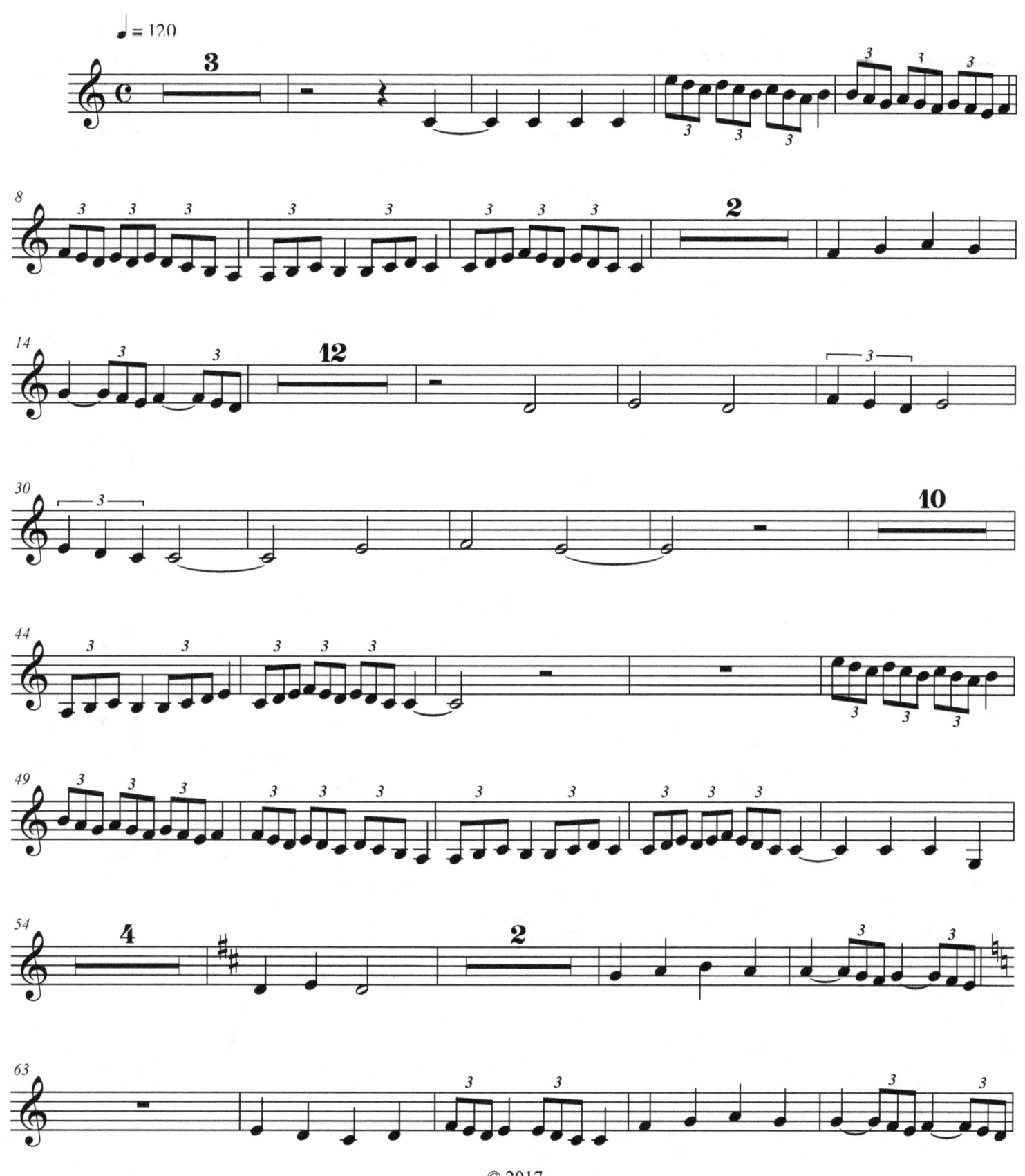

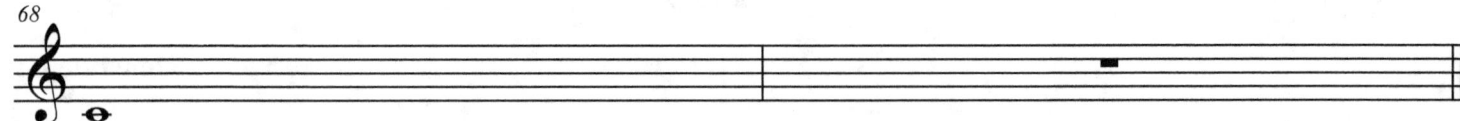

1001

Viola

Joost de Groot

♩ = 120

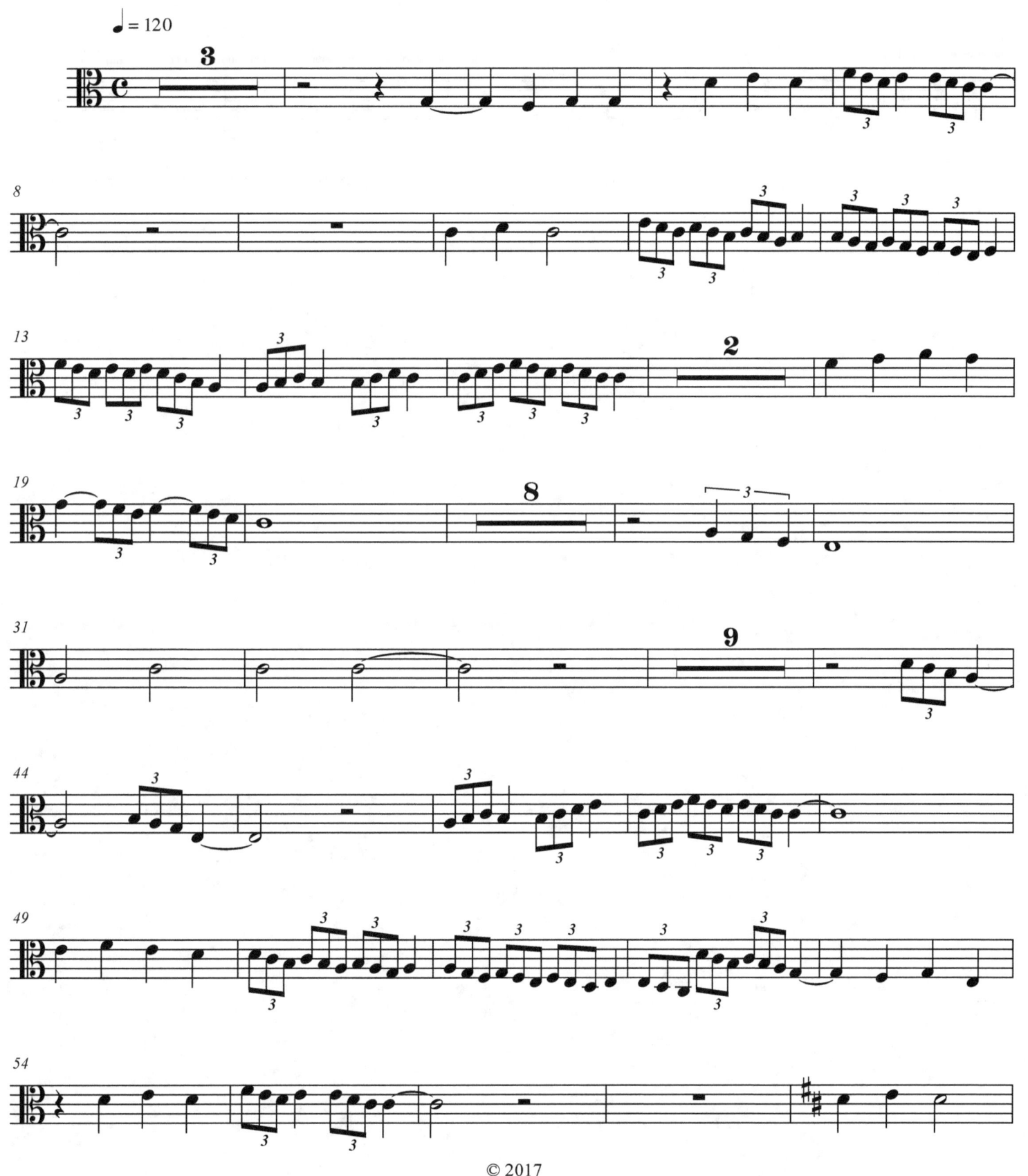

© 2017

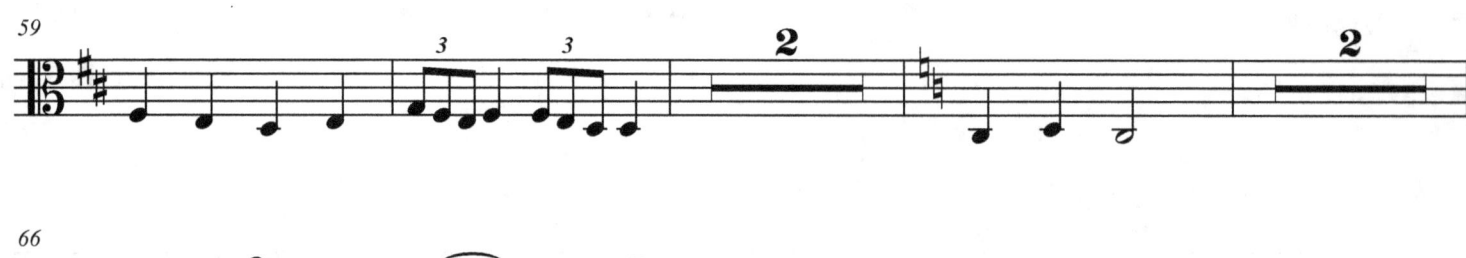
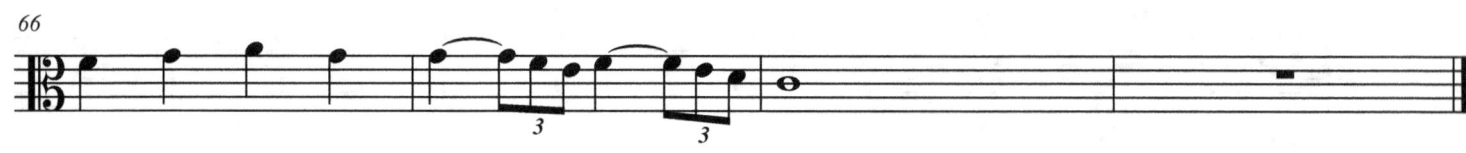

1001

Joost de Groot

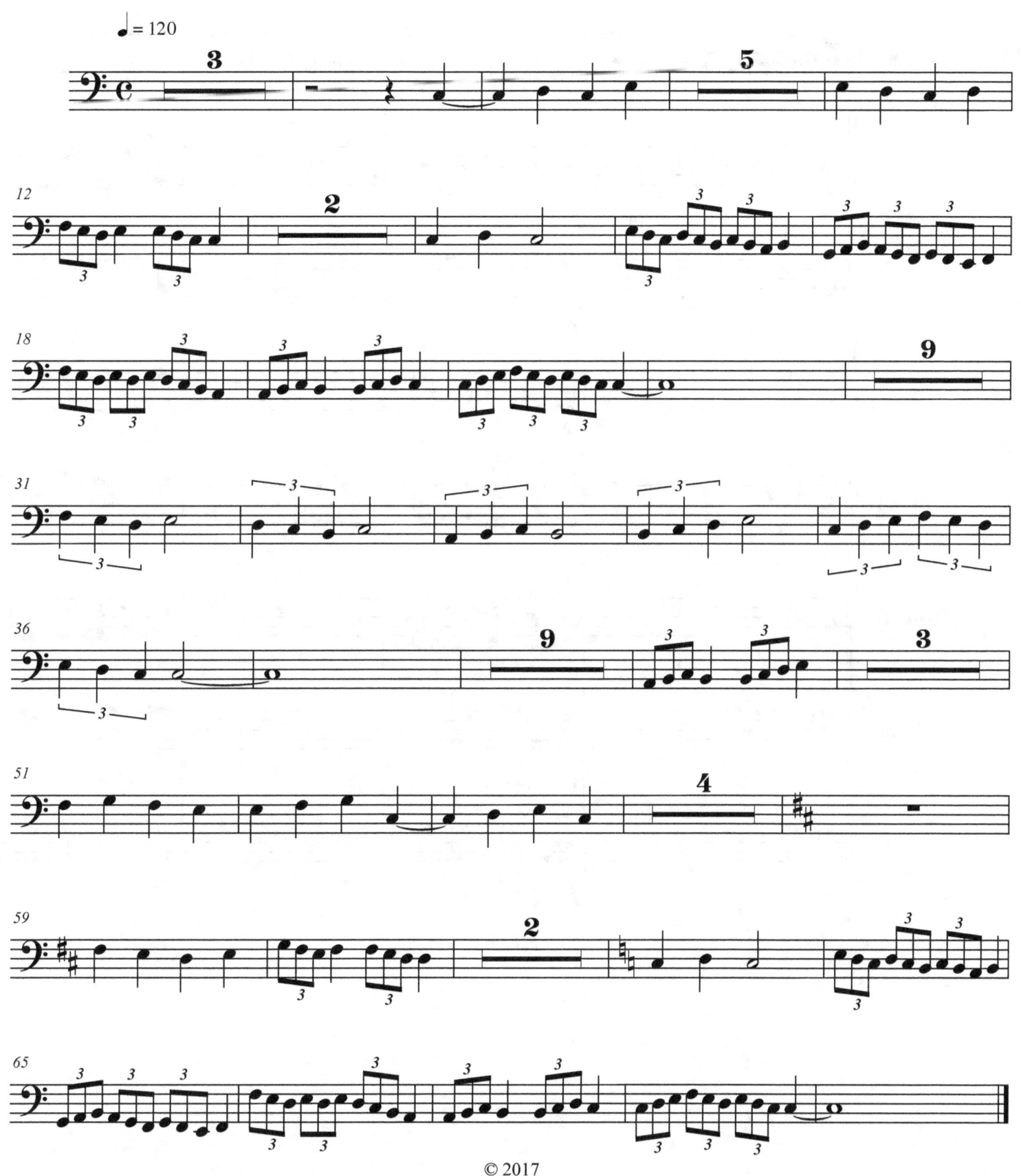

0101

Joost de Groot

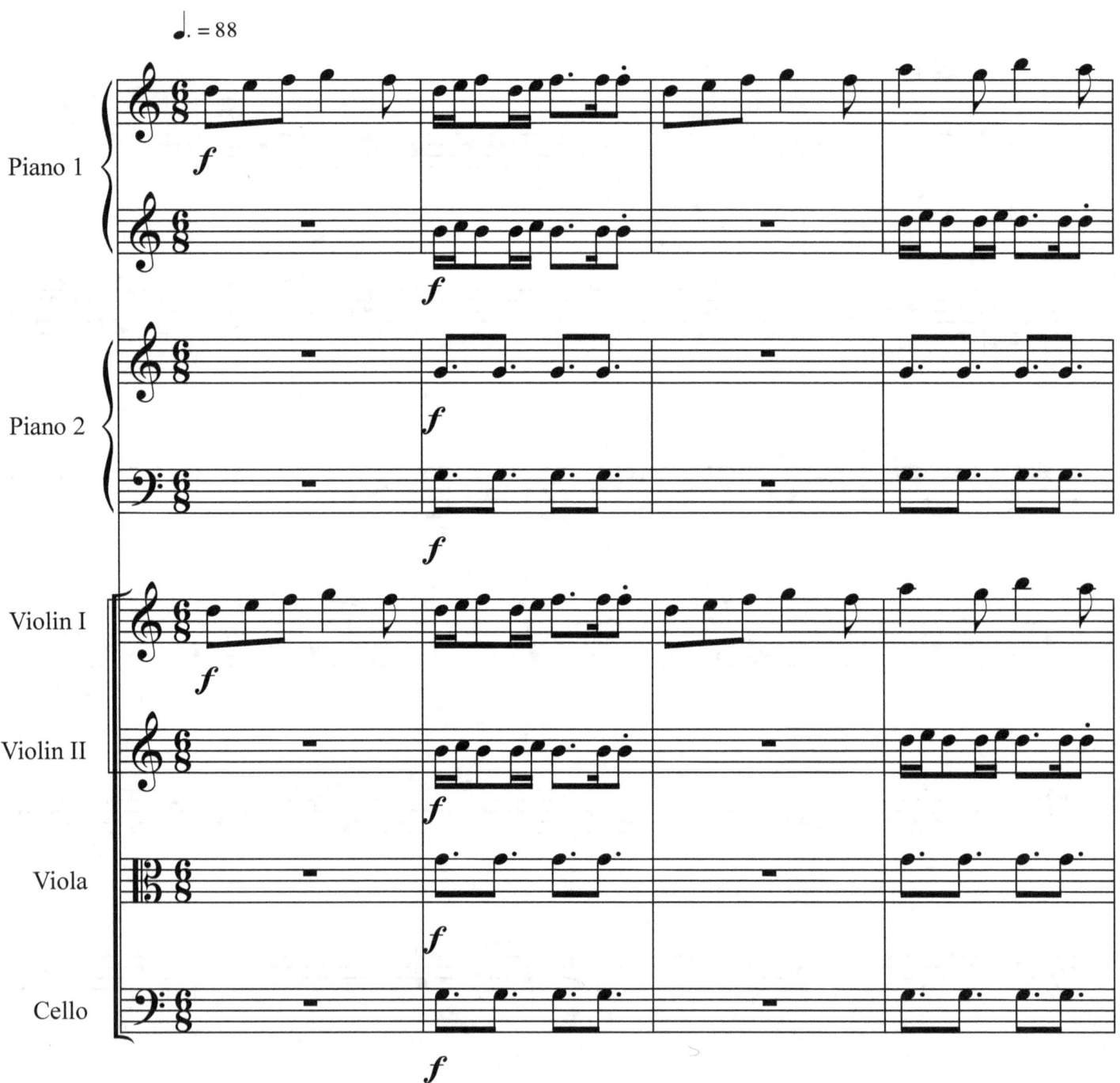

© 2017

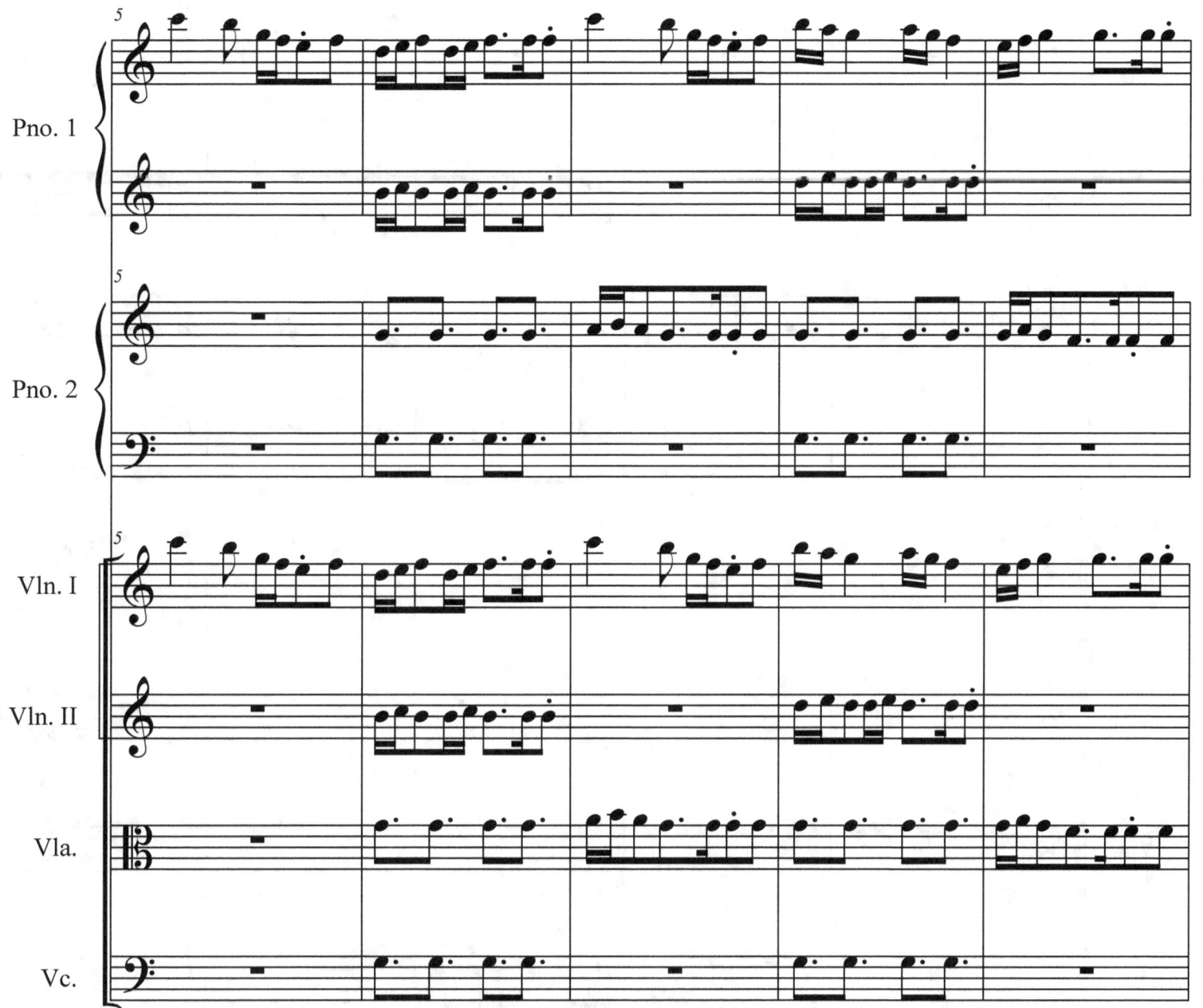

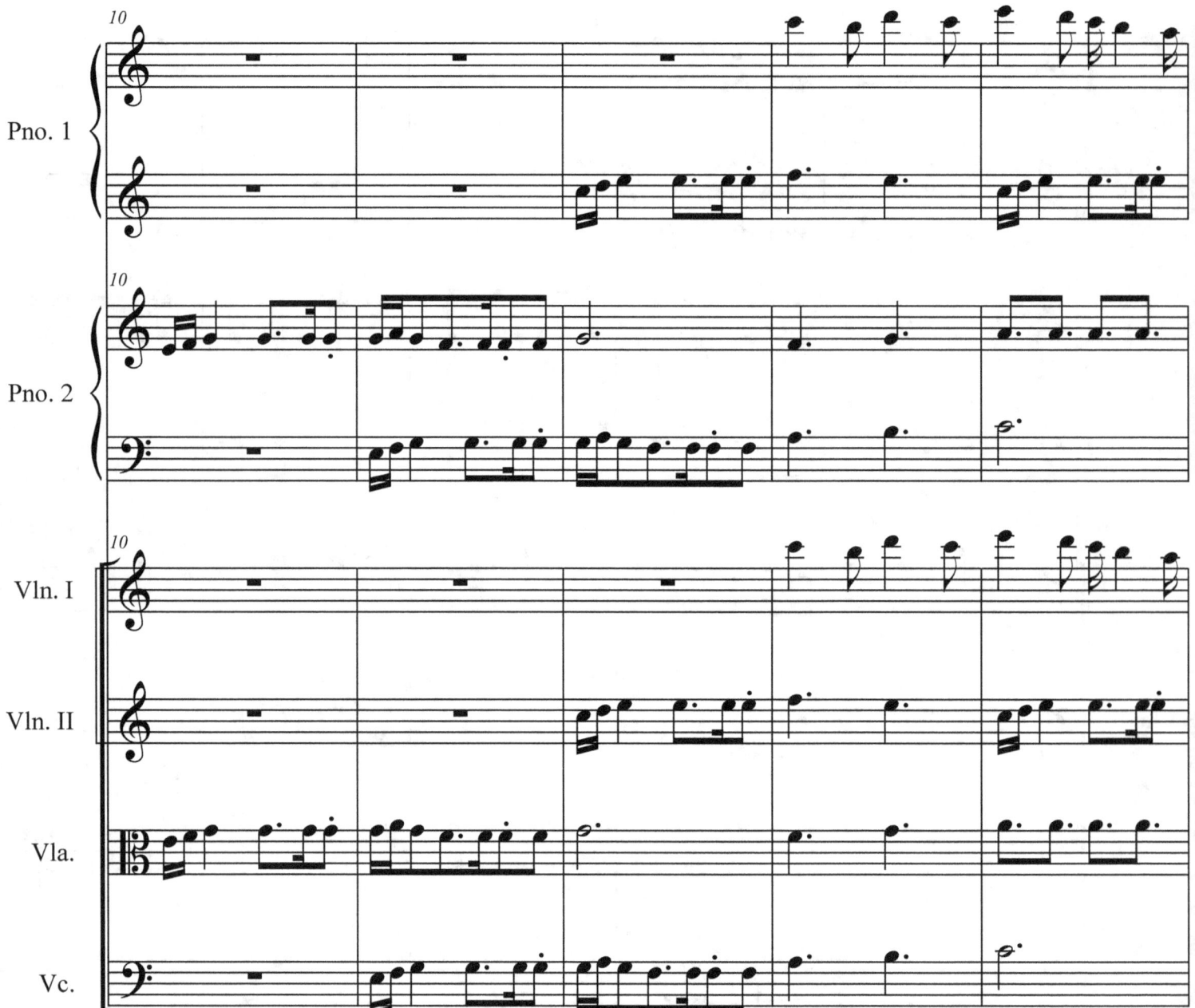

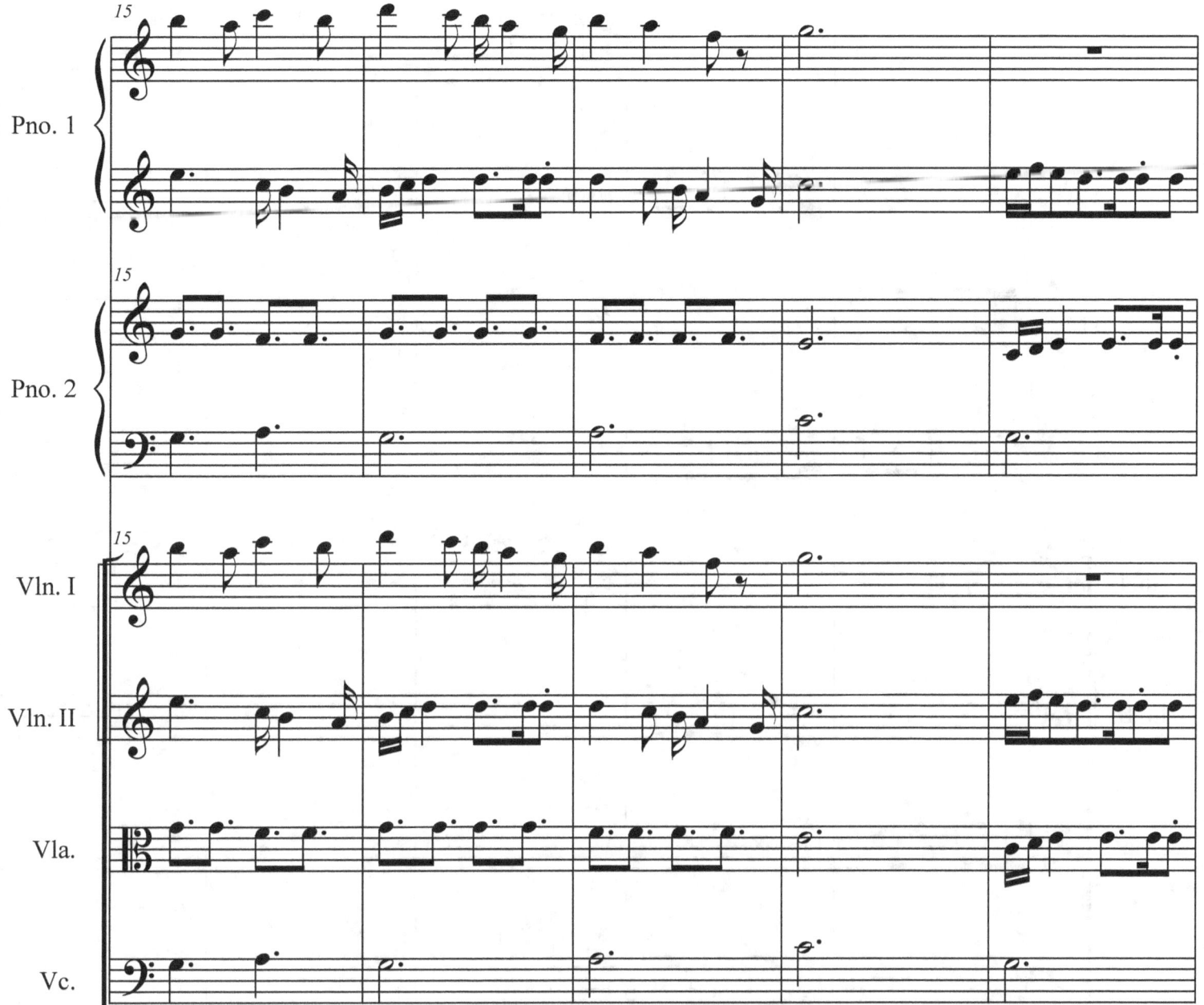

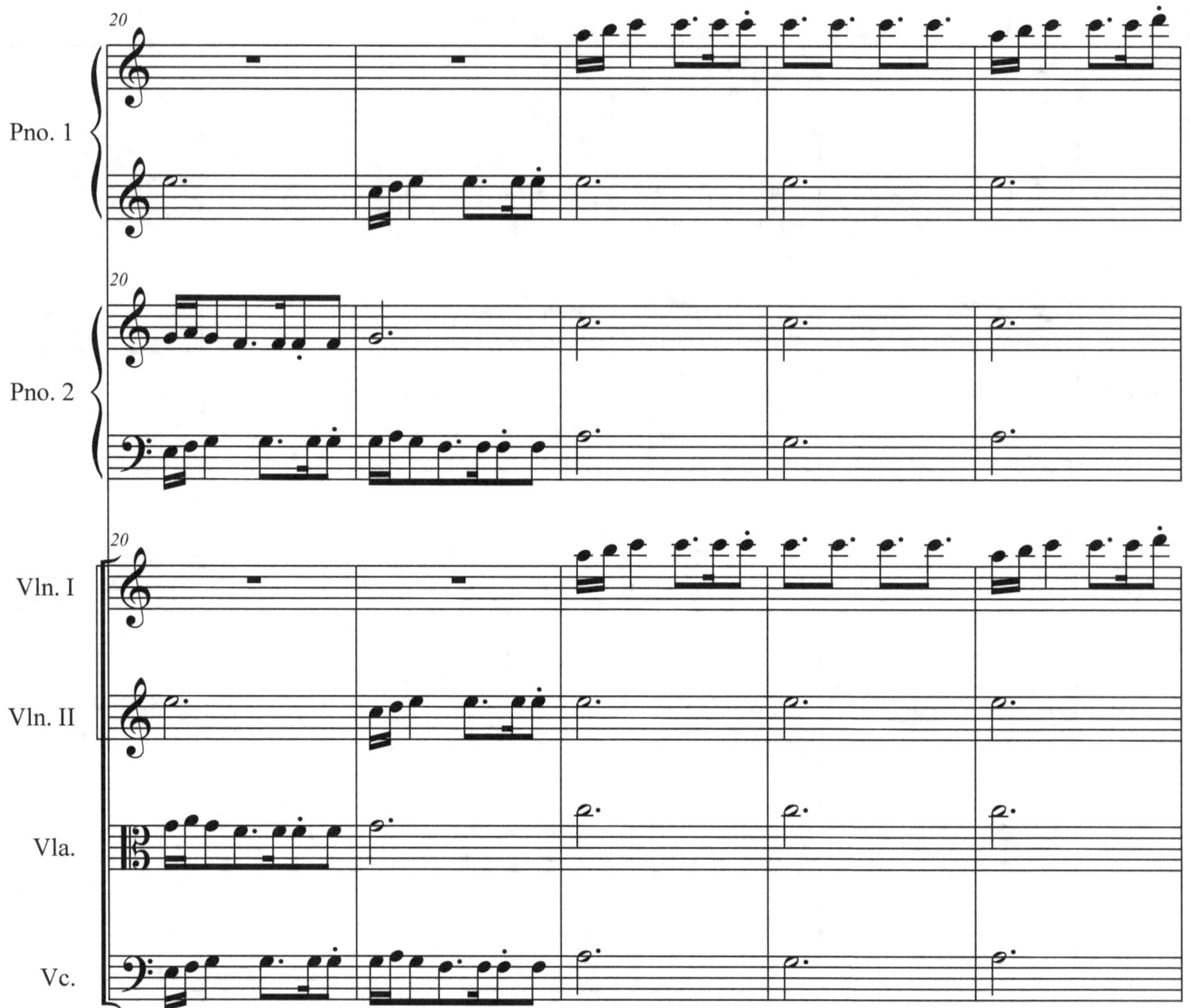

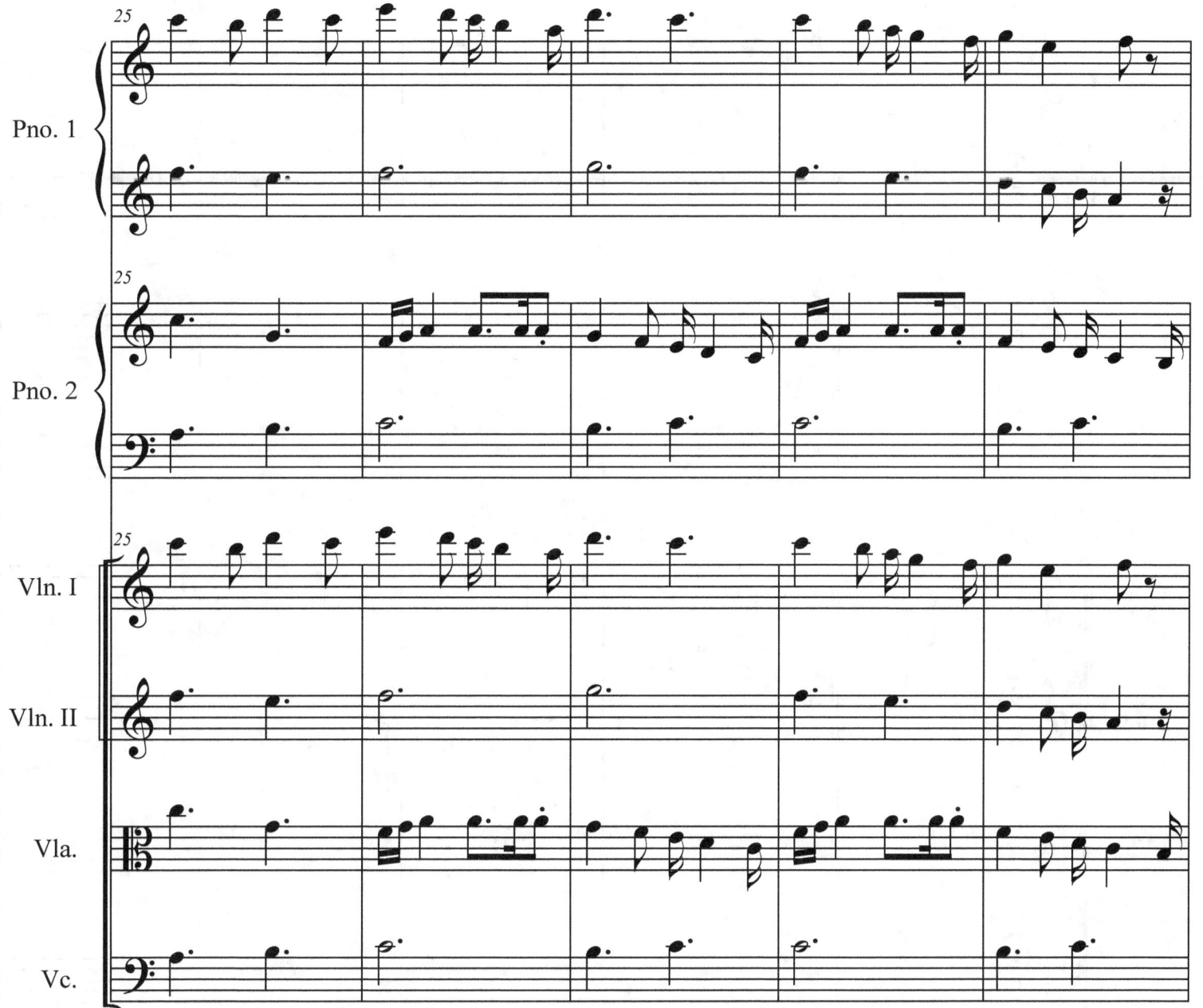

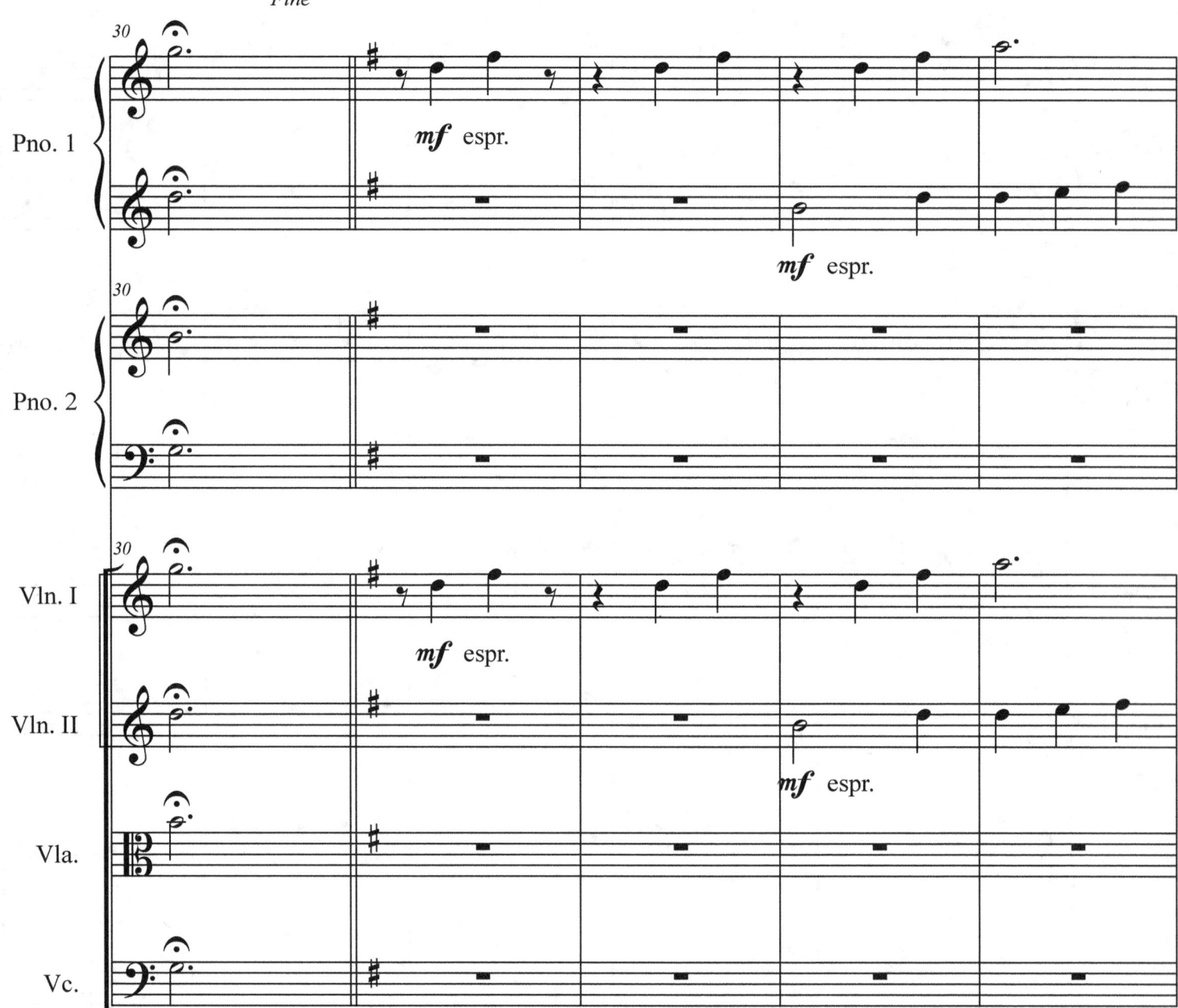

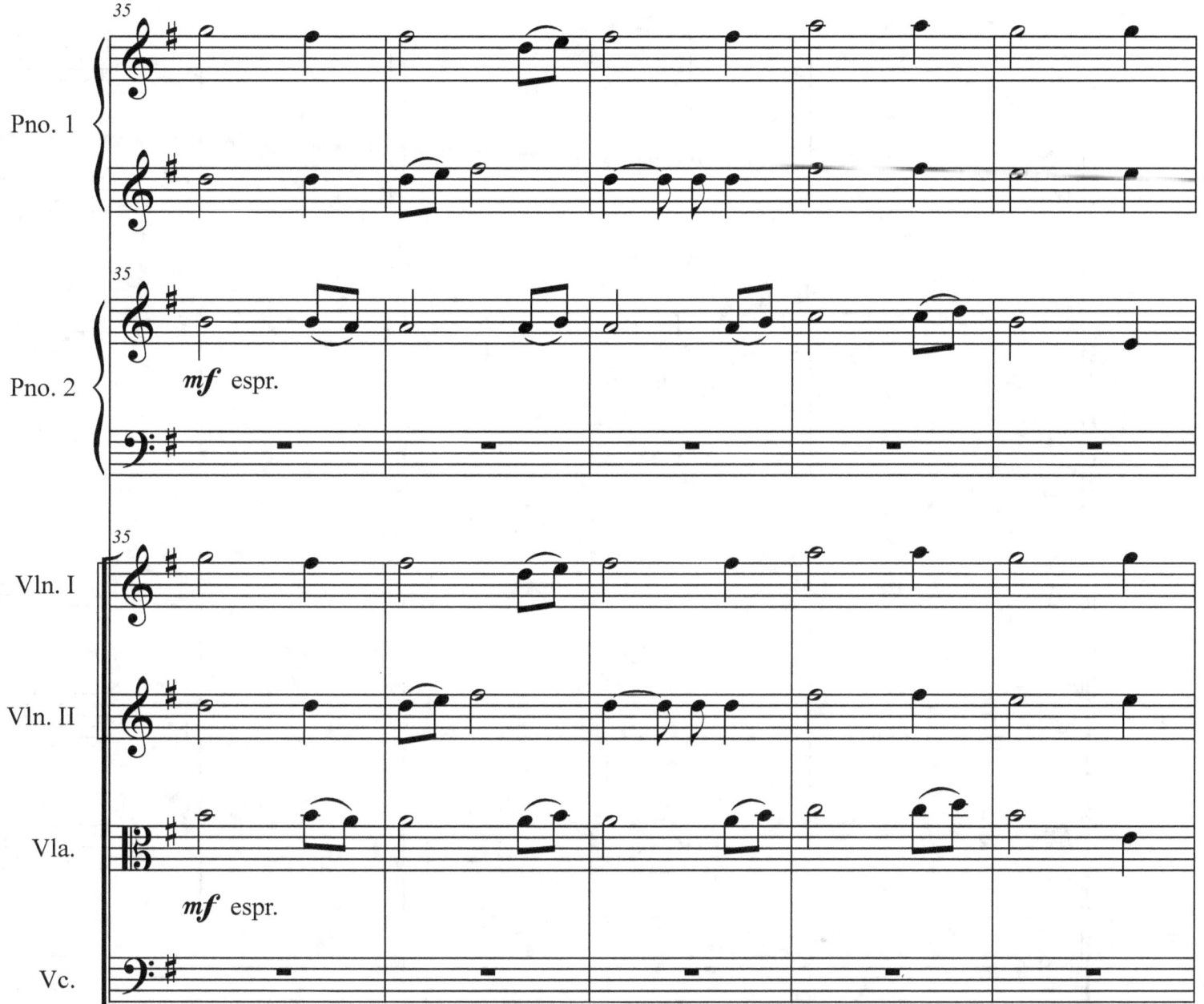

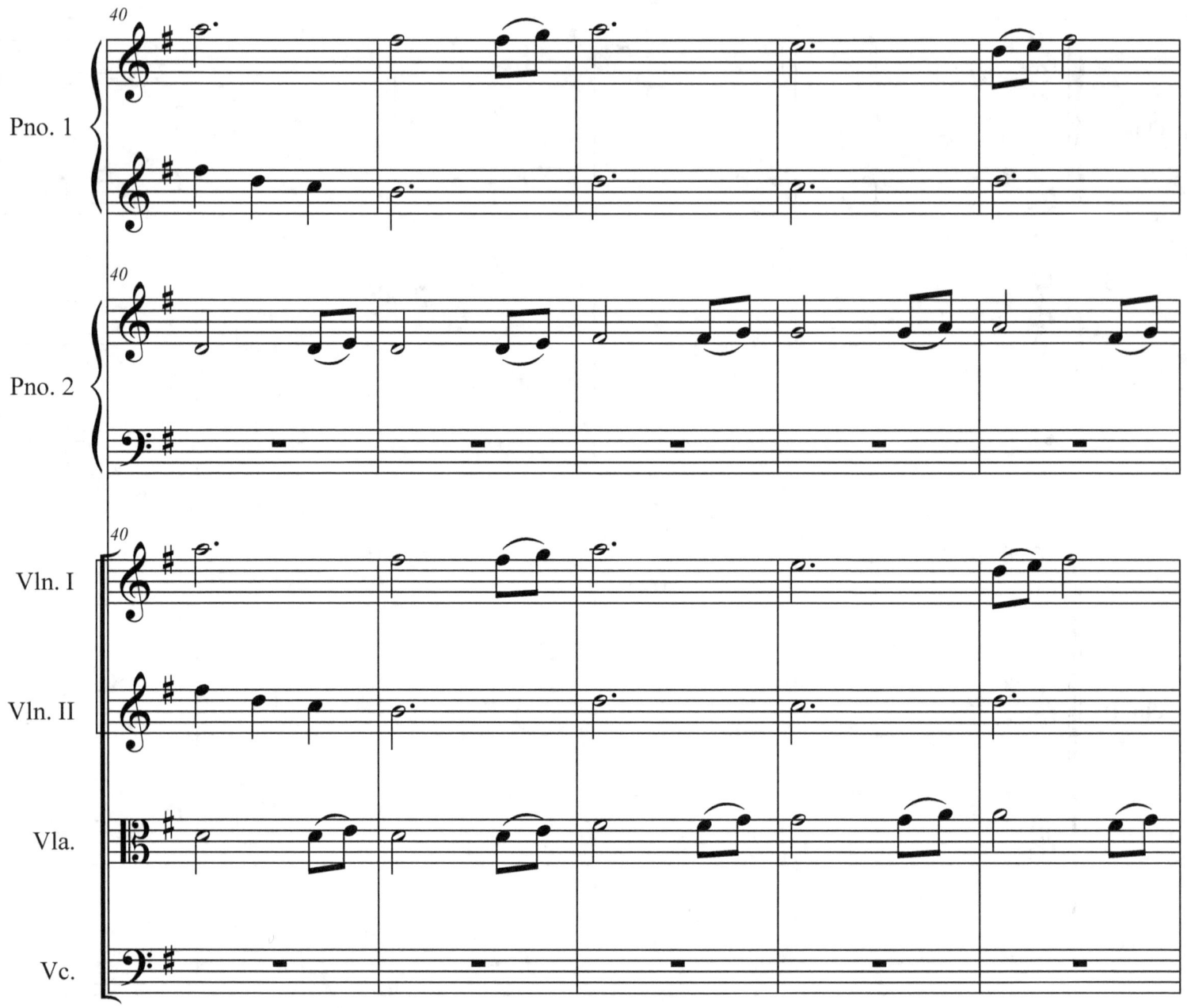

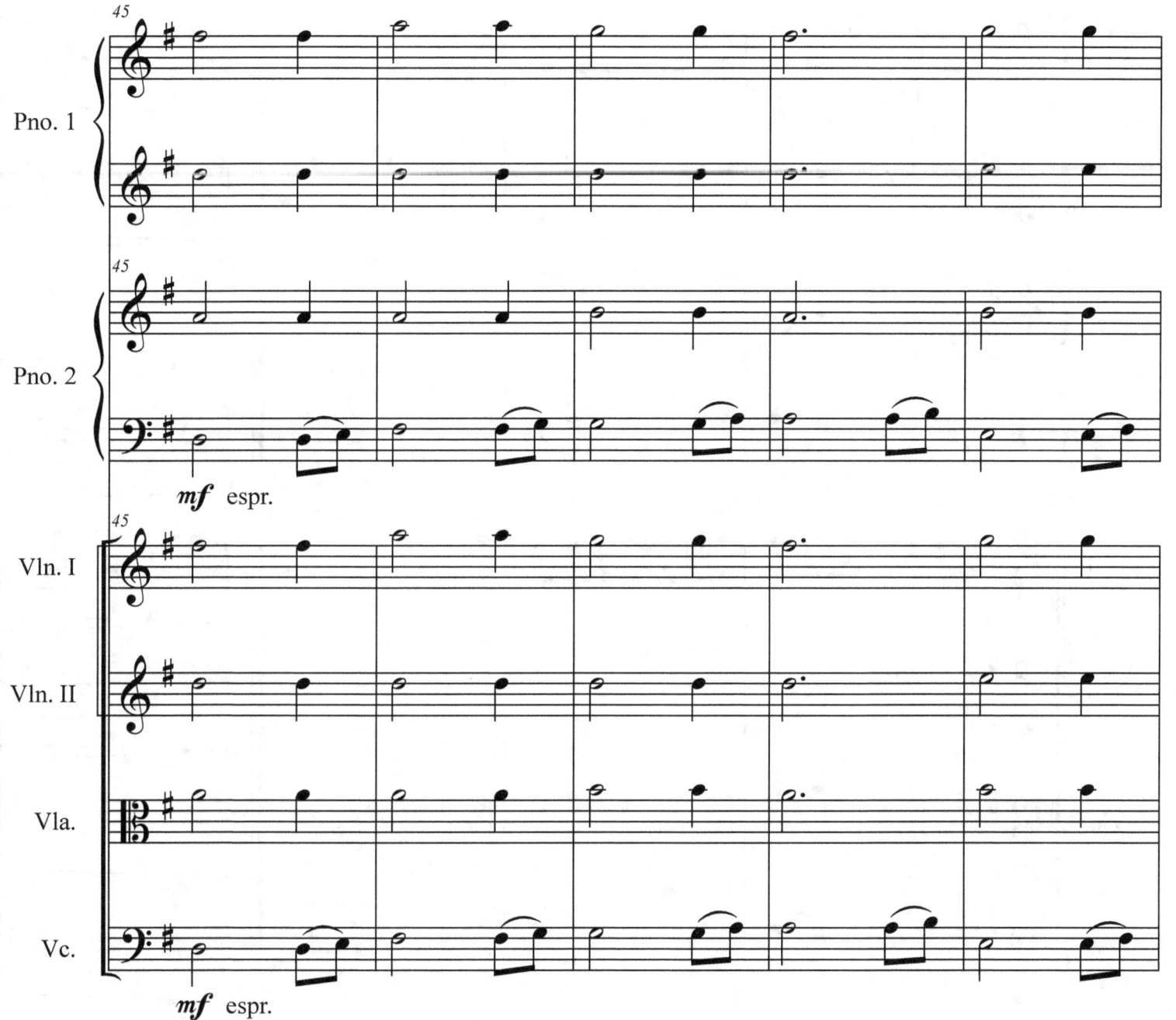

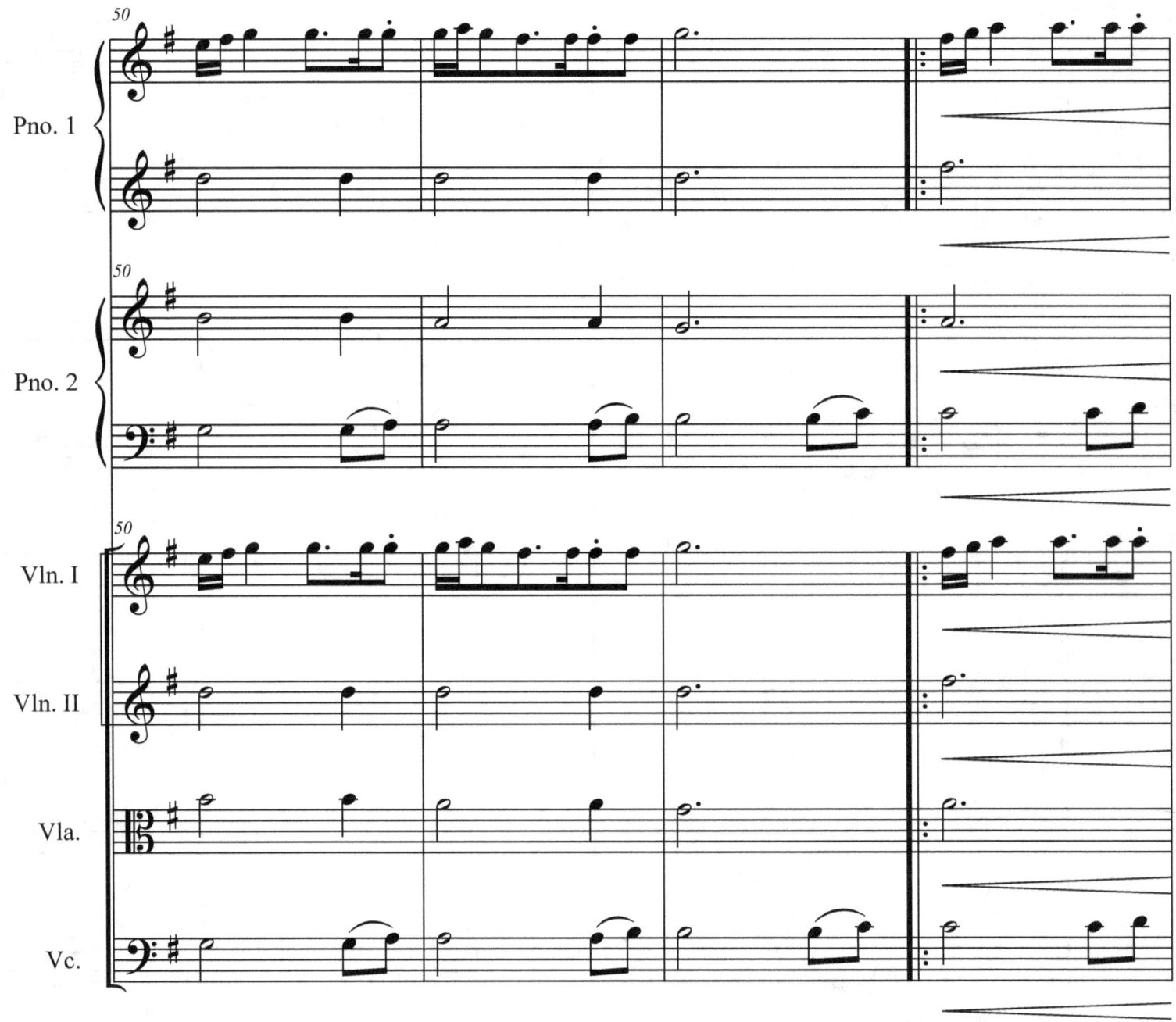

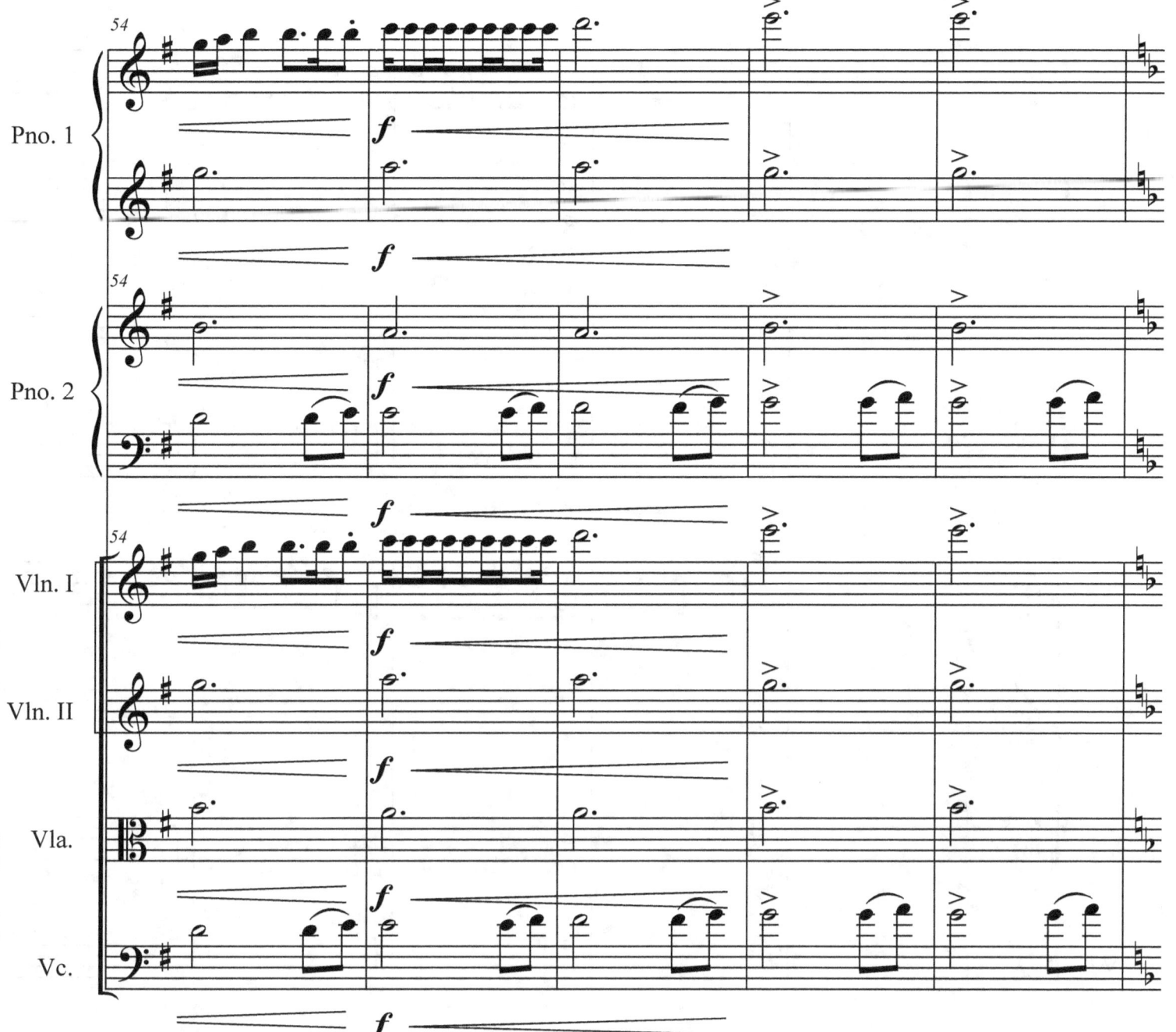

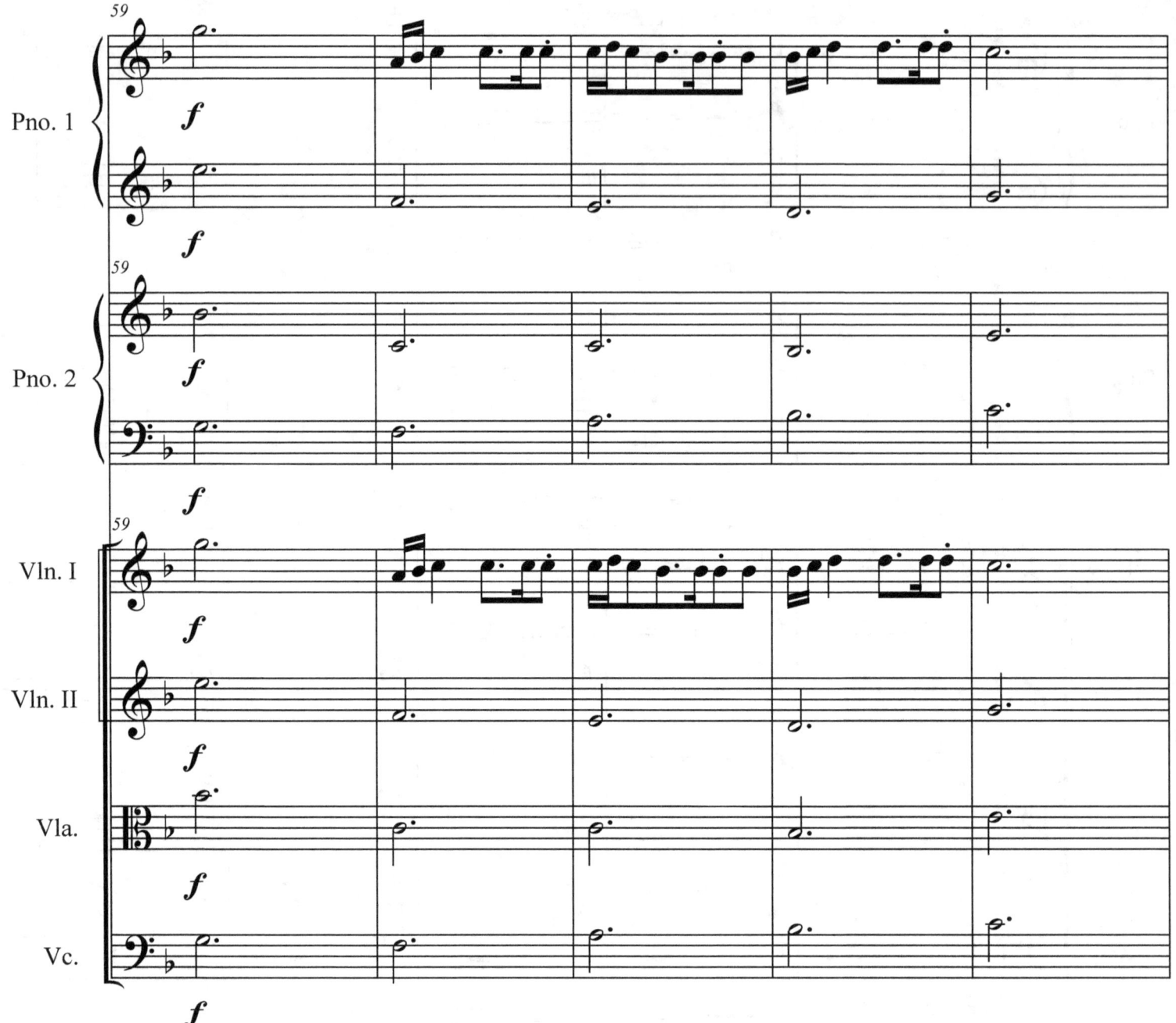

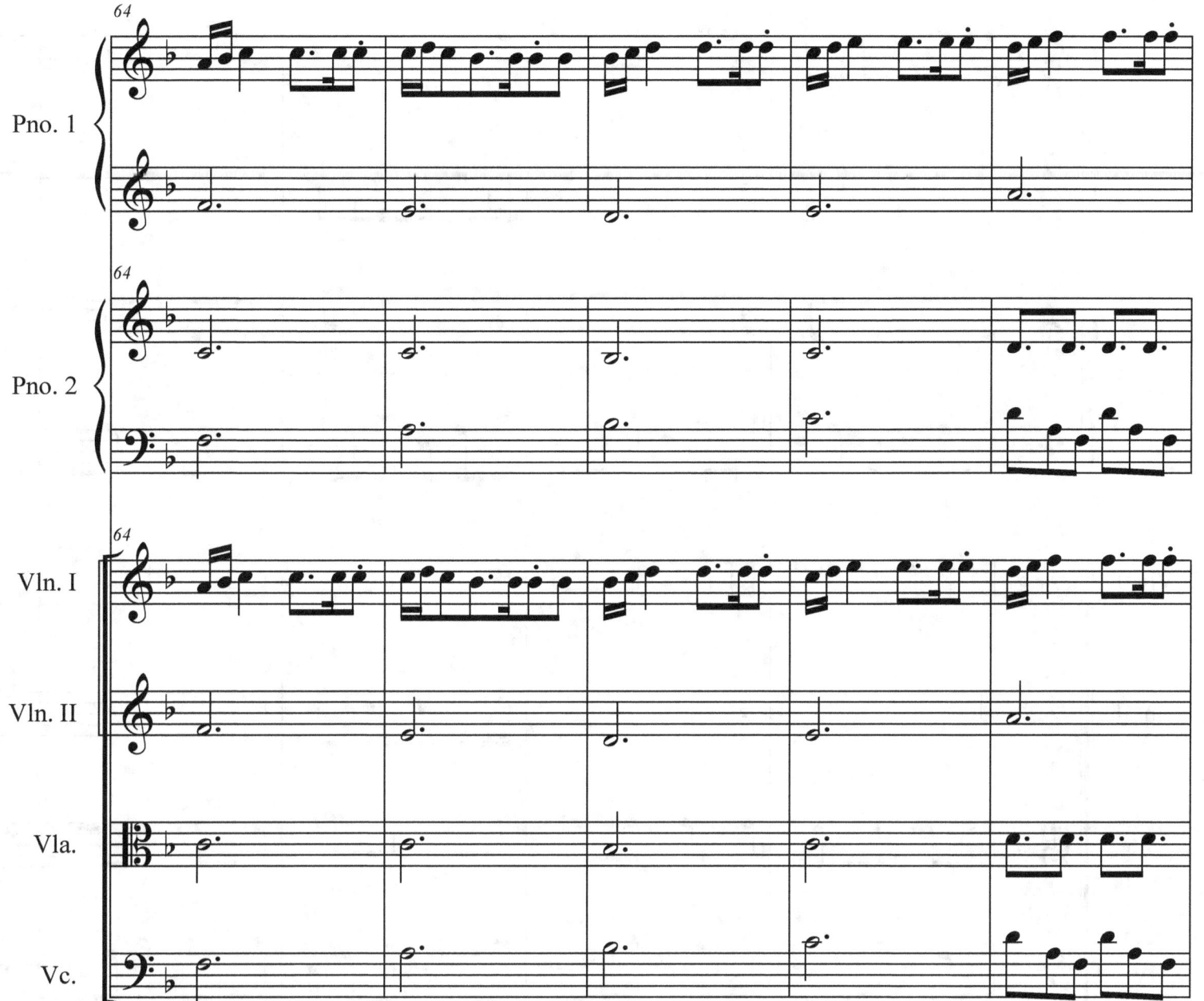

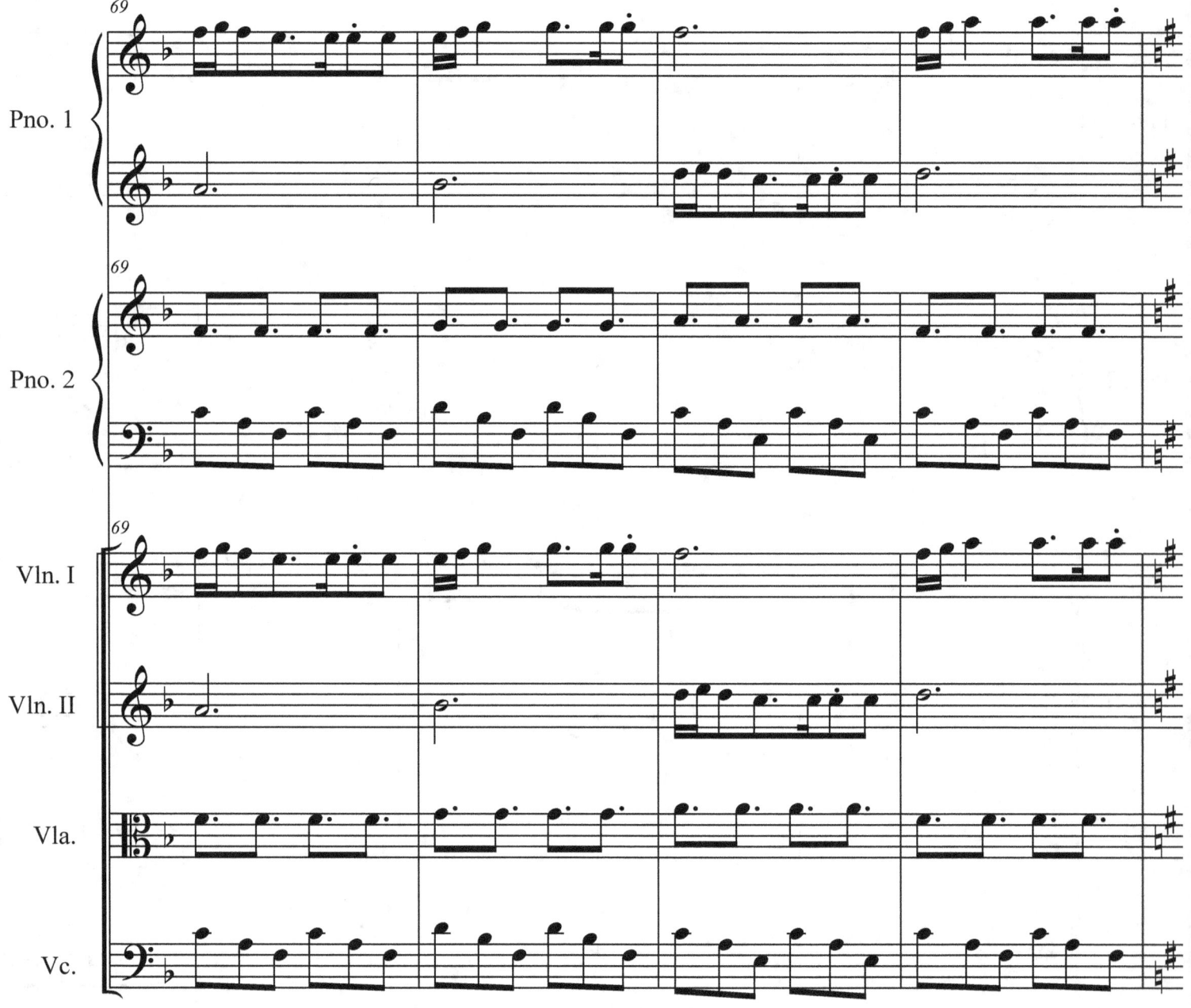

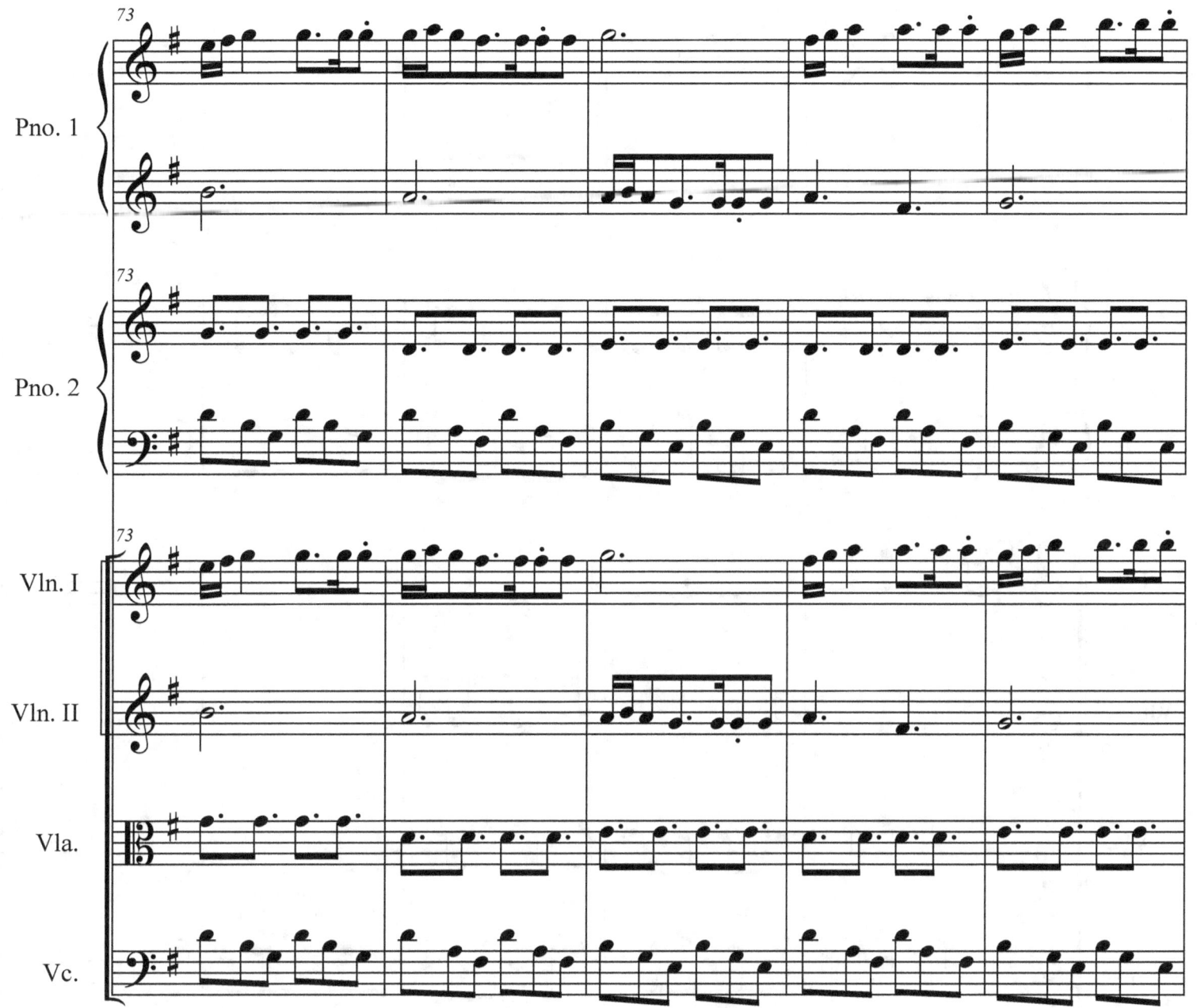

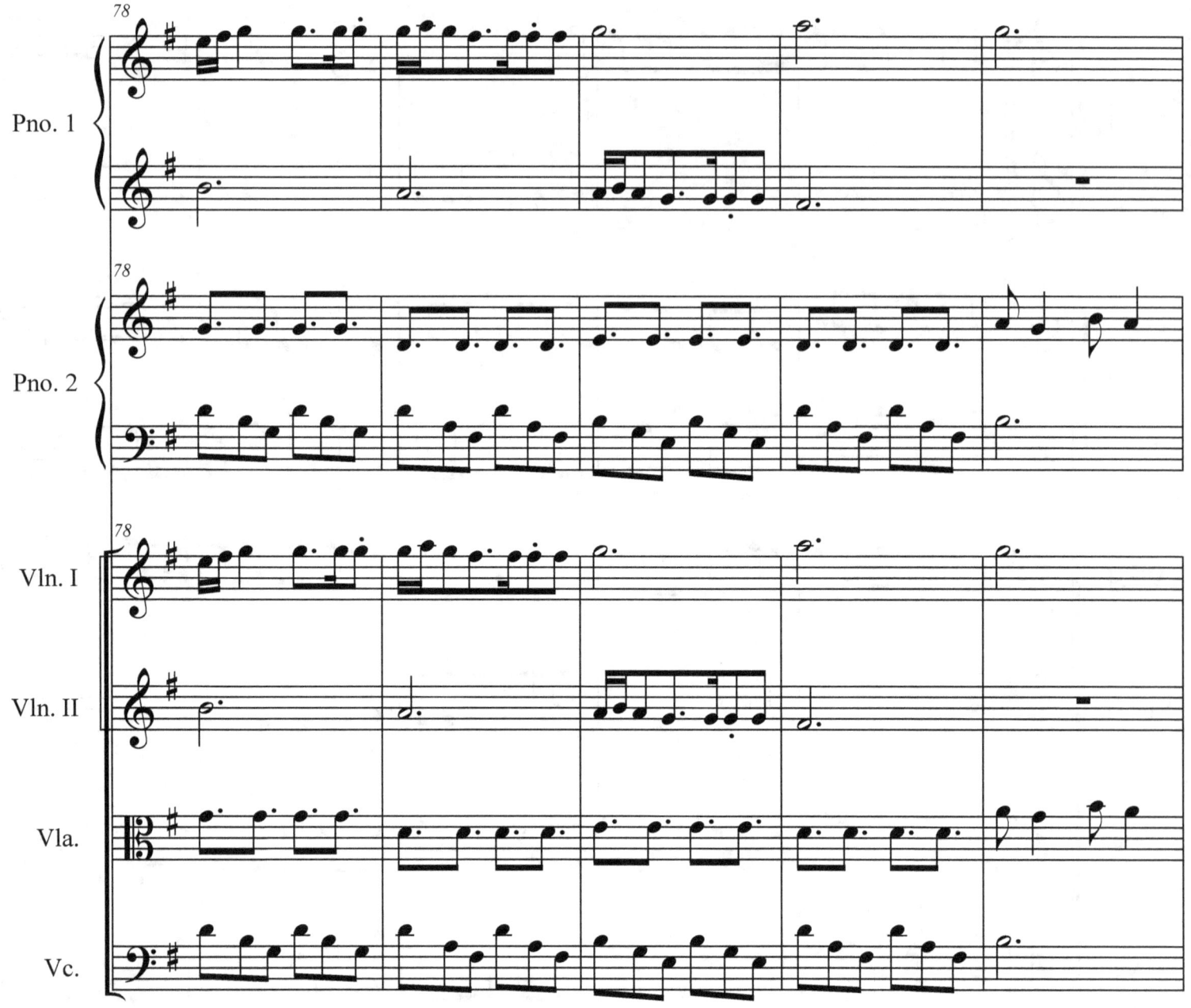

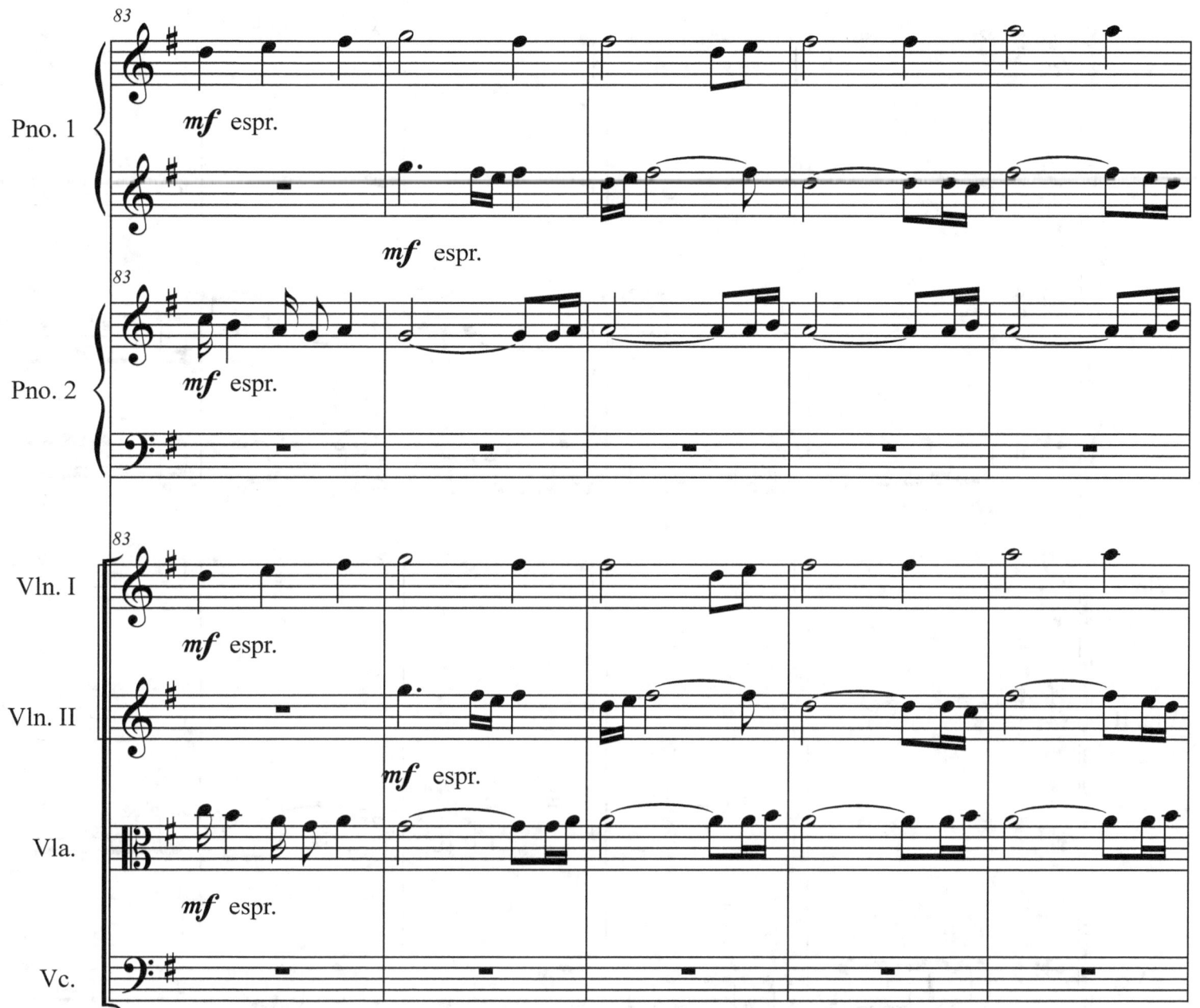

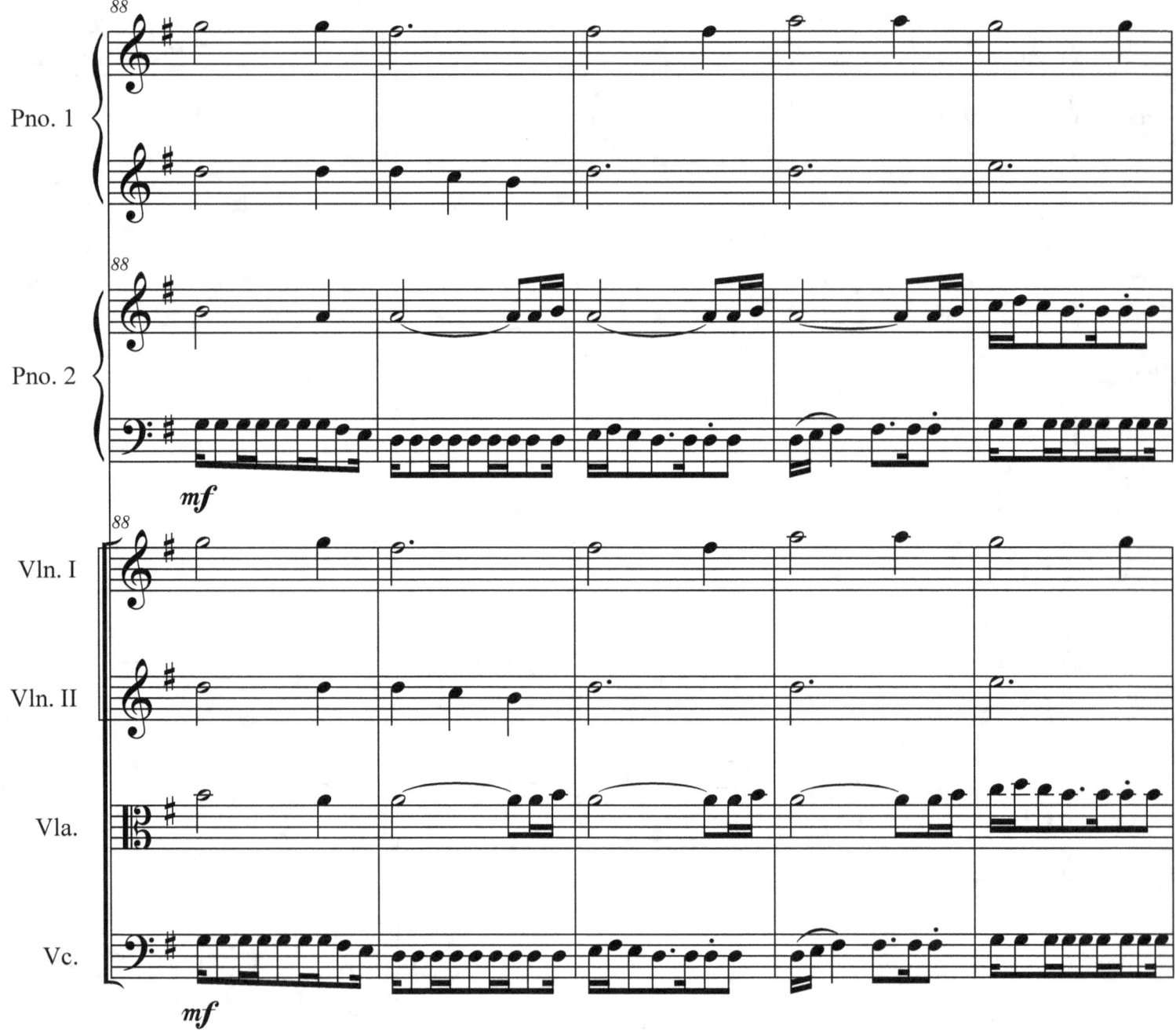

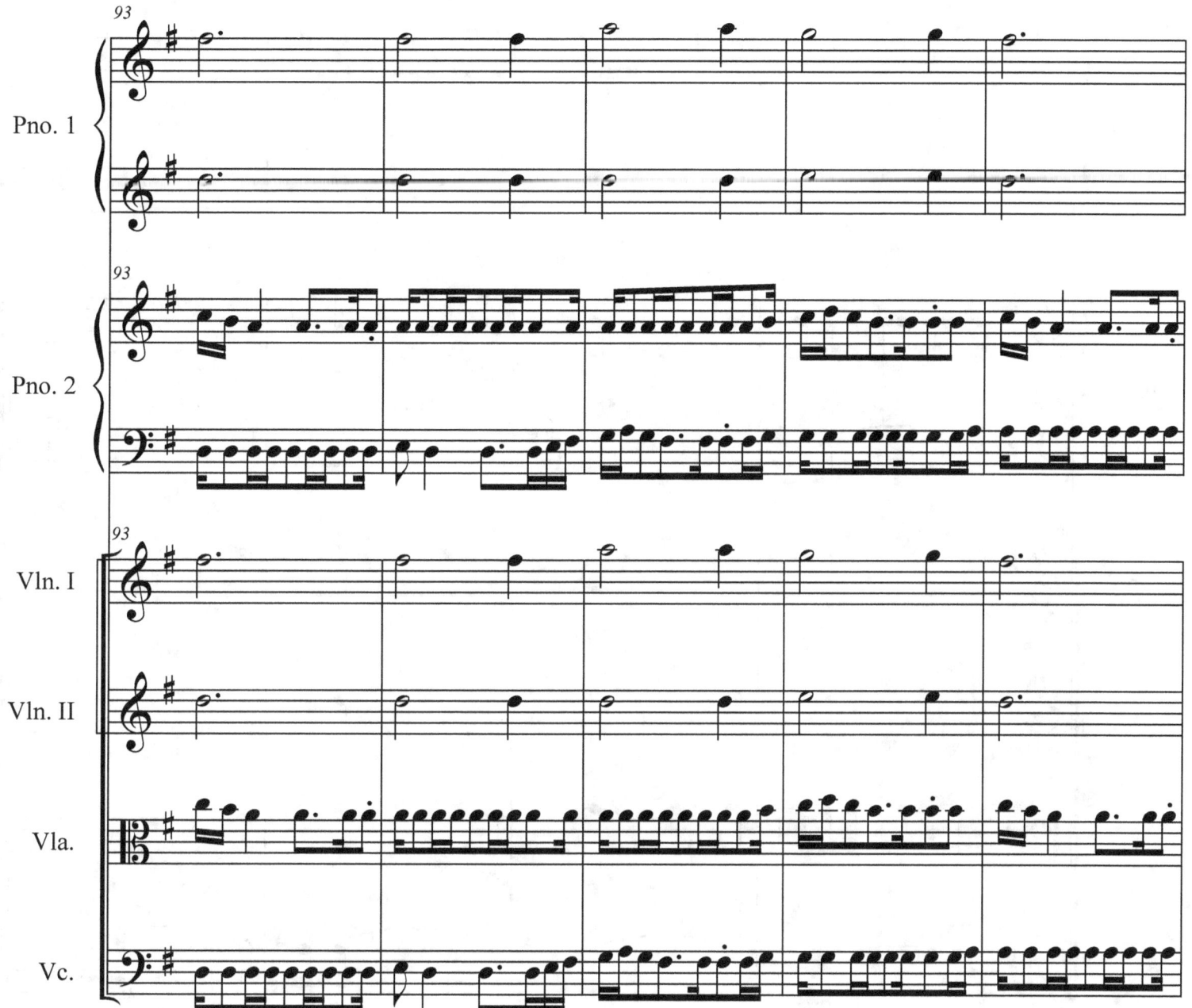

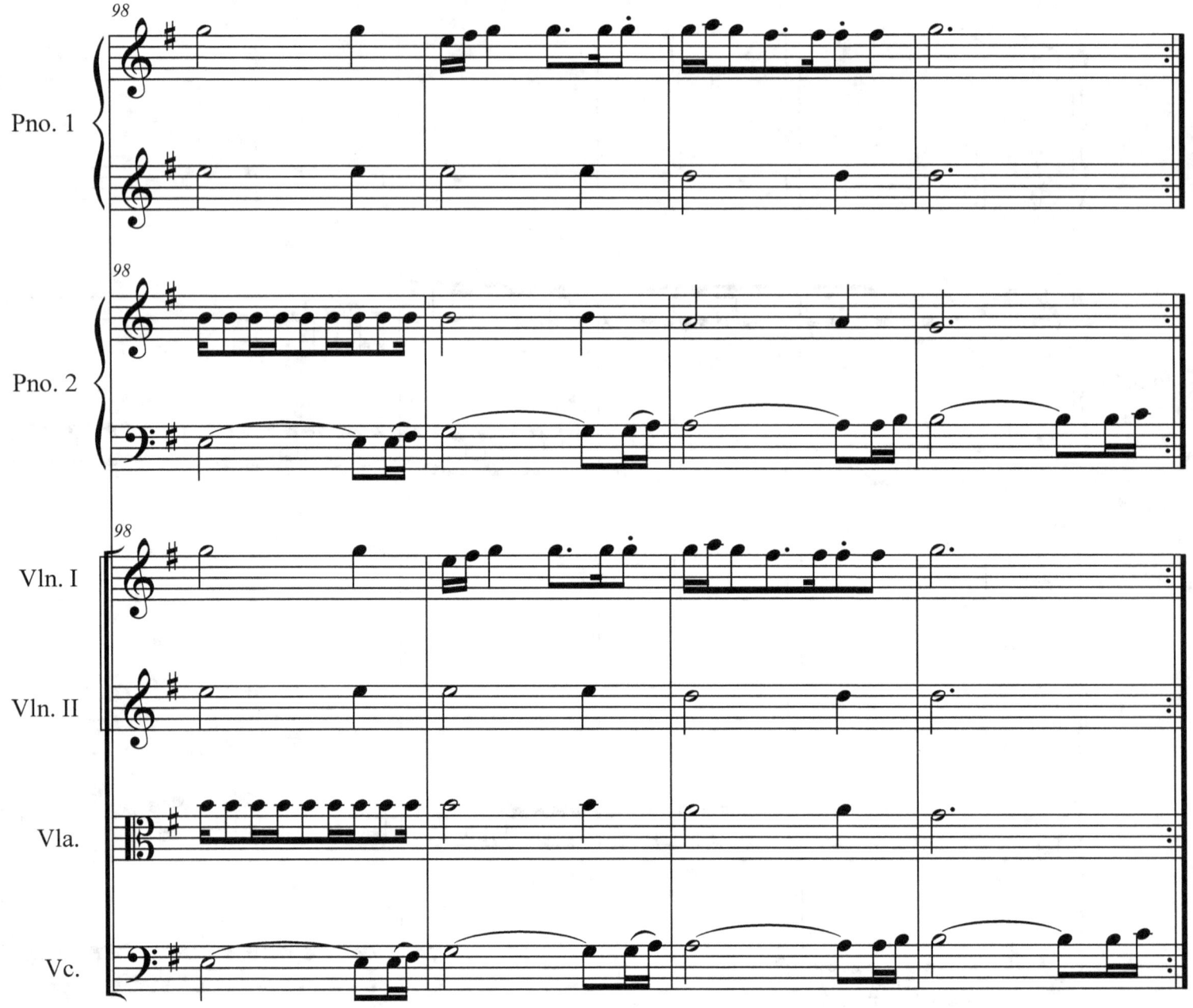

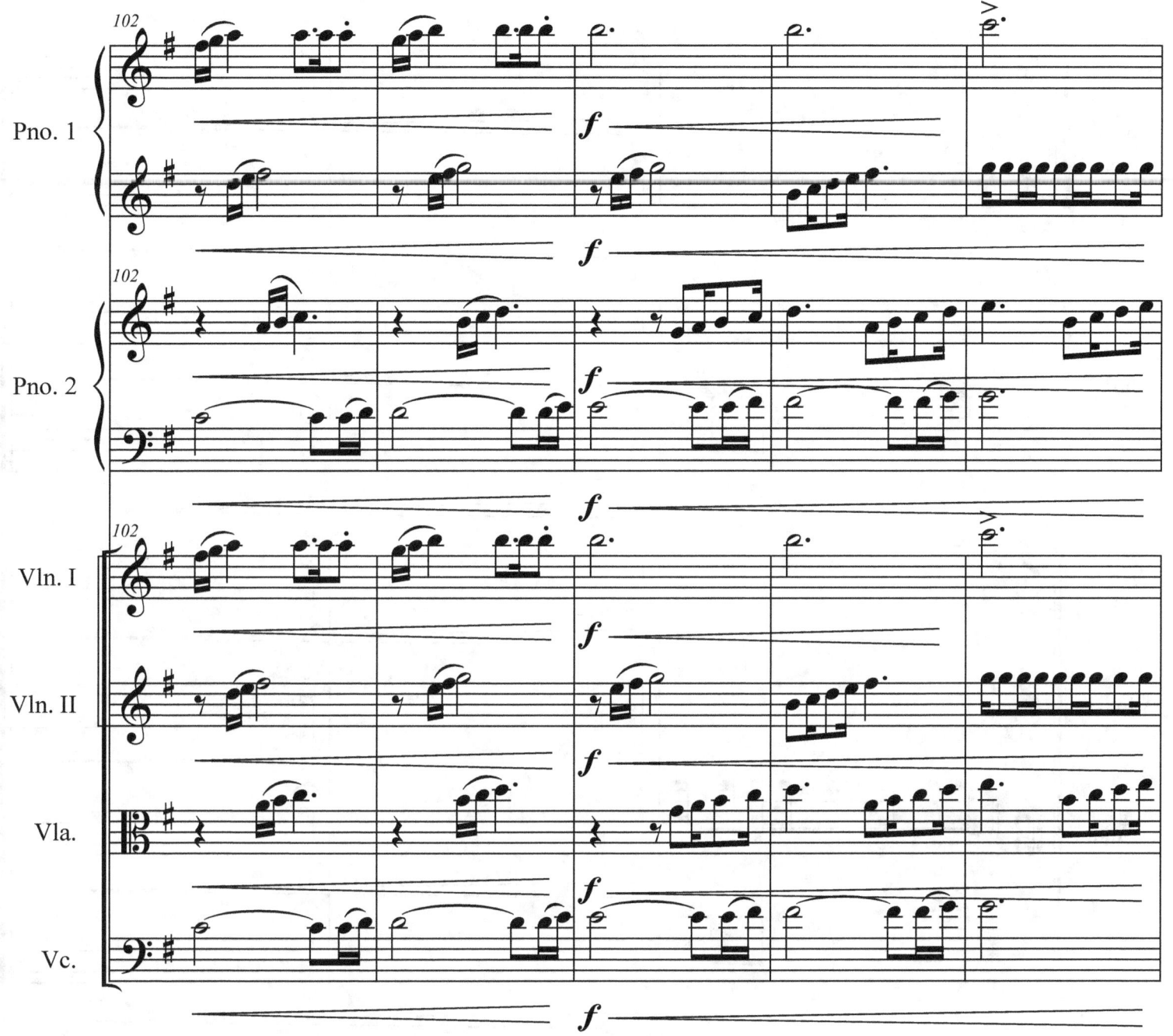

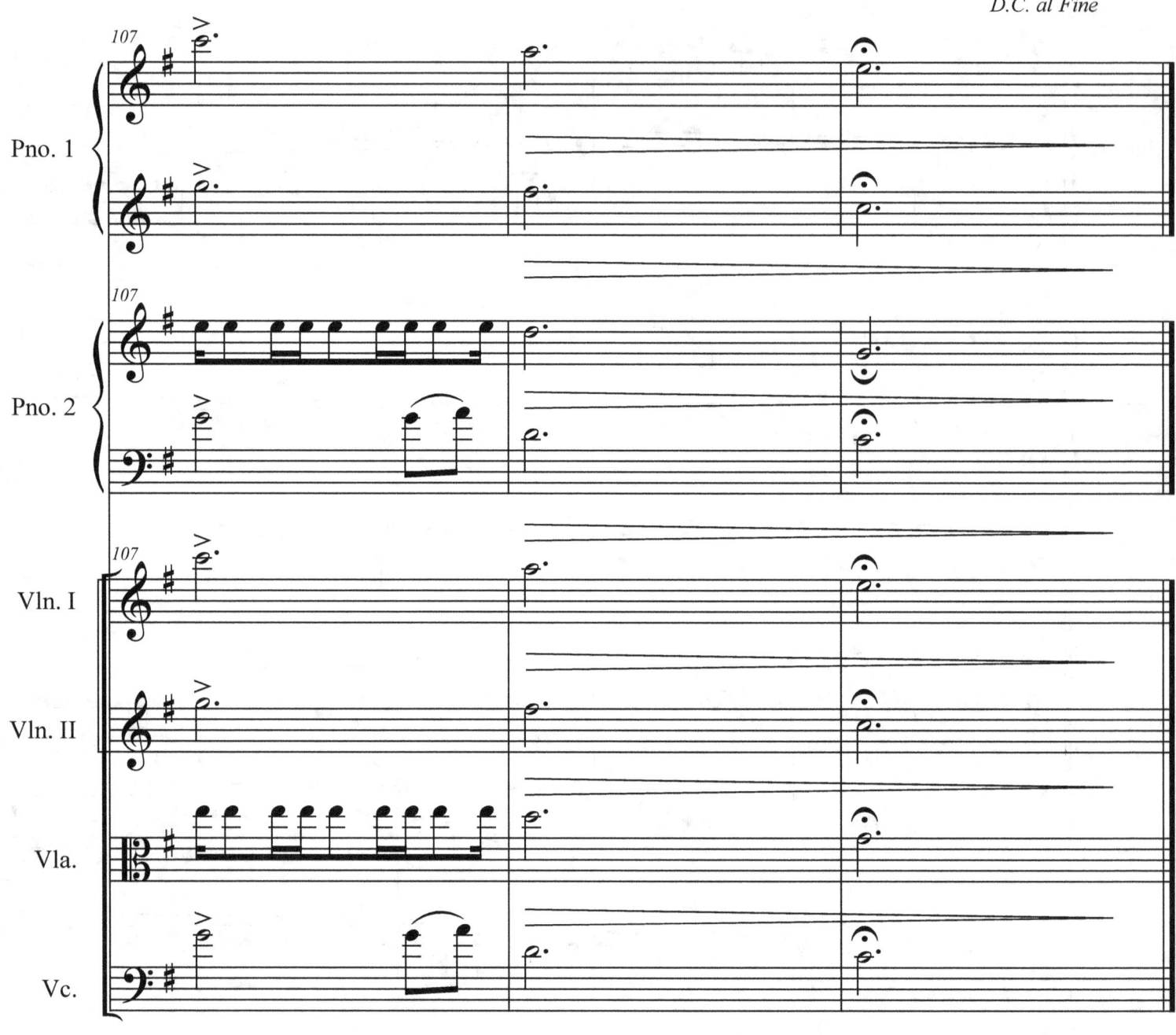

Piano 1

0101

Joost de Groot

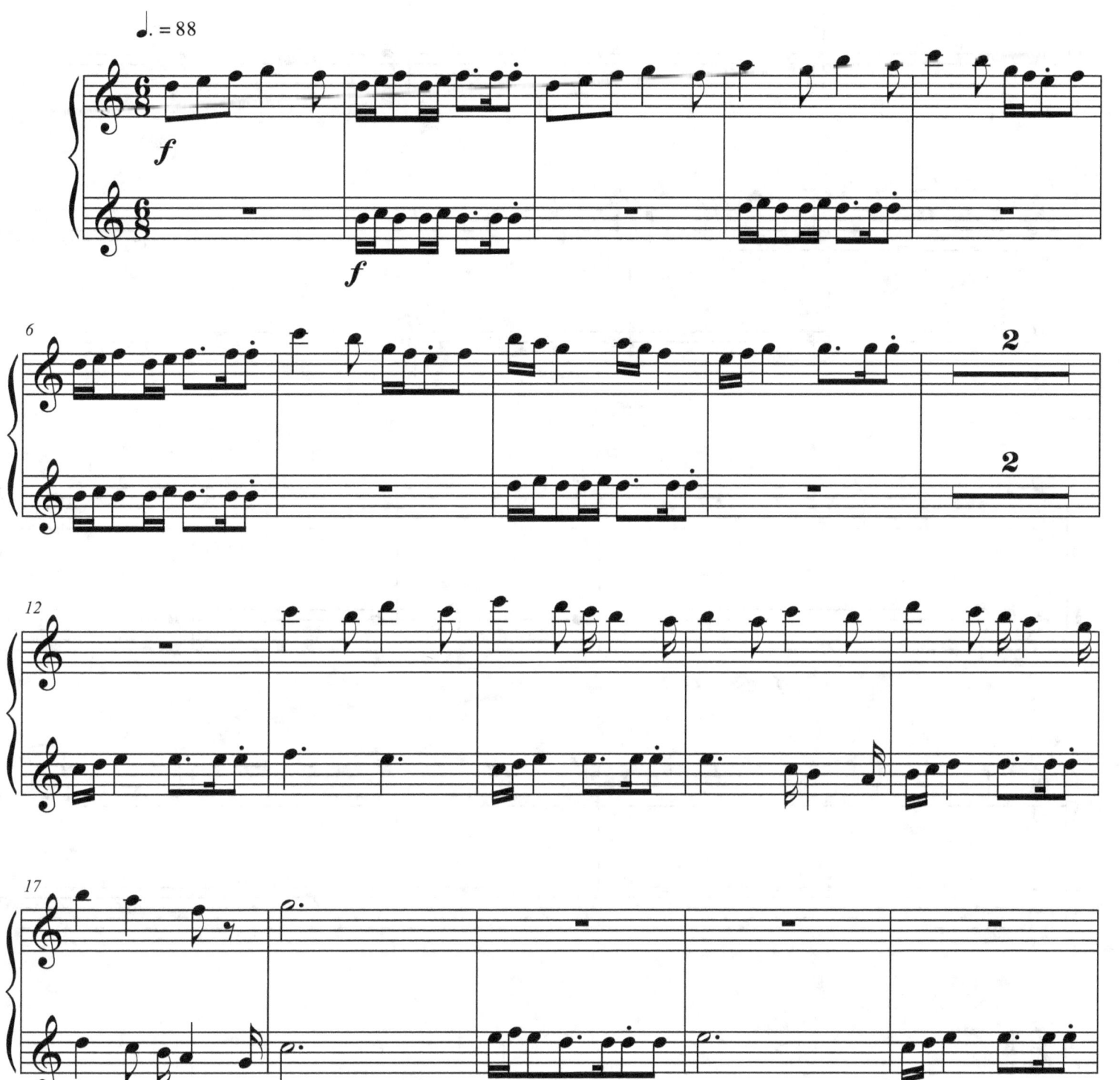

© 2017

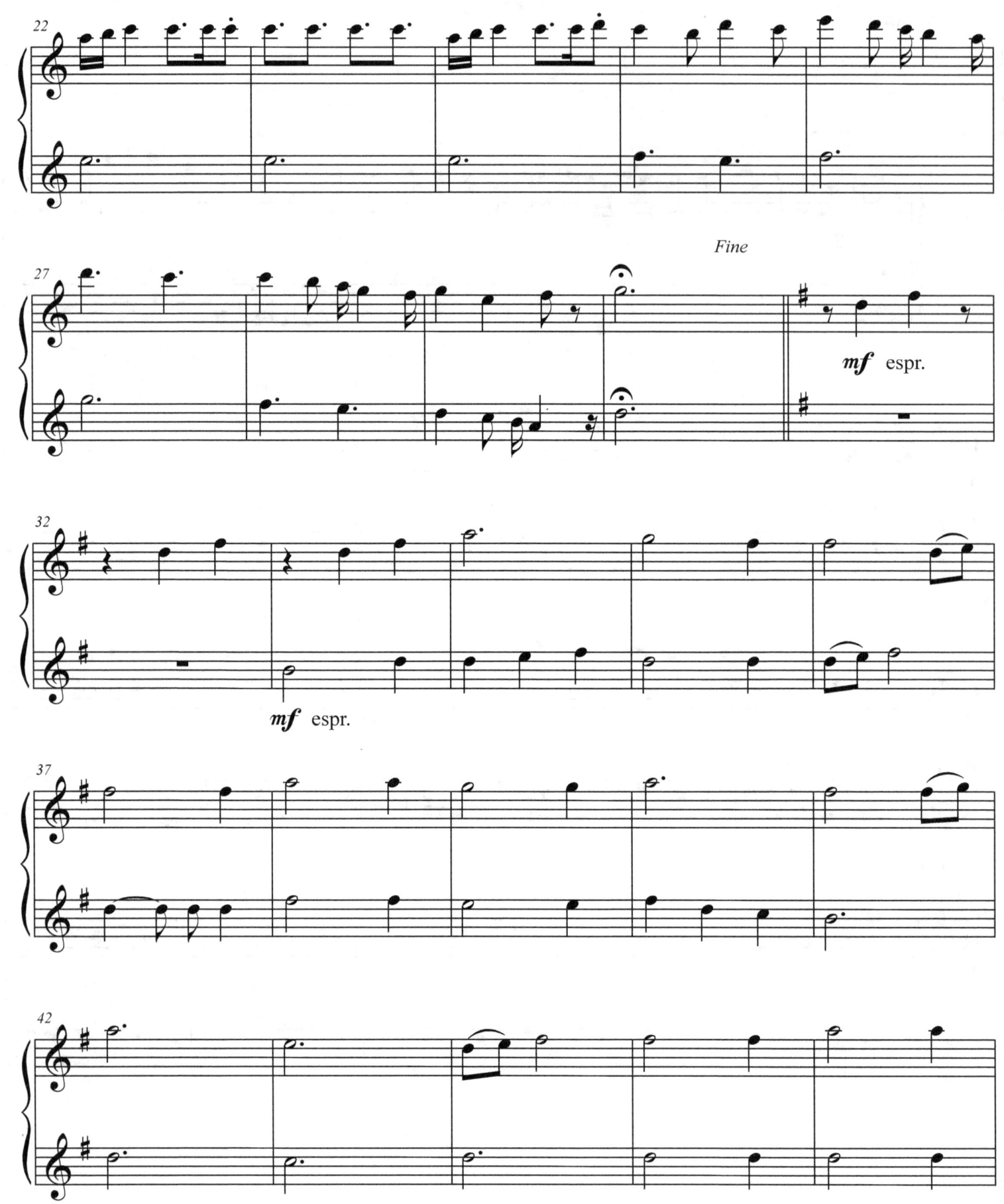

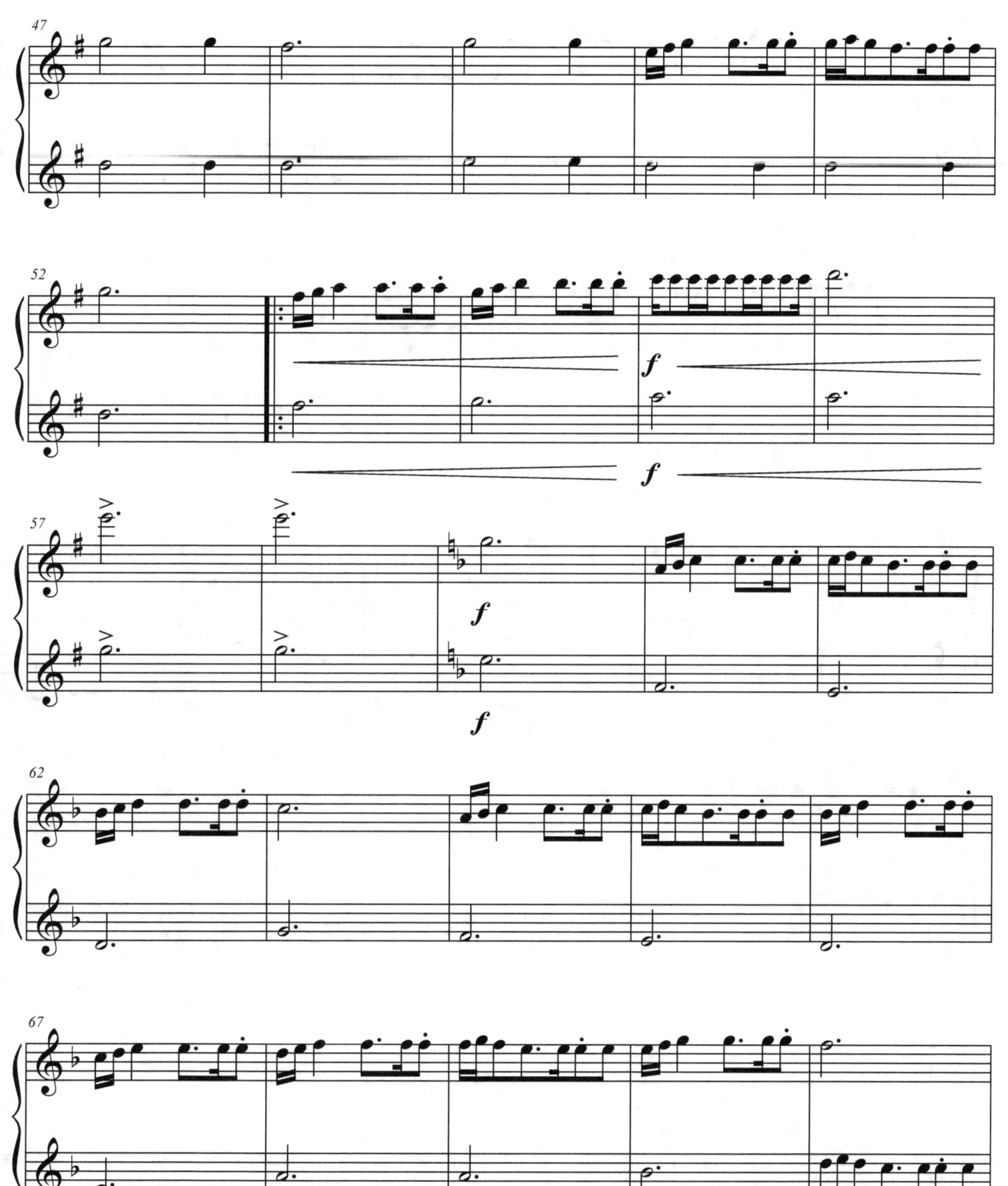

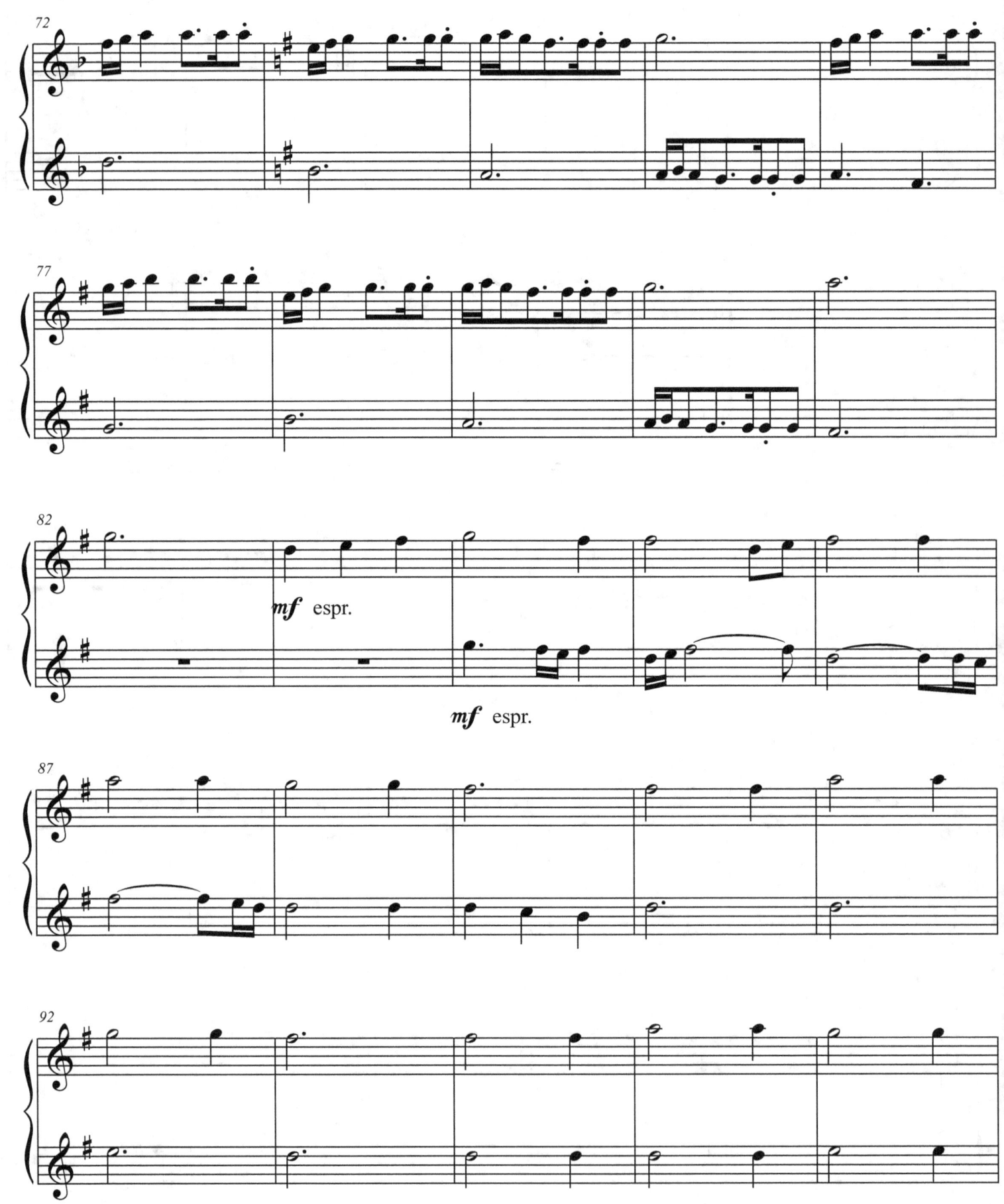

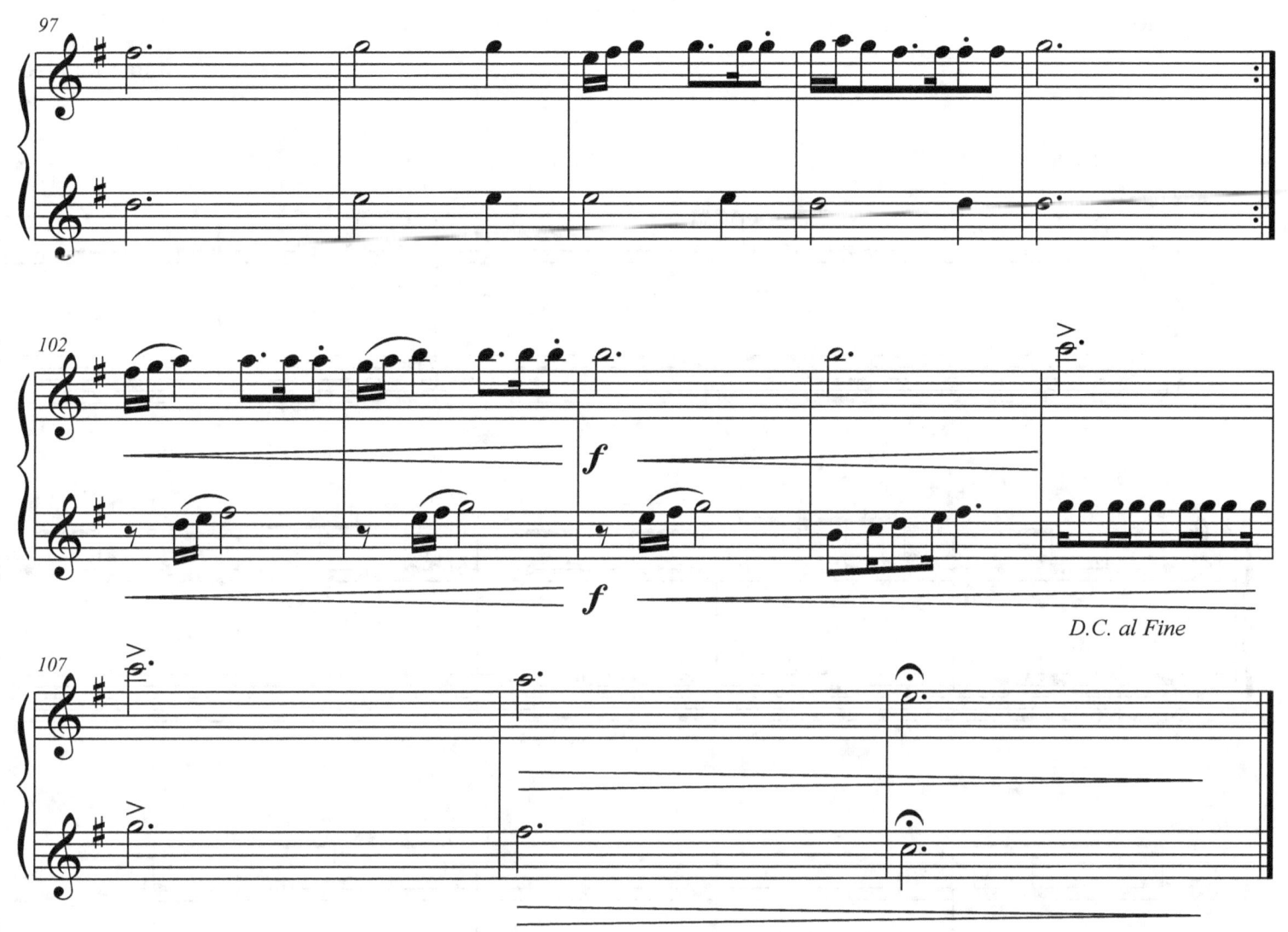

0101

Piano 2

Joost de Groot

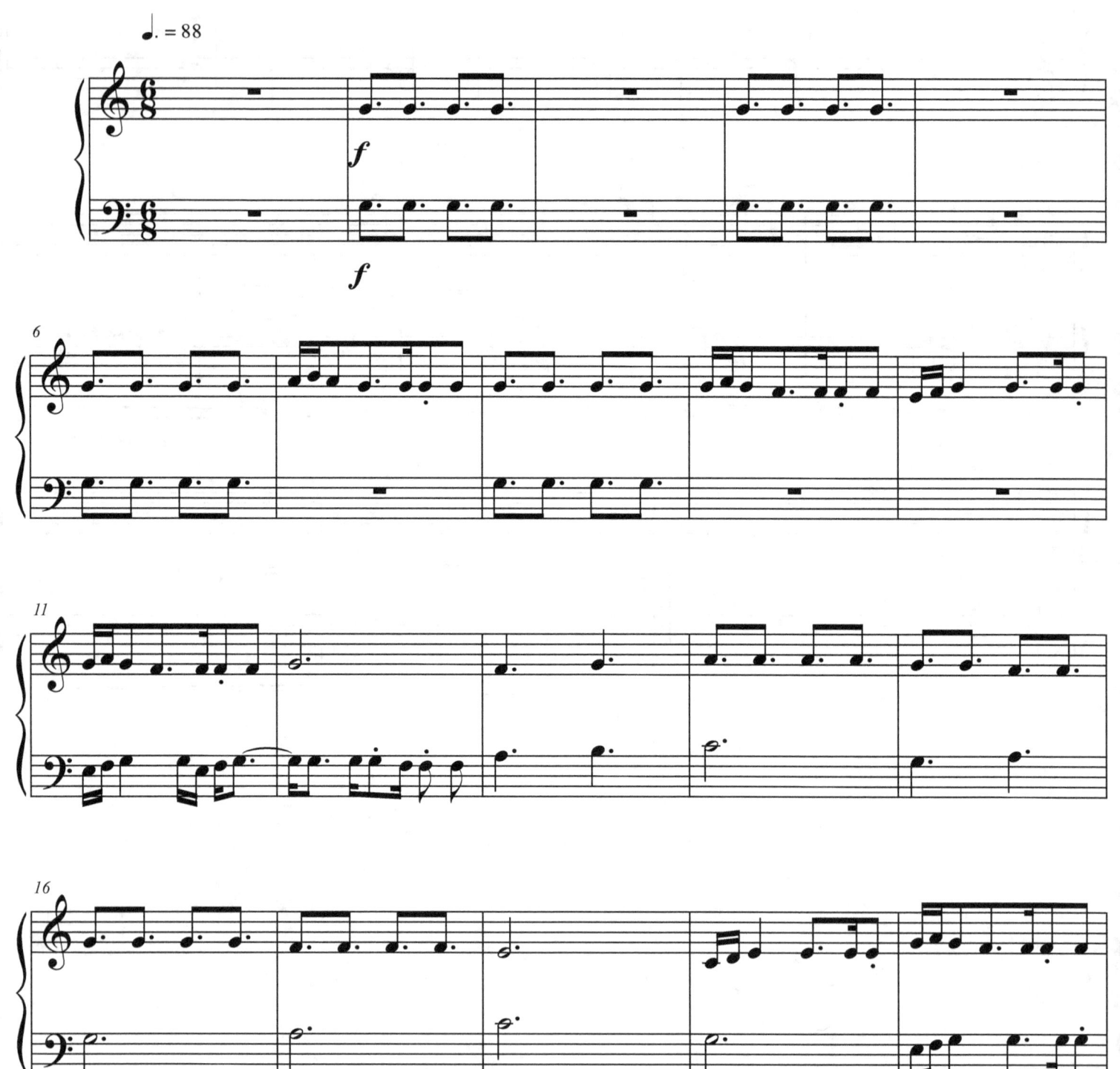

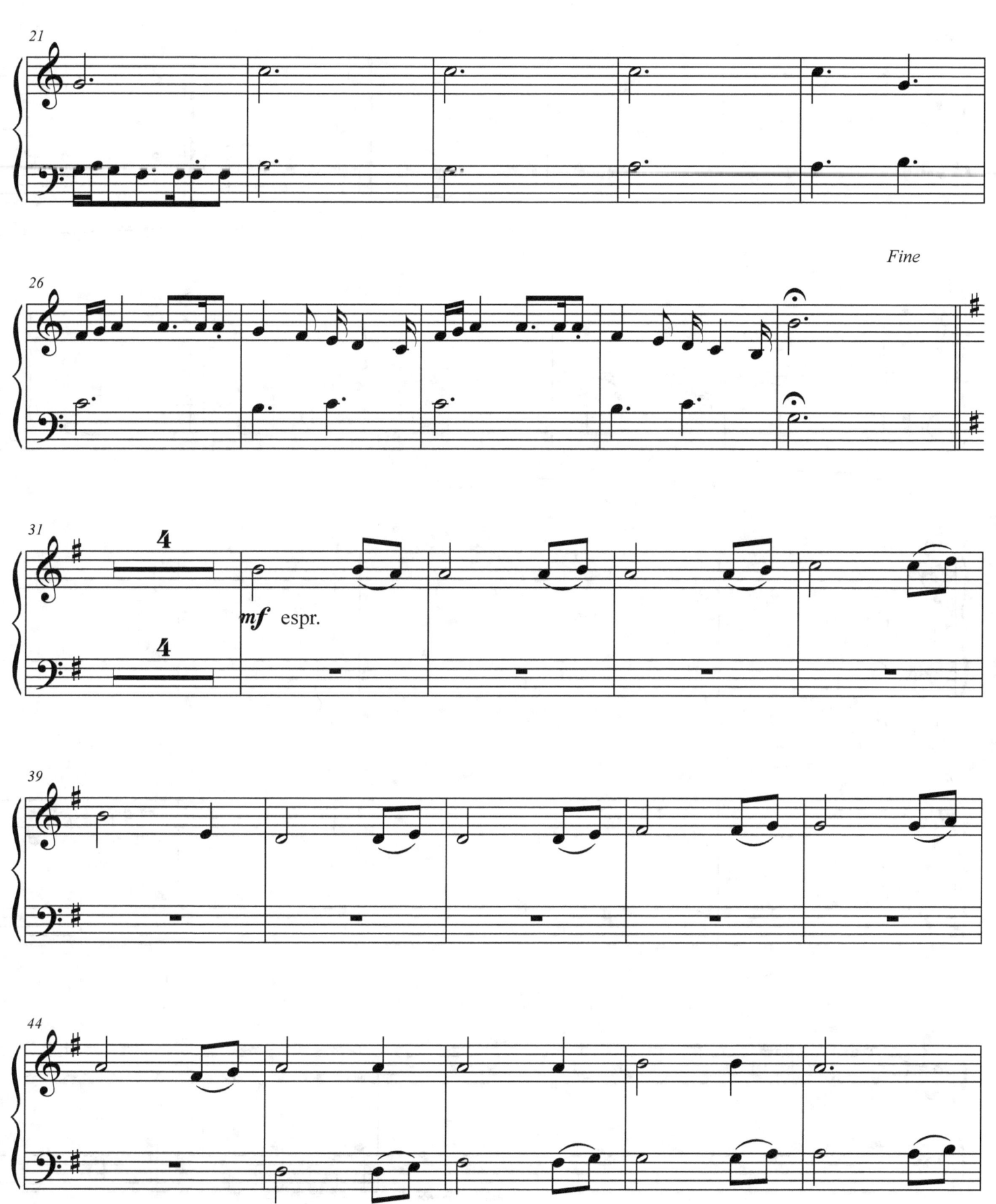

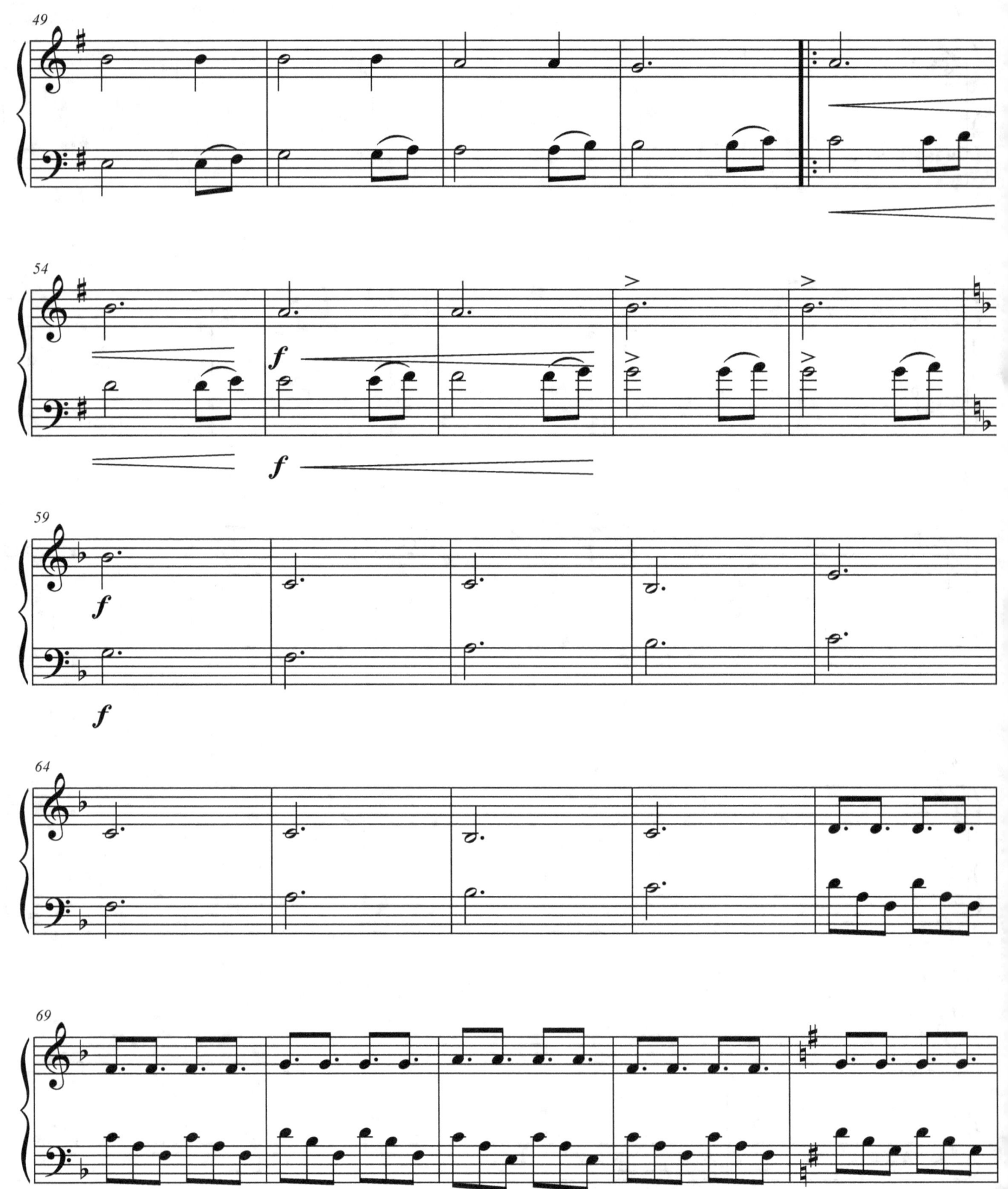

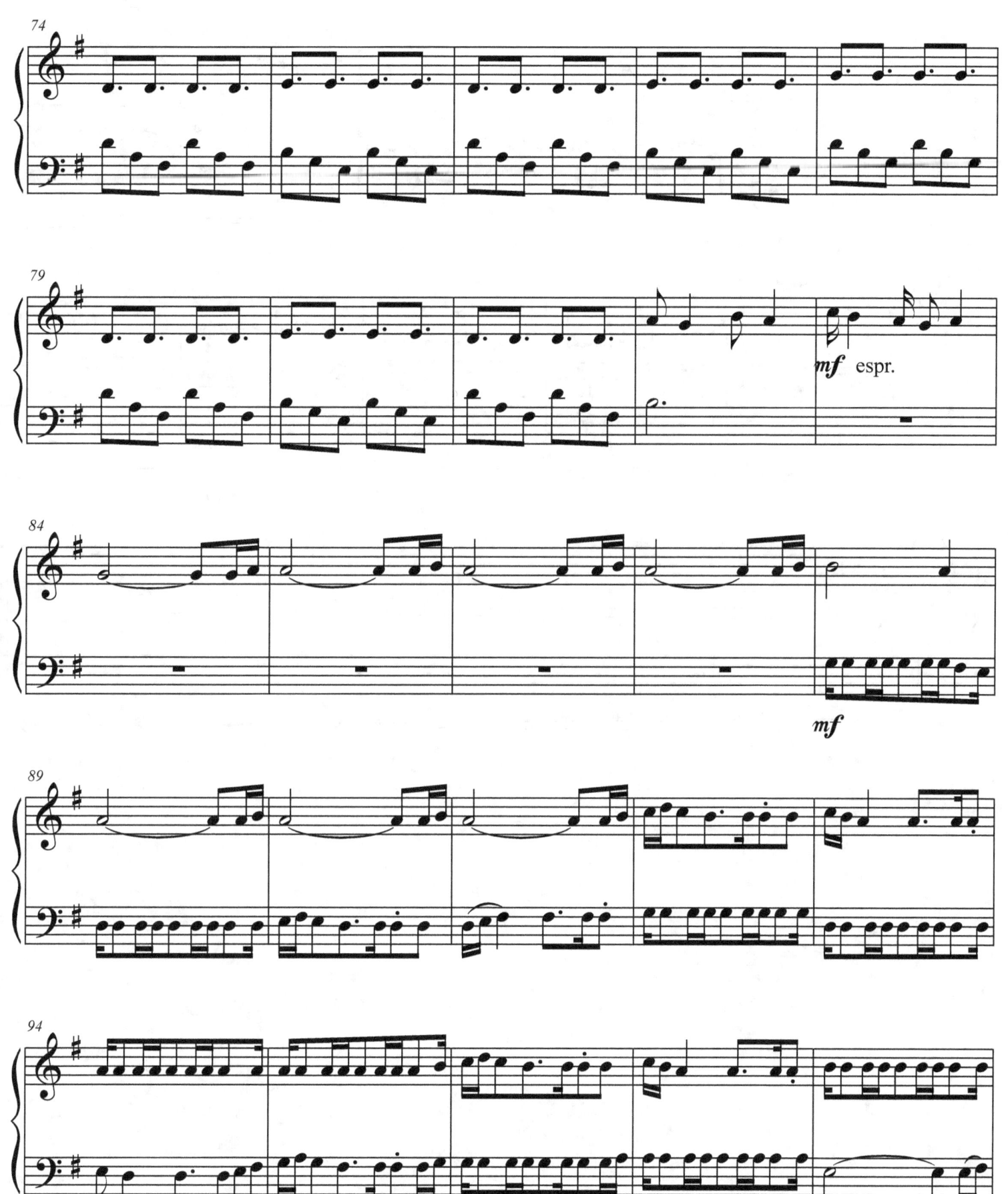

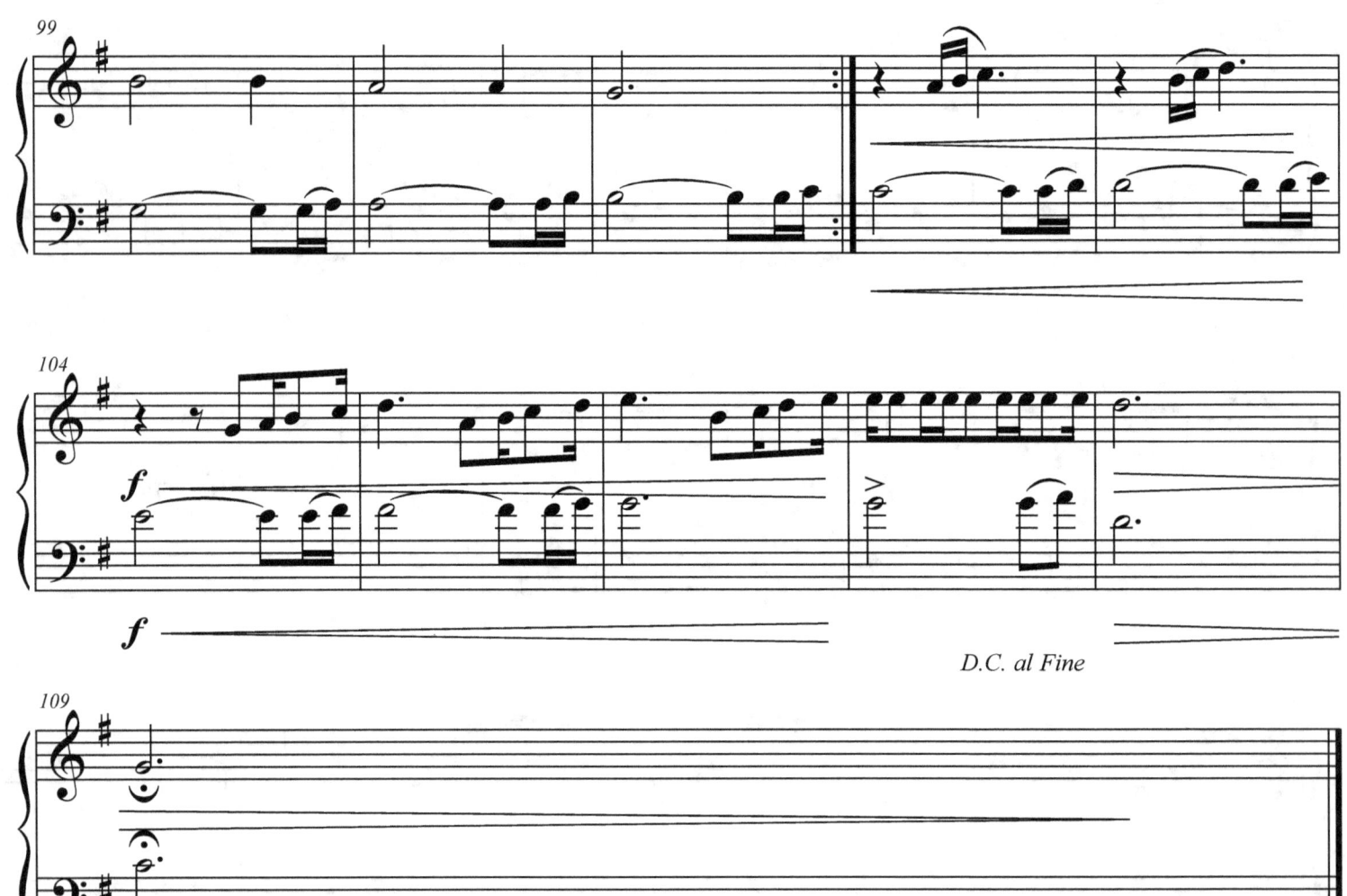

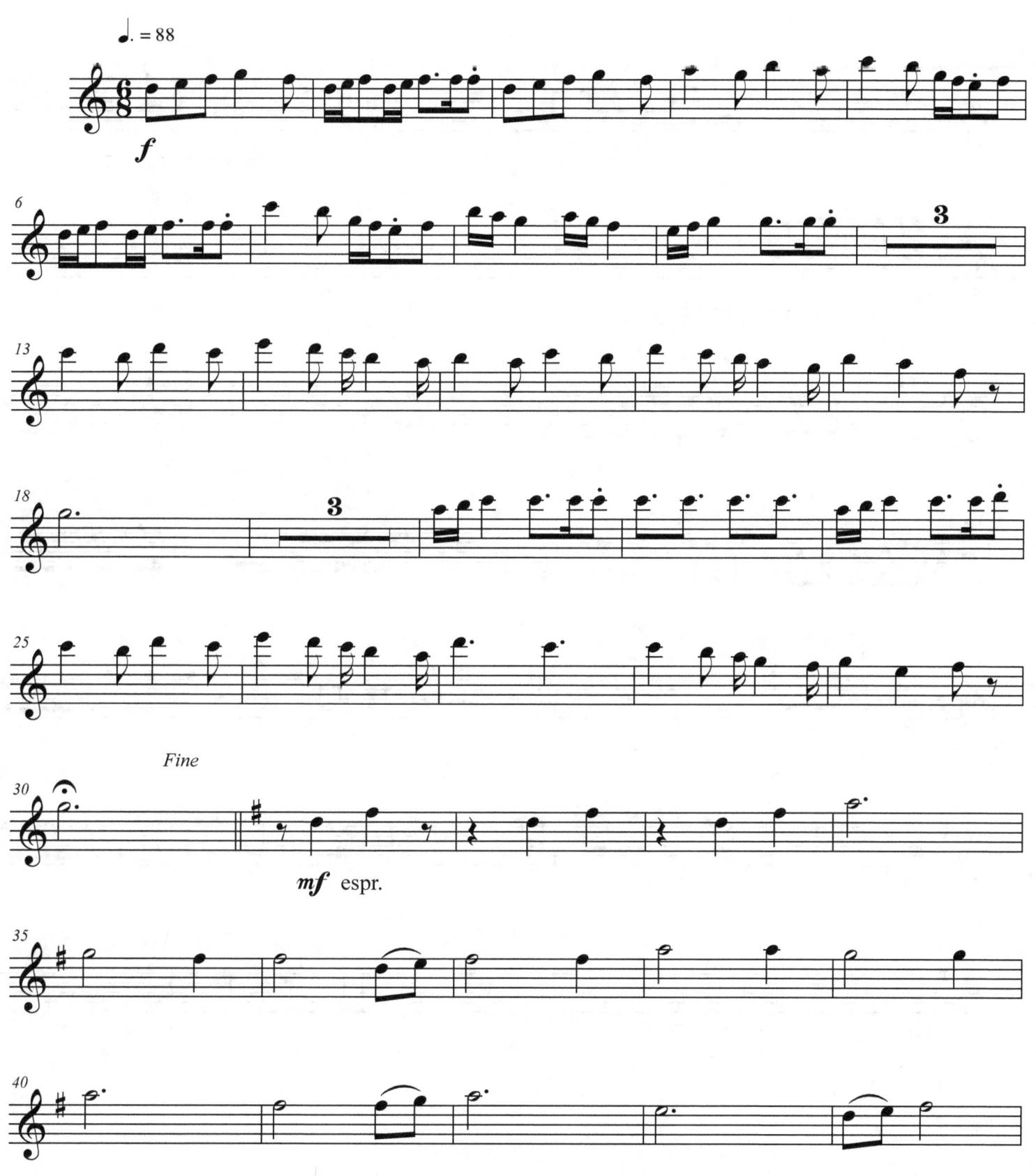

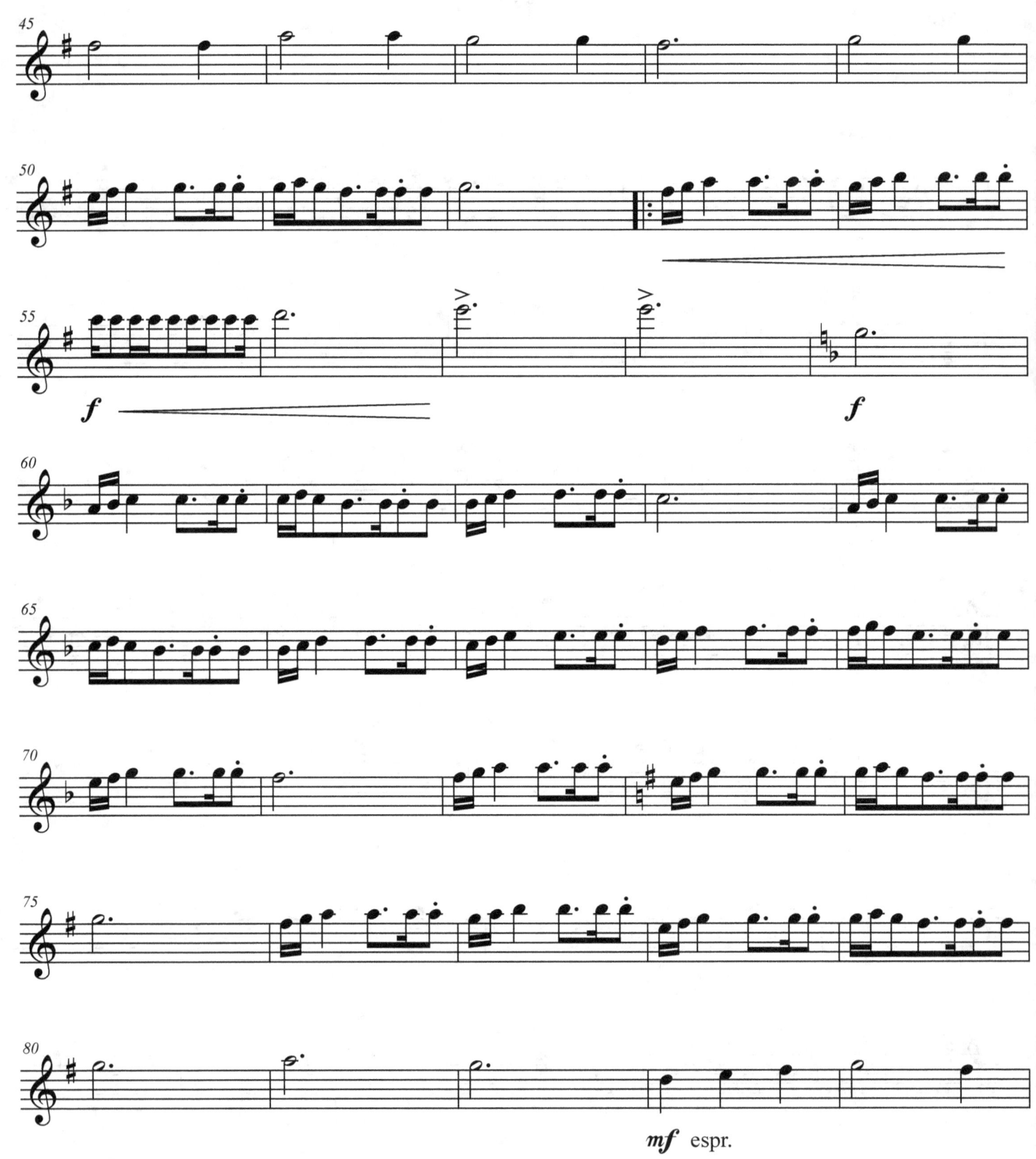

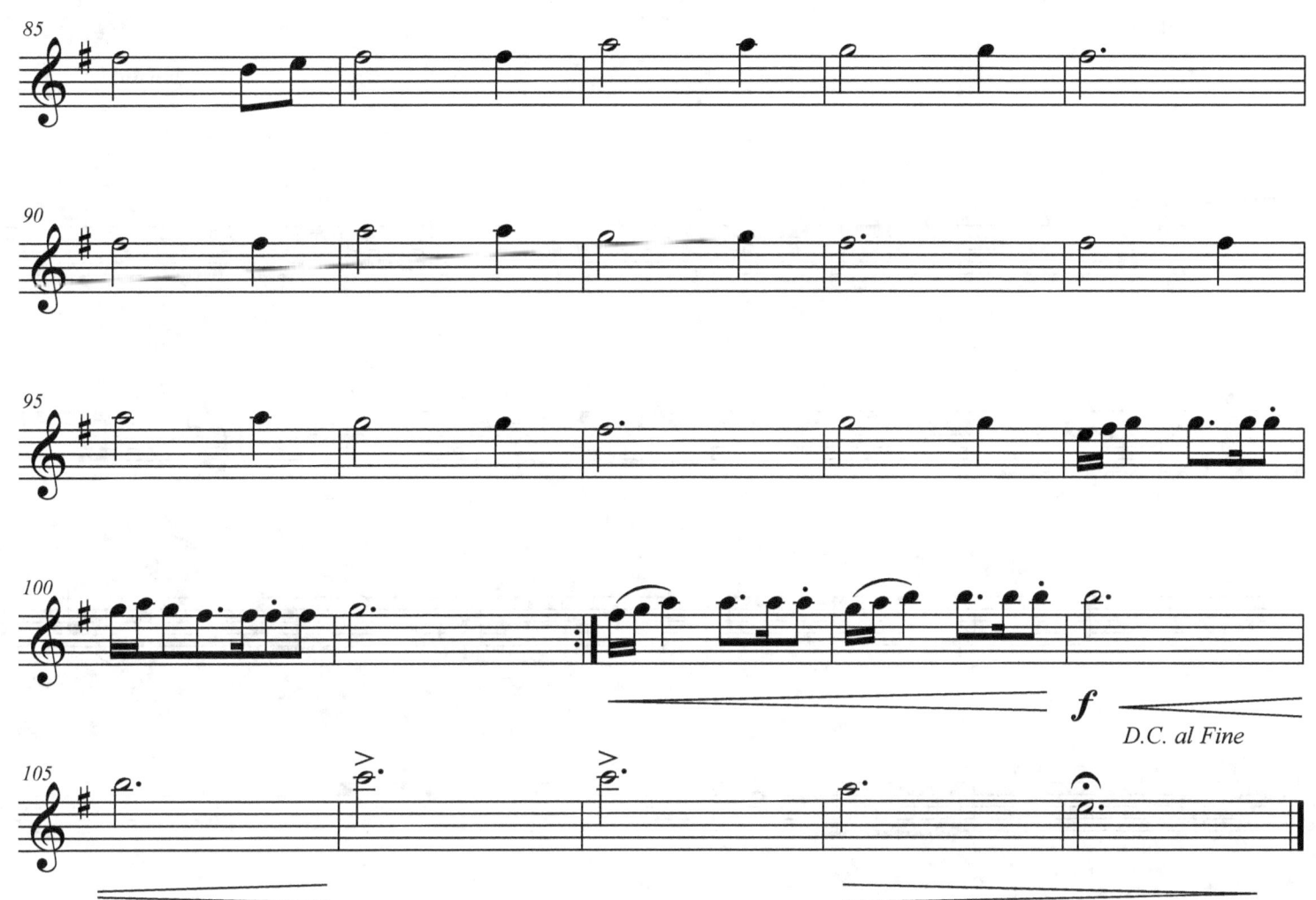

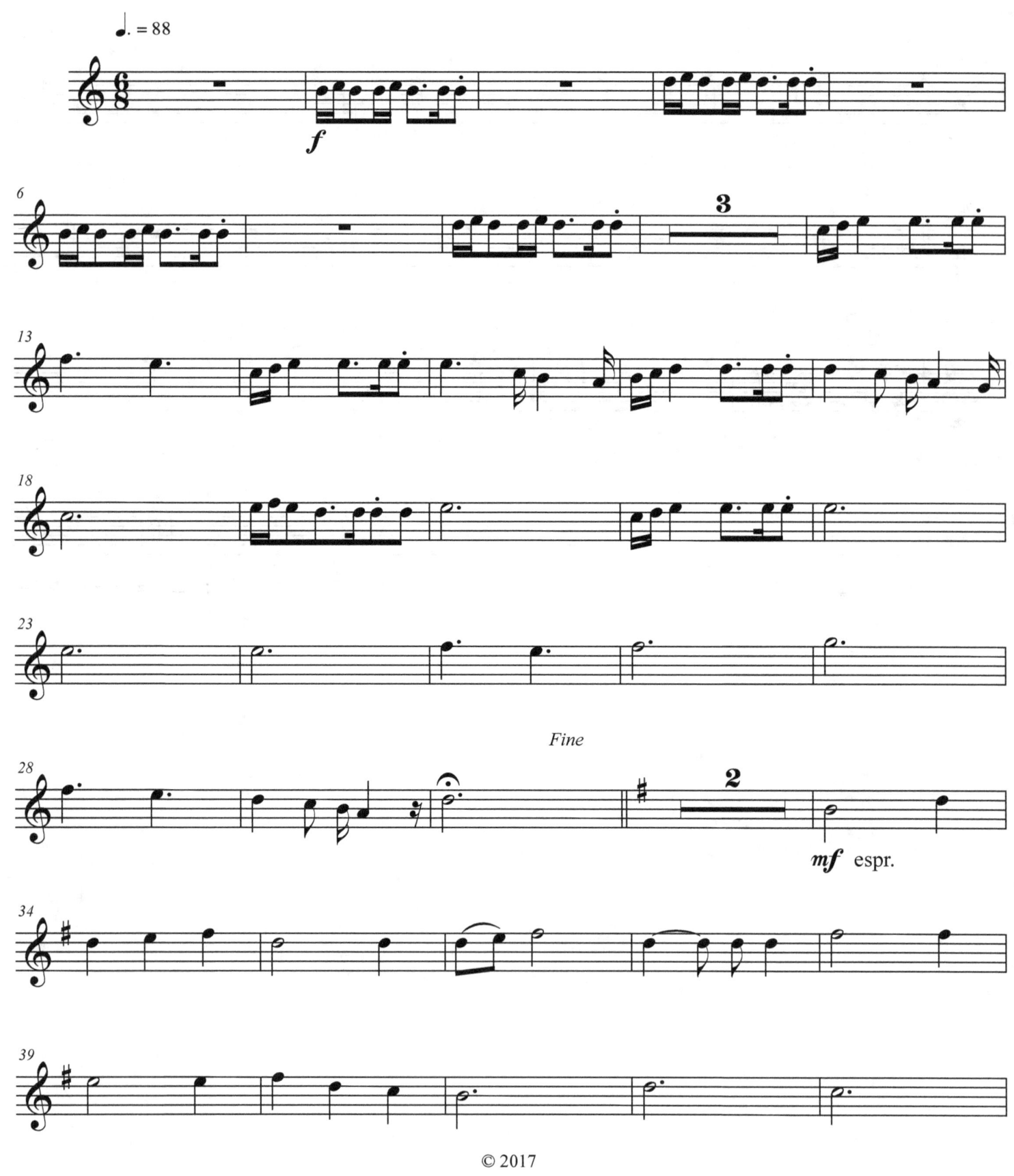

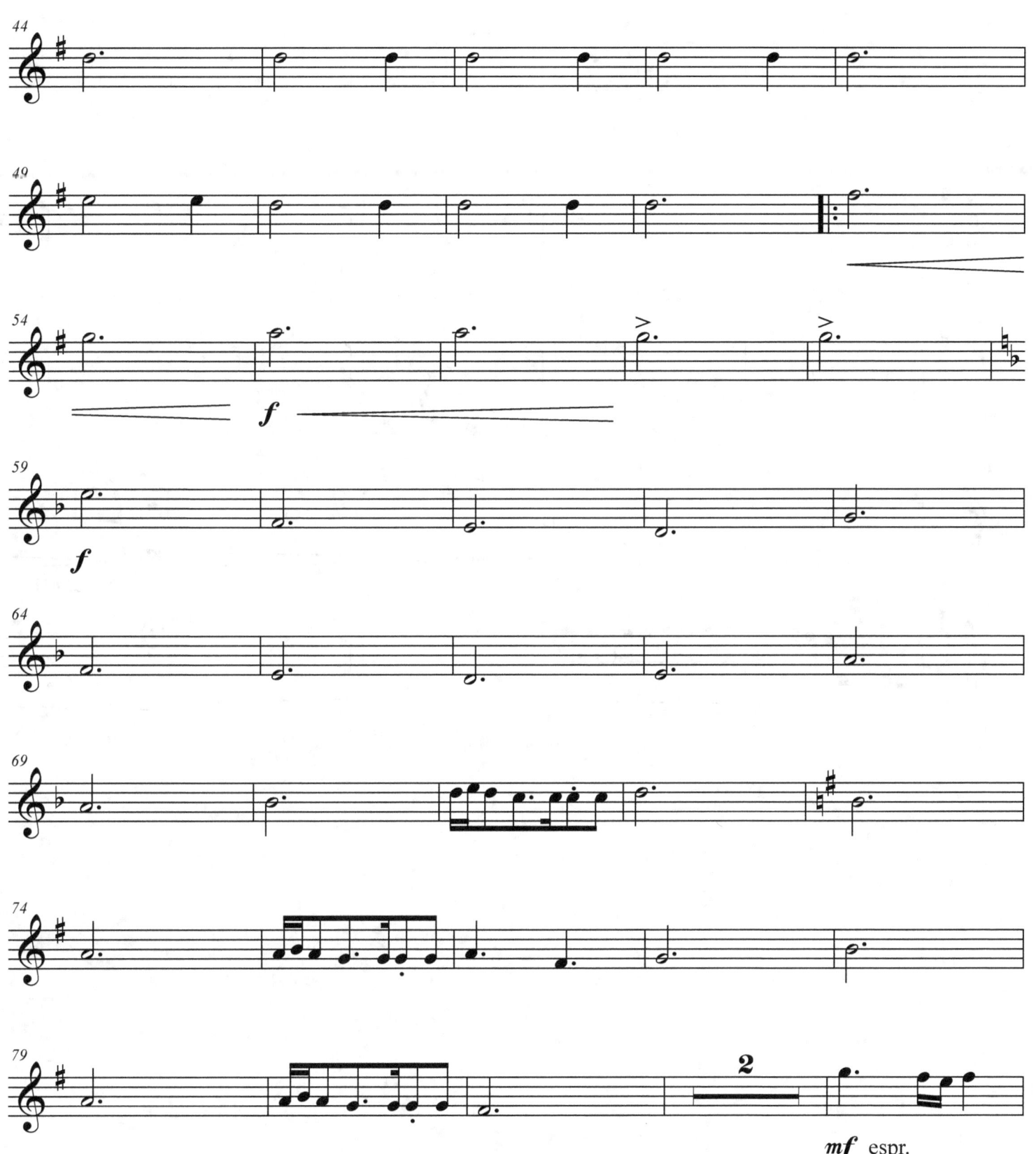

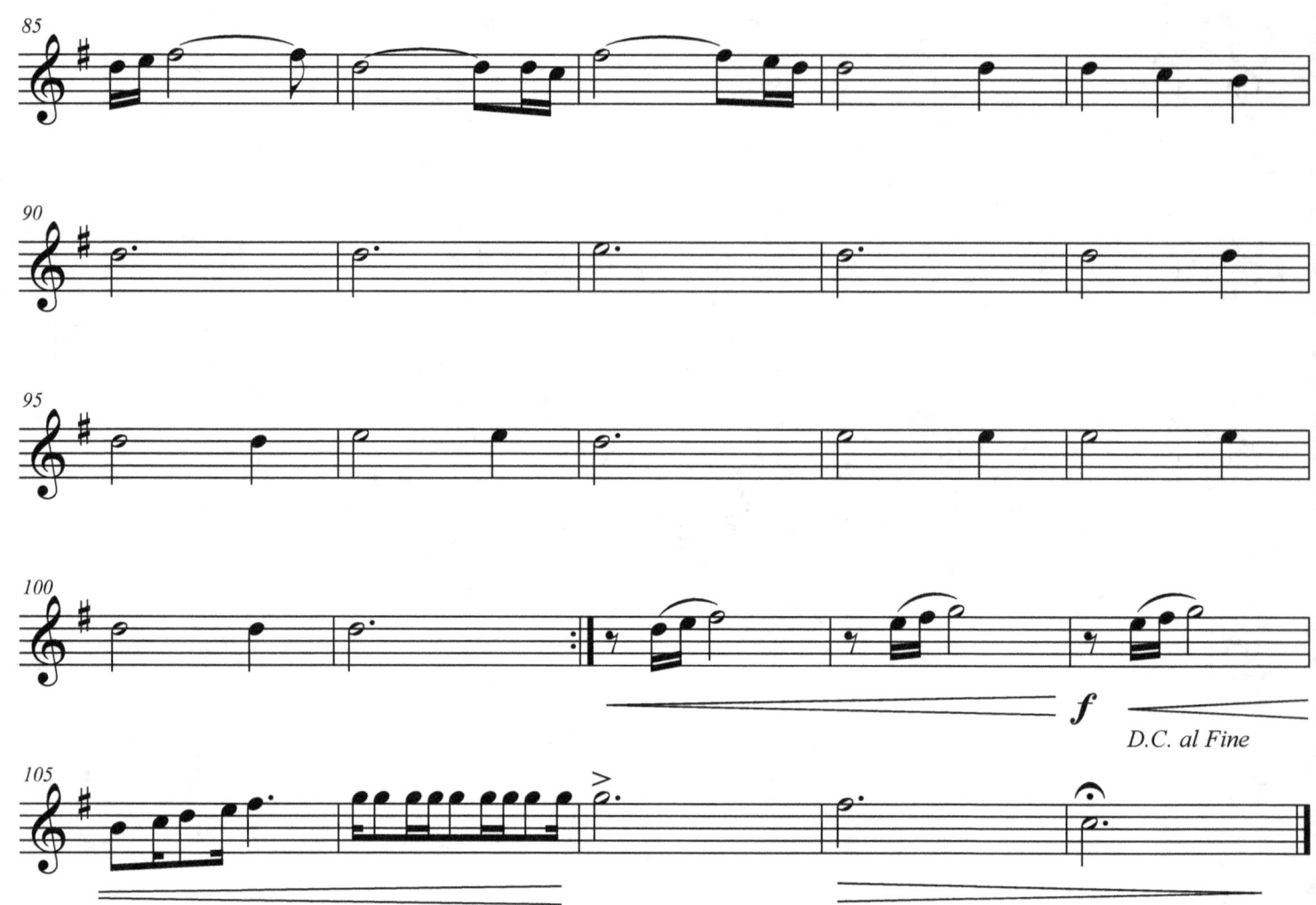

0101

Viola

Joost de Groot

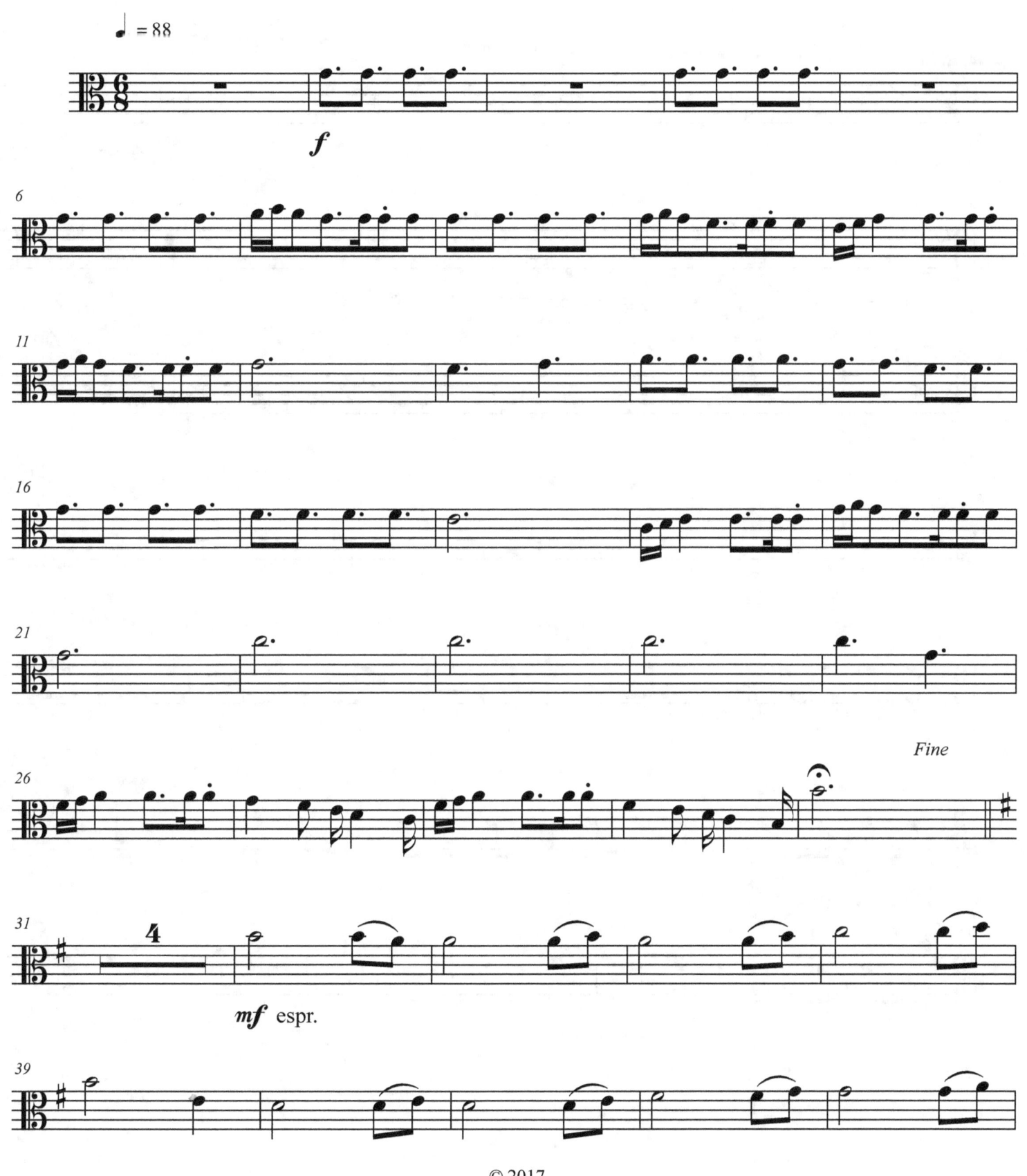

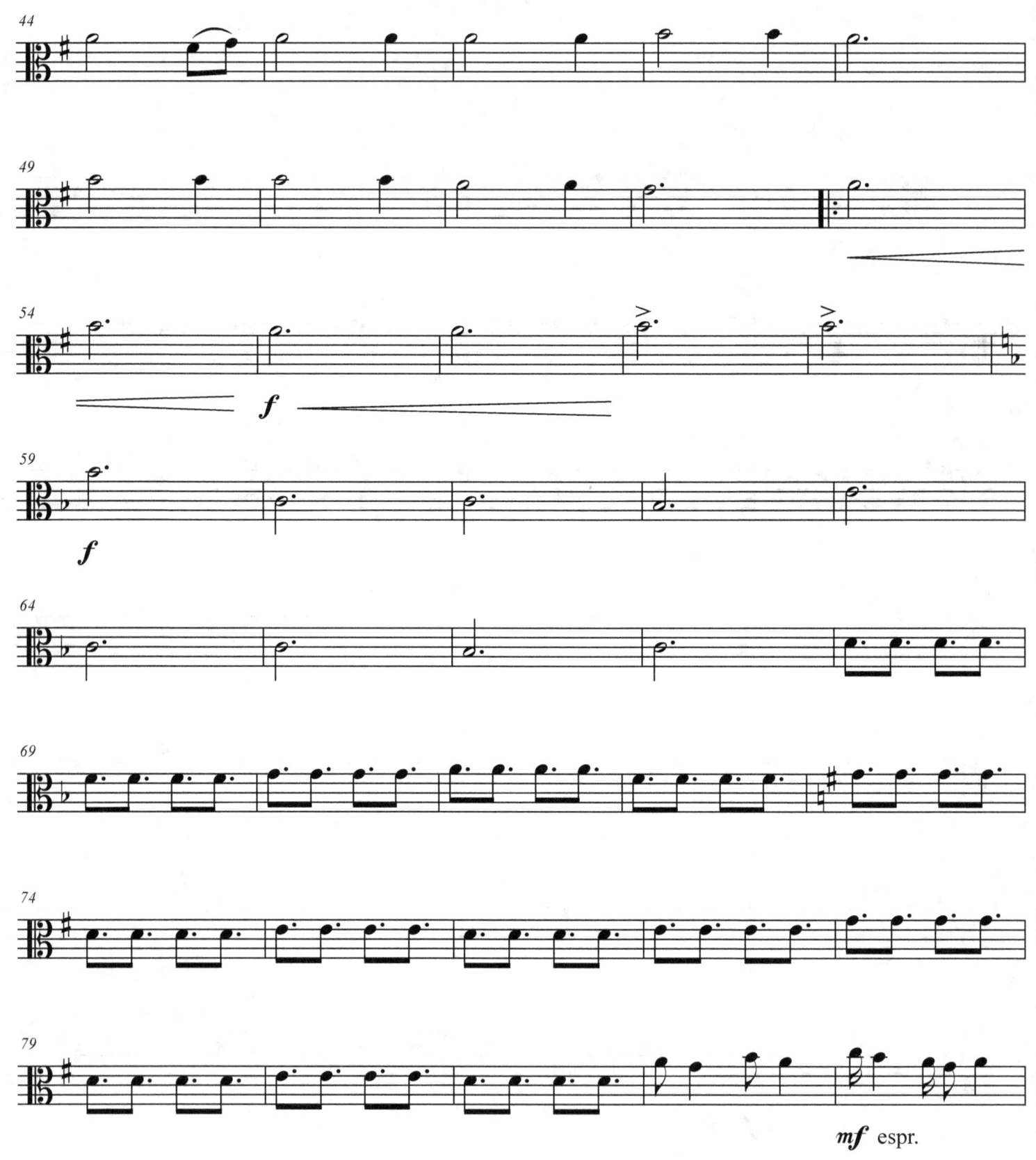

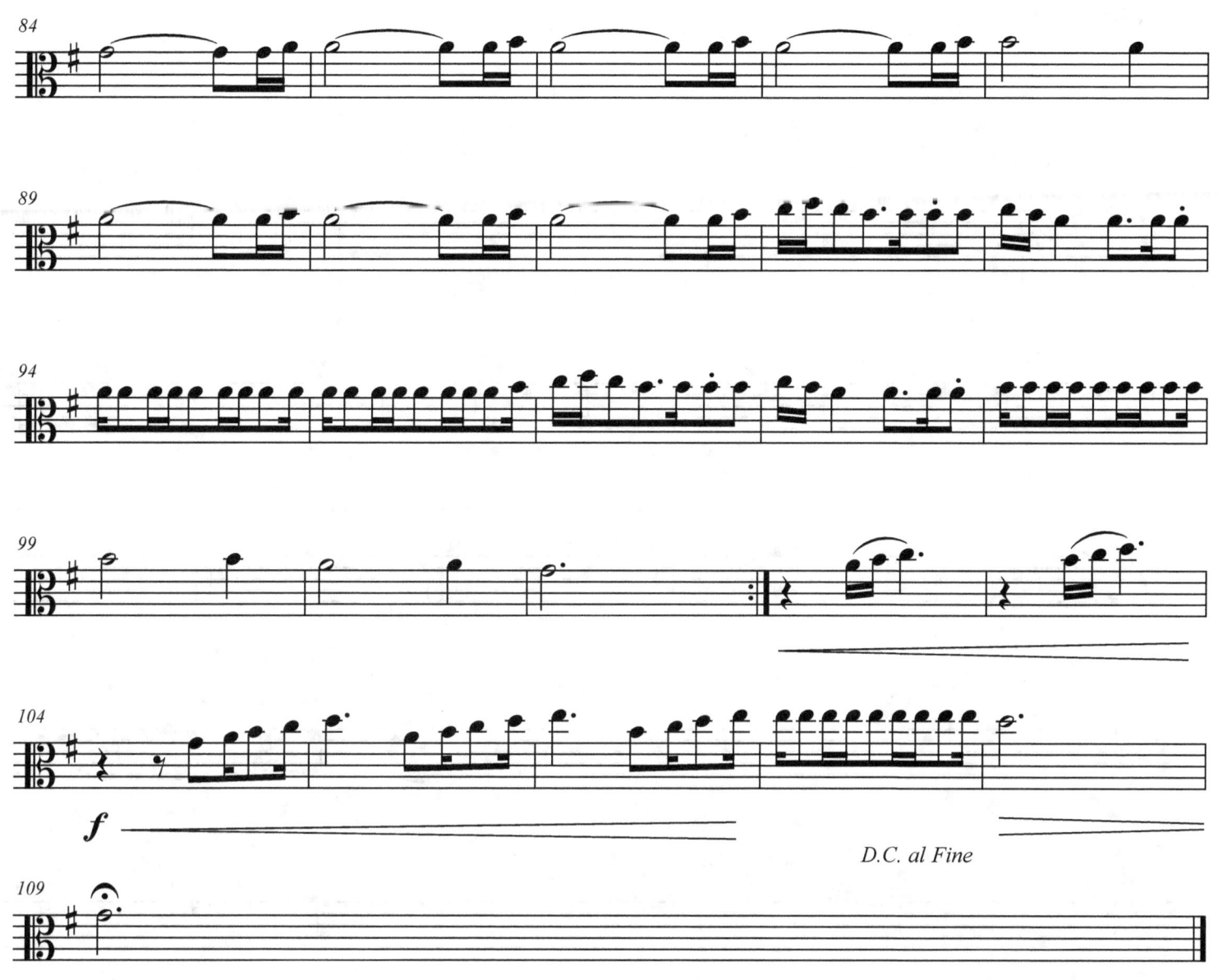

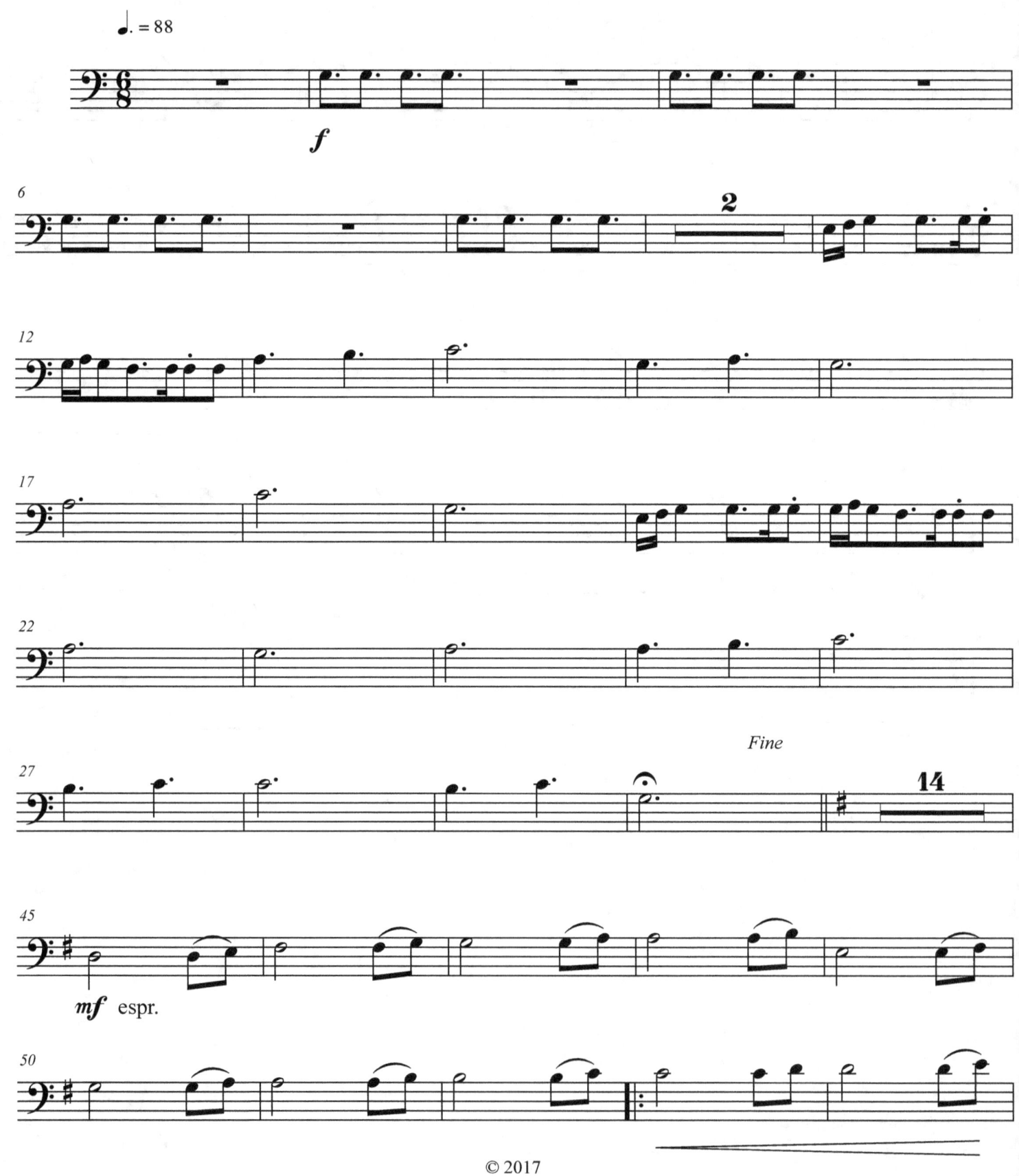

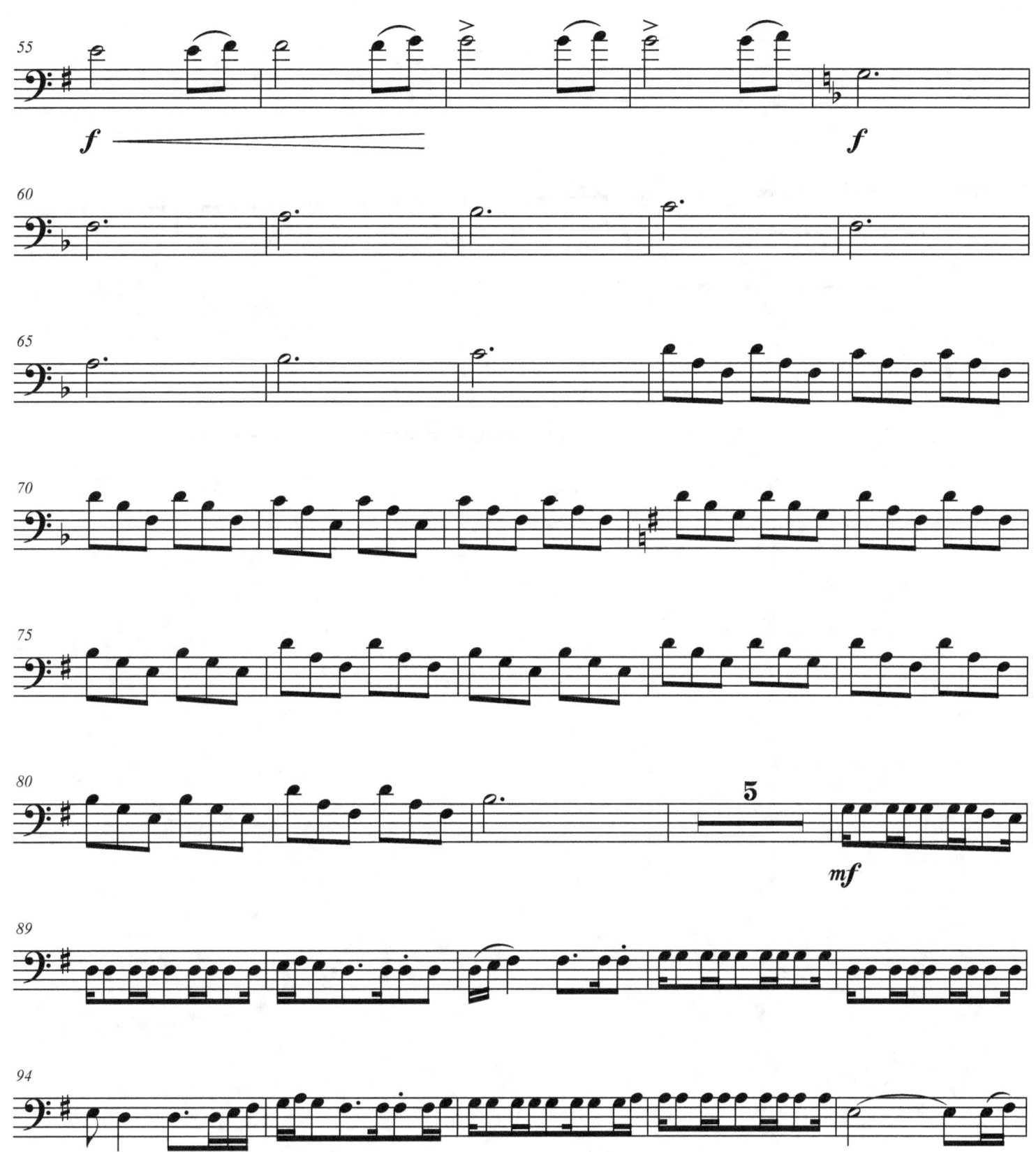

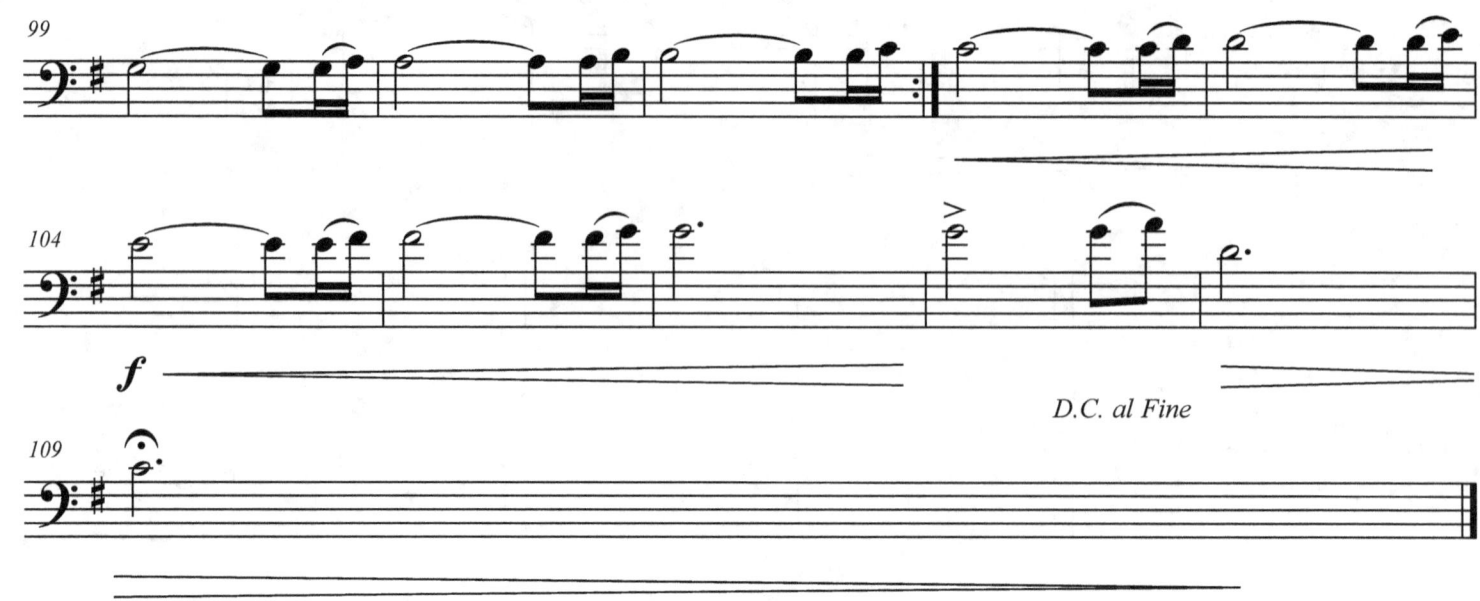

www.ingramcontent.com/pod-product-compliance
Lightning Source LLC
Chambersburg PA
CBHW081813220526
45470CB00006B/2304